地方政府の効率性と電子政府

西本秀樹 Nishimoto Hideki
編著

西垣泰幸
朝日幸代
仲林真子
Wong Seng Meng
矢杉直也
東　裕三
劉　長鈺
著

日本経済評論社

はしがき

　本書は、公共政策と情報政策の専門的立場から、地方政府の効率性と電子政府の新たな役割についてまとめたものであり、複数の著者により理論と解説、実証的成果を平易に示すことを目標に構成されている。

　本書は二部構成となっており、1部（第1章〜第5章）では地方分権と公共政策の効率性について述べられ、2部（第6章〜第9章）では電子政府推進とその政策的意義について述べられている。

　第1章では、西垣が地方分権の経済理論と分権的政府の合理性についてまとめ、地方分権の伝統的理論である「足による投票」と分権化定理、および政府と住民の間の情報の非対称性を考慮したヤードスティック競争モデルについて言及している。第2章では、東、西垣が新たなヤードスティックモデルの枠組みを提示し、地方分権の効率性を論じるとともに地方政府と住民の間の情報の非対称性を軽減する政策の有効性を示している。第3章では、東が政府間競争と政策の効率性についてヤードスティック競争モデルを基礎とする実証的な観点から取り組み、地方政府間競争がもたらす行財政の効率化や住民サービスの向上に関して検討している。第4章では、朝日が環境政策を中心とした地方公共政策の評価について実証的にまとめ、環境汚染問題を引き起こした対象地域だけでなく、それ以外の影響も調べるとともに、そこに関わる主体について問題の本質を検討する必要があることを示し、今後の地域環境政策評価の重要な課題になることを提唱している。第5章では、仲林、朝日が負の公共財としてのNIMBY(Not In My Back Yard)問題について取り上げている。最新のサーベイをおこない、負の公共財としてとらえた場合の最適な供給の在り方について理論的な議論を整理している。さらにその際に生じるフリーライダー問題について、実際に行ったアンケート調査の

結果をもとに考察をおこなった。

　第6章では、矢杉、劉、西本が我が国における e-Japan 計画と電子政府展開を紹介し、電子政府の発する情報やデータを公共財としての情報として捉えて、インターネットや ICT(Information and Communication Technology) の発展の経緯とともに今後の電子政府ビジョンを紹介している。第7章では、Wong と西本が電子政府進展の利点とその評価法についてまとめている。また IPA(Importance Performance Analysis) 法を用いてサービス提供者と利用満足度についての解析実例を示している。第8章では、西垣、東が地方分権と公共選択の理論について紹介したあと、電子政府の新たな役割をまとめ、電子政府評価と公共政策の有効性を示した。地方分権と公共選択、Voice、投票行動について言及し、e-Democracy の実現に向けて提言をおこなっている。第9章では、矢杉、劉、西本が政府の発信と電子政府の役割についてまとめている。ウエブや SNS（ソーシャルネットワークサービス）による政策情報開示と危機管理情報管理の重要性を指摘し、2007年と2010年に実施した自治体のウェブサイト評価について結果を示している。

　本書は2011年度から開始された龍谷大学社会科学研究所指定プロジェクト「新たな電子政府アセスメントと政策評価モデルの構築」の成果の一部をまとめたものであり、ここに社会科学研究所叢書第99巻として出版することができました。龍谷大学社会科学研究所の皆様には多大なる御支援と評価を頂き感謝しております。
　また、入稿から出版まで短い期間の制約があったにもかかわらず、誠心誠意、編集作業とスケジュール管理をおこなって頂いた日本経済評論社の鴇田祐一氏には心から御礼を申し上げます。

2014年2月

編者・著者代表　西本秀樹

目　次

はしがき　iii

第1部　地方分権と公共政策の効率性

第1章　地方分権と地方公共政策の合理性……………………西垣泰幸　3
1.1　地方分権の経済理論と分権的政府の合理性　3
　　中央政府と地方政府の機能分配論
1.2　地方分権の伝統的理論：足による投票と分権化定理　8
　1.2.1　地方公共財の最適供給：伝統的理論　8
　　地方公共財の最適供給／超越的な政府による最適化問題／地方公共財の最適供給／最適な企業数／最適な地域間人口配分と最適地域数
　1.2.2　住民の足による投票と地方分権の最適性　12
　　地方公共財の便益と地代／住民移動と資本化仮説
　1.2.3　情報の非対称性と分権化定理　16
　　分権化定理
1.3　第2世代の地方分権理論：投票とヤードスティック・モデル　18
　1.3.1　情報の非対称性とプリンシパル＝エージェント関係　18
　1.3.2　アカウンタビリティとヤードスティック競争　19
　　モデルと前提／住民の効用関数／政府の費用と行動目的／政府と住民によるゲームの構造／政府の再選
　1.3.3　地方分権か中央集権か　22
　　政府の目的関数／地方政府の最適政策とアカウンタビリティ／中央政府の最適化問題／地方分権と中央集権の比較
1.4　日本の地方分権政策と地方分権の現状　25
　1.4.1　地方分権への歩み　25
　　第1次分権改革：1990年代の地方分権への動き／地方分権一括法（2000年4月施行）／地方分権一活法案の問題点と第二次分権改革／第二次分権改革（「三位一体の改

革」2004年より）
　　1.4.2　ポスト三位一体改革と地方分権の本旨の達成に向けて　28

第2章　第2世代の地方分権理論とヤードスティック競争
　　　　　　　　　　　　　　　　　　　　東　裕三・西垣泰幸　31
　2.1　情報の非対称性とエージェンシー問題　31
　2.2　ヤードスティック競争と地方公共財供給の合理性　34
　　2.2.1　住民の私的財と地方公共財の選択があるヤードスティック競争モデル　35
　　2.2.2　地方公共財の最適供給条件　36
　　2.2.3　ヤードスティック競争による地方公共財の供給水準　38
　2.3　ヤードスティック競争下における政策的インプリケーション　42

第3章　政府間競争と政策の効率性：実証分析　　　　　　東　裕三　45
　3.1　政府間競争と地方行財政の効率性　45
　3.2　足による投票を前提としたモデル　47
　　3.2.1　わが国における地方公共財供給量の効率性の検証　47
　　3.2.2　資本化仮説と地価最大化モデル　49
　　3.2.3　実証分析　51
　　3.2.4　分析データと計量モデル　52
　　3.2.5　推定結果と効率性の判定　53
　　3.2.6　結論　56
　3.3　ヤードスティック競争モデル：再選確率、反応関数　61
　　3.3.1　ヤードスティック競争モデルの構築　61
　　3.3.2　実証結果　64
　　3.3.3　実証分析　66
　　3.3.4　市レベルの地方自治体間と都道府県間におけるヤードスティック競争の比較　71
　　3.3.5　都道府県間におけるヤードスティック競争の実証結果　71
　　3.3.6　市レベルの地方自治体間と都道府県間におけるヤードスティック競争の比較　77

3.3.7　結論　77
　3.4　地方行政の効率化にむけて（足による投票とヤードスティックによる評価）　79

第4章　地方公共政策の評価—環境政策を中心として—……朝日幸代　85
　4.1　環境の性質と環境問題の背景　85
　4.2　政策評価と環境政策評価　87
　　　4.2.1　政策評価　87
　　　4.2.2　環境政策評価　88
　4.3　環境に関する研究　90
　　　4.3.1　環境と貿易に関する研究　90
　　　4.3.2　環境政策を評価するための経済モデルに関する研究　92
　　　4.3.3　所得・経済成長と汚染排出の研究　93
　4.4　地域間、国際間の環境負荷についての分析方法　96
　　　4.4.1　分析方法とデータ　96
　　　4.4.2　環境負荷発生の基準　96
　　　4.4.3　地域間産業連関表の概要　97
　　　4.4.4　環境の排出係数を用いた分析方法　99
　4.5　硫黄酸化物の環境負荷原単位の利用と2地域産業連関表を用いた分析事例　101
　　　4.5.1　四日市公害に関する研究　101
　　　4.5.2　分析の概要　102
　　　4.5.3　環境データ　102
　　　4.5.4　分析のイメージ　105
　　　4.5.5　試算結果—四日市市の石油化学産業の生産効果—　106
　　　4.5.6　四日市地域へ他産業、他地域の生産が与えた環境負荷　106
　4.6　結論と今後の課題　109

第5章　負の公共財としてのNIMBY問題………仲林真子・朝日幸代　117
　はじめに　117
　5.1　NIMBY研究の潮流　118

5.1.1 NIMBY 問題の整理　118
5.1.2 経済学における NIMBY 問題　120
5.2 地方公共財に関する理論的分析　122
5.3 NIMBY 施設のフリーライダー問題　126
5.4 NIMBY についてのアンケート調査結果　128
5.4.1 対象となる地方公共財が NIMBY 施設と言えるかどうかの検証　129
5.4.2 NIMBY 施設の受取意志額（WTA）と支払意志額（WTP）の検証　130
5.4.3 それぞれの施設についての説明変数の検証　137
おわりに　142

第2部　電子政府推進とその政策的意義

第6章　e-Japan 計画と我が国の電子政府展開
……………………………………矢杉直也・劉　長鈺・西本秀樹　149

6.1 e-Japan 計画と我が国の電子政府展開　149
6.1.1 政府における情報発信の意義　149
6.1.2 政府における電子化の意義　150
6.1.3 電子政府の発展段階　152
6.2 行政の情報化と社会環境の変化　154
6.2.1 「電算処理」から「電子政府」へ　154
6.2.2 インターネット黎明期の行政情報化　156
6.2.3 IT 革命とともに始まった「e-Japan 戦略」　157
6.2.4 Web 技術の成熟と「u-Japan 政策」　160
6.2.5 SNS の台頭と「i-Japan 戦略」　162
6.3 今後の電子政府ビジョン　165
6.3.1 世界最先端 IT 国家の創造　165
6.3.2 マイナンバー制度　167
6.3.3 オープンデータ　169
6.3.4 課題　171

第7章　電子政府評価とその実例　……………Wong Seng Meng・西本秀樹　175

はじめに　175
7.1　電子政府進展の利点　176
7.2　電子政府推進の評価方法　177
7.3　IPA評価モデル　180
7.4　IPAによる電子政府評価　181
　　日本の「電子政府サービス」に対する一般的な認識
7.5　分析結果　184
7.6　本章の結論に代えて　186

第8章　電子政府と公共政策の有効性―電子政府の新たな役割―
　　………………………………………………西垣泰幸・東　裕三　193

8.1　地方分権と公共選択の理論　193
　8.1.1　ティブー均衡、足による投票と住民移動、公共選択の顕示選好理論　193
　8.1.2　住民の地域間移動と公共財需要の顕示メカニズム　194
　　　地方公共財供給とヘンリー・ジョージ定理／地方分権と情報の非対称性／資本化に関する実証分析
　8.1.3　住民移動とティブーソーティング　197
　　　住民の地域間移動と最適人口配分／非対称的地域モデル／地域経済の均衡／ティブー均衡と最適人口配分／非対称地域間の住民移動と経済厚生／「足による投票」と「分権化定理」
　8.1.4　「声」(Voice)か「退出」(Exit)か　202
　　　住民のすみわけに関する実証分析
8.2　シグナリング均衡とヤードスティック・モデル　203
　8.2.1　地方政府とシグナリングモデル　203
　　　シグナリングモデル／地方政府（エージェント）の行動／政府の期待効用最大化による努力水準の決定
　8.2.2　住民のヤードスティック政策評価とシグナリング均衡　206
　　　住民の行動／住民と地方政府のシグナリング均衡とその特性／ヤードスティック競争との類似性／公共財供給の効率化と電子政府の役割
8.3　投票行動と電子政府の役割　209

8.3.1 地方政府と公共選択のアカウンタビリティ　209
　　　投票行動モデルとは何か
　　8.3.2 投票行動と電子政府の役割　211
8.4 e-Democracyの実現に向けて　212
　　地方分権と情報発信、住民ニーズの吸い上げ／電子政府と情報発信／インターネットと選挙

第9章　政府の情報発信と電子政府―政策情報開示と危機管理情報―
　　　　　　　　　　　　　　　　　　　矢杉直也・劉　長鈺・西本秀樹　217
9.1 政策情報開示の評価手法の構築と評価結果　217
　　9.1.1 自治体のウェブサイト評価の目的　217
　　9.1.2 自治体ウェブサイトの評価方法　218
　　9.1.3 調査結果　224
　　9.1.4 2007年調査と2010年調査の比較　227
9.2 新メディアへの対応とその情報発信の有効性検証　229
　　9.2.1 ソーシャルネットワーキングサービスの出現と期待　229
　　9.2.2 自治体のソーシャルメディアにおける情報発信の課題　230
　　9.2.3 調査方法　232
　　9.2.4 調査結果　235
　　　各パラメータの全体的な傾向／ツイート内容の個別事例／地域間競争の視点から／提言

地方政府の効率性と電子政府

第 1 部　地方分権と公共政策の効率性

第1章　地方分権と地方公共政策の合理性

西垣泰幸

1.1　地方分権の経済理論と分権的政府の合理性

　市場経済においては、市場の調整メカニズムによる価格調整を通じた資源配分と所得分配という経済運営が前提とされている。多数の企業や消費者の参加による市場競争や、価格や財の品質に関する完全情報が実現するなら、市場均衡がもたらす資源配分はもっとも効率的であるとされているからである。ところが、現実の市場には、多数の消費者に便益が及ぶ公共財や、市場を経由せずに企業の費用構造や消費者の効用に直接影響を及ぼす外部経済効果、電気、ガス、水道などの公益事業に見られるような自然独占や競争の不完全性の問題、価格や製品の品質に関する情報の不完全性などの問題が存在し、市場が効率的な資源配分に失敗することが知られている。また、市場がもたらす所得分配は、生産活動に対する貢献の度合いに応じて成果の配分を受けることが基本であり、その結果として成立する所得分配が社会的な公平の観点に合致したものとは限らない。これらの問題の存在は、市場に介入し効率化する政府の活動の根拠とされてきた。表1-1には、近年の中央政府と地方政府の公共支出とその純計が示されている。

　財政学の立場からの市場経済への政府の介入の根拠は、財政の3機能として議論されているが、それは、上述の市場の機能の補完と所得分配の不公平を含む市場の失敗の矯正に加えて、市場経済において不可避的に起こる景気循環にともなう雇用の不安定やインフレーション、デフレーションに対する

表1-1 中央政府と地方政府の歳出規模の比較

(単位 10億円)

年度	一般会計(国) 一般会計歳出	一般会計(国) 国から地方に対する支出	一般会計(国) 純計	普通会計(地方) 普通会計歳出	普通会計(地方) 地方から国に対する支出	普通会計(地方) 純計	国と地方との純計
平成7年	75,939	27,391	48,548	98,945	94	98,850	147,398
12	89,321	29,770	59,552	97,616	50	97,567	157,118
17	85,520	29,088	56,431	90,697	32	90,665	147,096
18	81,446	27,016	54,429	89,211	38	89,173	143,602
19	81,843	26,219	55,623	89,148	35	89,112	144,736
20	84,697	27,970	56,728	89,691	199	89,492	146,220
21	100,973	33,427	67,547	96,106	186	95,921	163,467
22	95,312	29,058	66,254	94,775	149	94,626	160,880
23	92,412	29,986	62,426	82,506	132	82,374	144,799
24	90,334	28,828	61,506	81,865	123	81,742	143,248

出所:財務省『財政統計』平成25年。

マクロ経済的な安定化の役割である。

　その一番目は、市場における資源配分の改善の機能である。防衛や外交、警察などの公共財は、多数の消費者が同時に消費できる「非競合性」と、それがひとたび供給されれば対価を支払わない個人を消費から排除することができない「非排除性」とを持つ財であるといわれている。この2つの性格から、公共財を市場で供給するならば、消費者は公共財を自発的に購入しようとはせず、他の消費者が購入した財を対価なしに消費しようとするフリーライダーの動きが出て、公共財は望ましい水準まで供給されない。したがって、公共財の供給を市場に任せることはできず、政府が責任を持って供給することが必要となる。

　先に述べた2つの性格を完全に満たすものを純粋公共財とよび、部分的に満たすものを準公共財とよぶ。医療、保健衛生サービスや研究開発などがそれに当たり、準公共財は市場においても供給することはできるが、公共財の特性から十分な供給ができない。このほか、教育のように社会的に与える外部効果を持ち、その外部効果が公共財的な性格を満たすものや、年金などの

ように、消費者が若いころには十分な必要性を感じない財に対して強制的な加入を義務付けることにより、政府が温情主義（パターナリズム）により消費者主権を超えて個人の選択に介入する「価値財」もある。

　財政の機能の第2番目は、所得の再分配の役割である。市場経済における所得の分配は、機能的所得分配と呼ばれ、生産活動に対して労働や資本、土地などの生産要素を提供し、それらの生産に対する貢献の度合いをもとにきまる賃金や利子、資本所得、地代などに応じて報酬を受け取るというものである。したがって、それが最終的に帰着する人的分配についても生産要素をどの程度提供することができ、経済の生産活動にどの程度貢献できるのかに依存してきまる。また、市場の競争により大きな格差が発生する可能性がある。それらがもたらす所得分配の不平等は、社会的に認められる格差の範囲を超えている可能性がある。そのような場合に、所得再分配の役割は、累進税率の所得税や社会保障支出により所得分配の不平等を改善しようとするものである。

　市場経済の発展過程を歴史的に見れば、循環的な振動を繰り返しながら成長を続けてきたことがわかる。景気循環の不況の局面においては、不況や失業が増大し資源配分上の損失が生じるとともに、生活不安や、また、過度の失業は社会不安にまでつながりかねない。逆に、過度の好況においてはインフレーションが生じ、市場の相対価格の変化や投機による資源配分のロスが生じる可能性がある。財政の第3番目の機能である経済の安定機能は、市場経済に不可避的に存在する経済の循環的変動に対し、それを緩和するための政府のマクロ的な役割である。

　マクロ経済の安定化を目標とする政策は、経済安定政策と呼ばれるがその主要な手段は2つある。そのひとつは、財政政策あるいはフィスカルポリシーと呼ばれ、減税や公共投資などの財政支出の増大による総需要の拡大を行うものである。いまひとつは、自動安定化政策であり、累進税率の所得税、法人税、雇用保険などがもたらす制度的な需要の伸縮調整である。不況期には、累進所得税や法人税の税収は大幅に減少し、逆に雇用保険支出が増大す

ることにより総需要の拡大に役立つ。逆に、好況期には、累進所得税や法人税の税収が大幅に増加するとともに、雇用保険支出は低下し、総需要の抑制に役立つことになる。

中央政府と地方政府の機能分配論

　日本は中央政府と都道府県、市区町村という地方政府の3段階の政府により、現代財政に求められる3つの機能を果たしている。中央政府と地方政府の間には、さまざまな観点からの役割分担があるが、その基準となるのが政策や事業を実施するうえでの相対的な優位であり、地方政府に特有の住民や資源、財源の移動可能性や住民と政府との距離などである。

　まず、資源配分の観点からは、政府が供給する公共財の便益の及ぶ範囲による分類がある。防衛や司法、外交などはその便益が広く一国全体に及ぶことから国家公共財（あるいは単に公共財）とよばれ、公園、生活道路、地域環境保全などはその便益がある一定の地域内にとどまるため、地方公共財と呼ばれる。国家公共財を地方政府が供給するなら、その便益が周辺地域にスピルオーバーしてしまうので効率的な供給ができない。また、逆に地方公共財には公園の整備や生活道路の建設など、地域の社会経済状況や住民のニーズに基づいて行うものが多いため、中央政府が全国一律のサービスを提供するより、地方政府が地域の実情を踏まえて公共財を供給することが望ましい。このように、機能分配論の観点からは、国家公共財は中央政府が供給し、地方公共財は地方政府が担当することになる。図1-1には、さまざまな公共財の中央政府と地方政府間の役割分担について、支出別項目の観点から示されている。

　続いて所得分配の観点からは、所得保障、医療保障、社会福祉などの諸施策は全国一律の観点から実施されることが望まれる。住んでいる地域により所得の再分配や社会福祉の水準が異なることは、水平的公平に反するからである。ただし、このようなナショナルミニマムを達成するための再分配については水平的公平を損なってはならないが、それを上回る再分配を地方政府

図1-1　中央政府と地方政府が提供する公共財

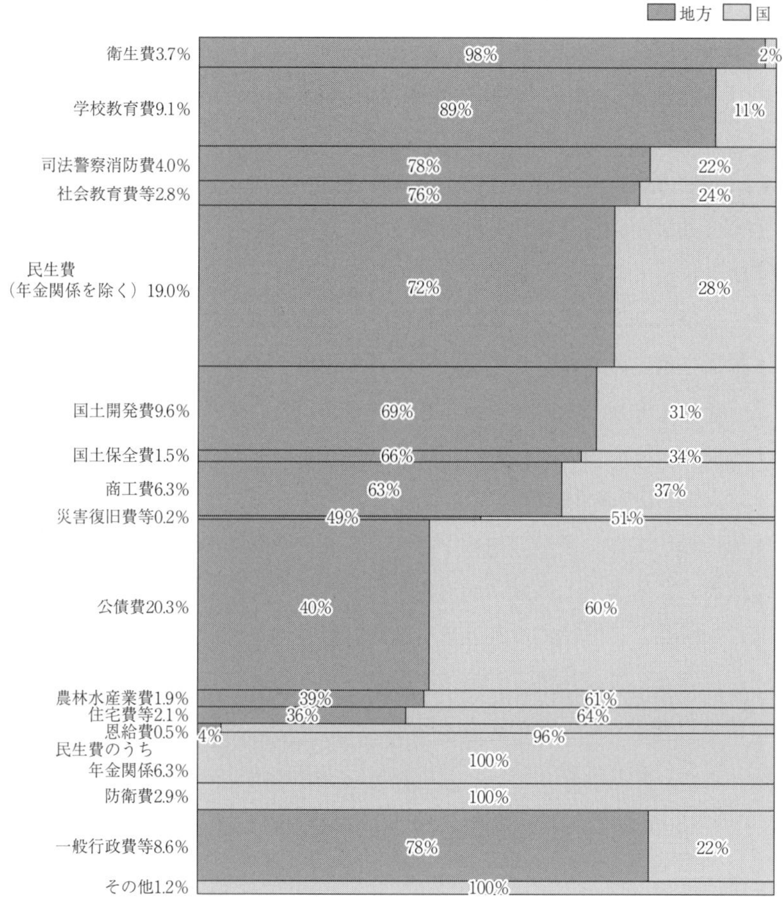

■地方　□国

項目	地方	国
衛生費3.7%	98%	2%
学校教育費9.1%	89%	11%
司法警察消防費4.0%	78%	22%
社会教育費等2.8%	76%	24%
民生費（年金関係を除く）19.0%	72%	28%
国土開発費9.6%	69%	31%
国土保全費1.5%	66%	34%
商工費6.3%	63%	37%
災害復旧費等0.2%	49%	51%
公債費20.3%	40%	60%
農林水産業費1.9%	39%	61%
住宅費等2.1%	36%	64%
恩給費0.5%	4%	96%
民生費のうち年金関係6.3%		100%
防衛費2.9%		100%
一般行政費等8.6%	78%	22%
その他1.2%		100%

出所：総務省『地方財政白書（平成24年版）』。

が行うことを否定するものではない。

最後に、経済安定機能について、不況やインフレーションはマクロの経済現象であり、中央政府がマクロ的な観点から対処する必要がある。個別の自治体が対処しても、その効果が全国的に及ぶことは難しいし、また、経済効果のうち多くの部分が地域外に漏出（スピルオーバー）することになる。も

ちろん、中央政府のイニシアティブにより地方政府が地域の雇用拡大などを目指した政策を採ることまで否定されるものではない。

1.2 地方分権の伝統的理論：足による投票と分権化定理

1.2.1 地方公共財の最適供給：伝統的理論

地方公共財が、多数の地方政府からなる分権的地方財政システムにおいて効率的に供給できることを示唆したのは、ティブー（Tiebout（1956））であった。分権的地方政府の下では、地方公共財の供給と税率のさまざまな組合せが提案され、人々は自分の選好にあった地域を選んで居住するといういわゆる「足による投票」のメカニズムが存在することを指摘したのである。

地方公共財の最適供給

本節においては、多数の地域が存在する簡単な経済モデルを用いて、超越的な政府による地方公共財の最適供給と各地域の経済活動の最適性を保証する条件を導出し、分権的な地方政府活動の最適性を検討する際にベンチマーク・ケースとして使用する。結果を明瞭に示すために、次のような単純化された多数地域からなる経済を考える[1]。

① 経済に存在する地域は、自然条件、地理的条件ともに全く同じである（同質的地域の仮定）とし、各地域の面積は L とする。

② 消費者についても全く同一の個人を考え、その数は経済全体で P 人であると考える。各個人は一人当たり１の労働供給を行い、得られた所得により私的財 c を消費する。私的財の消費と地方公共財 g とからなる個人の効用関数は、$U=u(c,g)$ と示される。同質的な個人の仮定から、効用関数は全く同一であると考える。

③ 地方公共財は、それぞれの地域内では純粋公共財の性格を持ち、すべての個人が同時に消費できると仮定する。また、本節では、混雑現象を反映して公共財の供給コストが変化すると仮定して議論を進める。先に

述べたように、混雑現象は地方公共財の一つの重要な特徴となっているが、ここでは多数地域モデルの最適性条件を際だたせるためにこのような簡単化の仮定を設ける。また、ある地域において供給された公共財の便益が、他の地域にスピルオーバーすることはないと仮定する。
④ 経済の生産面においてもきわめて単純化された状況を考える。企業の生産関数はまったく同一であり、1企業当たりの労働投入量をn、土地投入量をlとして、$f(n,l)$と示される。一地域に存在する企業数をmとすると、その地域における生産量は$m \cdot f(n,l)$となり、これが私的財の消費と公共財の供給に使用される。地域の人口は各地域の企業数と労働供給量を用いてmnと示されるので、地域の総消費量はmncとなる。
⑤ 公共財の供給に必要な費用は私的財の価格を1とし$\phi(g)$と示される。

超越的な政府による最適化問題

以上のような想定のもとで、最適化の問題は、1地域当たりの土地面積L、総人口P、個人の選好$U=u(c,g)$、企業の生産技術$f(n,l)$などを所与として、各地域への消費者の最適配分、最適な企業数、各地域内での消費財と公共財の配分を決定する問題となる。総人口が一定に与えられているので、各地域の消費者の最適決定を通じて地域数kが決定される。また、対称的な地域の想定より、各地域で生産される財は、各地域の私的財の総消費と公共財供給とに一致することになる。

超越的な政策主体による公共財供給と地域の効率的な資源配分に関する最適化問題は、各地域の資源制約式、土地制約式、人口配分の制約式を制約条件として、社会的厚生を最大化する問題として定式化することが出来る。社会的厚生関数として、ここでは、全住民の効用和を用いることにすると、この問題は通常のラグランジュ未定乗数法により解くことが出来る。この問題は次のように示される。

$$H = Pu(c,g) + \lambda_1[mf(n,l) - mnc - \phi(g)] + \lambda_2(L - ml) + \lambda_3(P - kmn) \quad (1)$$

(1)式を最適化することにより得られる1階の条件を整理をすることにより総効用最大化の条件が、次のように示される。

地方公共財の最適供給

まず、各地域における私的財と地方公共財の最適供給に関する次のような限界代替率条件を得る。

$$N\frac{u_g(c,g)}{u_c(c,g)} = \phi'(g) \qquad (2)$$

ここで、Nは各地域の人口であり、$N=mn$と示される。この式は、各地域の公共財と私的財の限界代替率、つまり、消費者の私的財と地方公共財の限界代替率を地域について合計したものが、生産における限界変形率と等しくなることを要請しており、公共財供給に関するよく知られたサミュエルソン条件（Samuelson condition）に他ならない。このように、公共財がその地域内において純粋公共財の性格を持つ場合には、各地域において公共財の最適供給条件が満たされなければならない。

最適な企業数

同様にして、1階の条件群を整理することにより、最適な企業数m^*に関する次のような条件を得る。

$$f(n,l) = n \cdot f_n(n,l) + l \cdot f_l(n,l) \qquad (3)$$

この式をオイラーの定理とあわせて理解することにより、最適点では生産関数が（局所的）に規模に関する収穫一定を満たすことがわかる。つまり、最適な生産点においては各企業の平均生産費用は最低となっていなければならない。平均費用最低点の右側では費用逓増すなわち規模に関する収穫逓減となっており、逆に、左側では費用逓減、規模に関する収穫逓増局面となっている。したがって、平均費用最低点では、規模に関する収穫が一定となっていることが分かる。各地域の最適な企業数m^*は、1企業当たりの労働者

数と土地面積がこのような企業の最適条件を満たす点において成立していることが分かる。

最適な地域間人口配分と最適地域数

地域の人口配分 N^* に関しては、次のような条件を得る。

$$f_n(n,l) - c = \frac{\phi(g) - L \cdot f_l(n,l)}{N} \tag{4}$$

(4)の左辺は、ある地域に住民が1人流入するときのその地域への貢献を示している。住民1人がある地域に流入することにより、その地域の生産が労働の限界生産性だけ上昇する。ところが、同時に私的財の消費が1人分だけ増加することになる。人口移動にともなって生じる、このような生産の増加と消費の増加を差し引いた値が、限界的住民のその地域に対する「社会的貢献」と考えられ、最適解では、これがどの地域についても等しくなっていることが要請される。

また、(4)式の右辺は、地方公共財の一人当たり供給コストと一人当たり地代の差を示している。このように、最適な人口の地域間配分は、住民の地域に対する貢献と一人当たりの地方公共財供給の純コストとが等しくなるように決まる。

ところで、最適な地域数に関する1階の条件を考慮することにより、(4)式右辺はゼロとなることが示される。この条件から、(4)式左辺も同様にゼロとなり、

$$f_n(n,l) = c \tag{5}$$

となる。すなわち、各地域において労働の限界生産物と消費者の一人当たり消費とが等しくなるように、つまり、限界的住民の地域への貢献がゼロとなるように住民の配分と最適な地域数が決まることを示している。

また、(4)式の右辺＝0より直接次の条件を得る。

$$\phi(g) = L \cdot f_l(n, l) \tag{6}$$

これは、最適な人口配分、地域数の選択の下では、公共財の供給コストがその地域の地代総額と等しくなることを意味している。この式は、Arnott and Stiglitz (1979) によってヘンリー・ジョージ定理 (Henry George Theorem) と呼ばれたものである。

1.2.2 住民の足による投票と地方分権の最適性

ここまでは、多数の地域からなる経済における生産、地方公共財と私的財の供給、住民の移動に関する最適条件を求めてきた。住民の「足による投票」のもとで成立するティブー均衡が、これらの最適条件を満たすかどうかがこの小節の問題である。この問題は、しばしば、完全競争的な市場均衡が資源配分におけるパレート最適性を満たすのかどうかという、いわゆる「厚生経済学の基本定理」という課題設定と比類されるものであり、「地方分権の最適性定理」と呼ばれているものである。

上述の議論と同様に、同一の条件を持つ多数の地域を想定しよう。また、同一の選好を持つ十分な数の消費者が存在すると仮定する。消費者は、各地域に居住したときに実現される効用水準を目安として居住地域を選択するという、いわゆるティブー的な行動仮説にしたがって地域間を移動すると仮定する。分析を簡単にするために、地域間の移動は完全に自由で、また、移動のためのコストはゼロであると仮定する。

各地域では企業の参入が自由であり、長期の均衡が成立していると仮定する。このような仮定により各企業の利潤はゼロとなる。財市場、労働市場と土地市場は完全競争的であり、それぞれの市場で財価格、賃金、地代が決まると仮定する。地方政府は、地方公共財の供給により当該地域の資源配分を改善する。そのための財源として、ここでは、地代から一括固定税として徴収される税を考える。したがって、政府の予算制約式として(6)式が成立している[2]。

住民の完全移動の仮定より、一地方政府が住民の効用水準の最大化を政策目標とすることはできない。なぜならば、ティブー的行動仮説により、ある小地域での効用水準の増加は他地域からの人口の流入を引き起こすが、このような人口流入は、結果として当該地域の住民の効用水準が他の地域の平均的な水準に一致するところまで続くからである。

このようなティブー均衡の下で、地方公共財の便益が、公共財の消費者である住民ばかりではなく、地代（あるいは地価）にも帰着するという命題がある。この議論が妥当する場合には、地方政府は住民の効用水準ではなく、地代の最大化、あるいは、上述の仮定の下では公共財の供給費用を差し引いた地代収入の最大化を目標として公共財供給を行えば良いことになる。これは、地代の変動が住民による公共財の評価関数となることを意味している。まず、地方公共財の便益帰着に関するこのような定理を検討しよう。

地方公共財の便益と地代

先述の多数地域モデルから１つの地域 i を取り出して、その地域で公共財の供給を増加させたときの経済変数の動きを検討しよう。まず、賃金と地代をそれぞれ、w_i と r_i とし、生産物（私的財）価格を１とすると、企業の利潤は次のように示される。

$$\pi_i = f(n_i, l_i) - w_i n_i - r_i l_i \tag{7}$$

企業の自由参入が保証されるもとで企業が利潤の最大化行動をとるならば、均衡において各企業の利潤はゼロとなる。

$$f(n_i, l_i) - w_i n_i - r_i l_i = f(n_i, l_i) - \frac{\partial f}{\partial n_i} n_i - \frac{\partial f}{\partial l_i} l_i = 0 \tag{8}$$

このときの企業数を m_i とすると、この地域の企業全体の労働者と土地に対する生産要素需要は、$m_i n_i$ と $m_i l_i$ になる。i 地域の総人口を N_i、土地の総供給量を L_i とすると、労働市場と土地市場の需給均衡式は次のように示される。

$$N_i = m_i n_i \tag{9}$$

$$L_i = m_i l_i \tag{10}$$

ここでは、簡単のために、土地から得られる地代収入はすべて地方政府に帰属し、これが地方公共財の供給費用として使用される（$G_i = r_i m_i l_i$）という仮定を設けているので、消費者の所得は労働賃金収入のみとなる。労働者は、得られた所得をすべて私的財の購入に使用すると仮定する（$c_i = w_i$）と、この地域に居住する消費者が得る最大効用は次のように示される。

$$u_i = u_i(w_i, G_i) \tag{11}$$

小地域の仮定とティブー的行動仮説から、人口移動による効用水準の平準化が起こるので、各地域の住民の効用は、他地域の平均的効用水準 u_0 と一致する。

$$u_i(w_i, G_i) = u_0 \tag{12}$$

住民移動と資本化仮説

(12)式はティブー均衡の下では必ず成立する住民移動の裁定条件である。これを全微分することにより、公共財供給と賃金率の間に以下のような関係を得る。この式から、住民の移動均衡の下では、均衡を保証する賃金と公共財との関係として次のような式を得る。

$$\frac{dw_i}{dG_i} = -\frac{u_{iG}}{u_{ic}} < 0 \tag{13}$$

この式は、ティブー均衡の下では公共財が追加的に供給される場合には、居住均衡を保証する賃金を引き下げても良いことを意味している。

また、企業の均衡条件(8)を労働と土地に関して全微分することにより、地代と賃金率に関する次のような関係が得られる。

$$(f_l - r_i)dl_i + (f_n - w_i)dn_i - n_i dw_i - l_i dr_i = 0 \tag{14}$$

(14)式とともに企業の利潤最大化条件を考慮することにより、地代と賃金率に関する次のような関係が得られる。

$$\frac{dr_i}{dw_i} = -\frac{n_i}{l_i}(=-\frac{N_i}{L_i}) \tag{15}$$

このように、ティブー均衡の下では、賃金と地代は逆の方向に動くことがわかる。

(13)式と(15)式を連立させて整理することにより、地方公共財の供給と地代総額に関する次のような関係を得る。

$$\frac{dr_i L_i}{dG_i} = L_i(\frac{dr_i}{dw_i})(\frac{dw_i}{dG_i}) = N_i \frac{u_{iG}}{u_{ic}} \tag{16}$$

この式の右辺は、公共財と私的財の限界代替率をすべての個人について合計したものであり、私的財の単位ではかった公共財の限界便益を示している。したがって、(16)式は公共財の追加的供給による地代総額の増加が、公共財の限界便益と一致することを示している。すなわち、ティブー的均衡においては、公共財の供給による便益がすべて地代に帰着（Capitalization）することがわかる。このような観点は、"キャピタライゼーション仮説"あるいは公共財の「開発利益」として議論されているものである。

(16)式と、政府の予算制約式として成り立っている(6)式とをあわせて理解することにより、公共財供給のための最適条件(2)式も同時に成立していることがわかる。

$$\frac{dr_i L_i}{dG_i} = \phi'(g) = N_i \frac{u_{iG}}{u_{ic}} \tag{17}$$

このように、分権的な地方政府が地代総額を評価関数として地方公共財の最適供給を行う場合には、完全競争市場とティブー的定住均衡の下で、超越的な政府による集権的最大化問題から得られる必要条件が成立することが示される。すなわち、このような状況の下では、多数地域からなる経済の均衡

は、最も効率的な資源配分を達成することがわかる。完全競争における完全競争市場の効率性に関する「厚生経済学の基本定理」との関連で、これは、「分権的地域経済の効率性命題」と呼ばれているものである[3]。

1.2.3　情報の非対称性と分権化定理

分権化定理

　Oates（1972）では、足による投票の理論とは対照的に、情報の不完全性を想定した上で、また、住民の居住地選択による自由移動を明示的に条件とはせずに地方分権の経済的効率性を検討する。Oatesが分析の中心としたのは、中央政府による全国均一の公共財供給と地方政府による地域ごとに異なる差別化された公共財供給の合理性である。地域により公共財へのニーズは異なることが一般的であり、中央集権による画一的な公共財供給では地域の事情を無視してしまうため、効率的な公共財供給がなされない。図1-2は、

図1-2　分権化定理

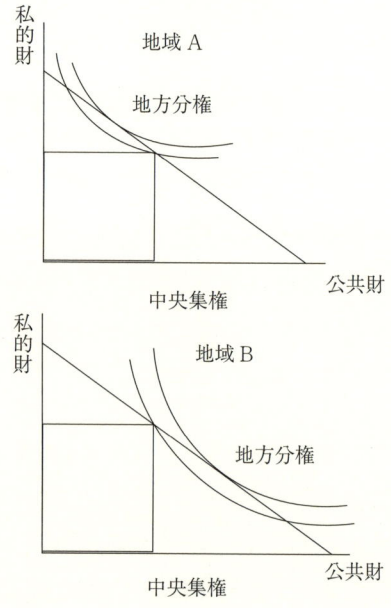

中央集権的な公共財供給と地方分権的な公共財供給の相対的な効率性を示している。

逆に、各地域の地方政府が、住民のニーズを熟知したうえで住民の満足を最大にするように公共財供給を行うならば、差別化された公共財供給のもとで各地域の厚生水準が最大化され社会的厚生水準の最大化が達成される。この考え方を突き詰めてゆくならば、選好の異なる地域ごとに一対一で対応する地方政府の必要性・合理性につながるが、これは、完全対応原理と呼ばれるものである。このように、分権化定理においては、地方分権の利点である地域ごとに差別化された公共財・サービスの提供と、住民の公共財ニーズに関する不完全情報の仮定の下で、より住民に近い政府の情報上の優位を重視する。

他方、地方政府による分権的な公共財供給には不可避的に生じる問題が存在する。それは、公共財供給におけるスピルオーバー効果である。分権化定理においては、地域ごとの住民ニーズの差により細分化された地域が成立することが望ましい。しかしながら、地域が細分化されるにしたがって、地方政府が提供する公共財の便益が他地域に漏出する（スピルオーバー）する可能性が高まる。現実的にも、地方政府が提供する都市交通や施設サービスなどのインフラを通学や通勤、あるいは買い物などにともなう住民の移動により当該地域の住民以外にも利用されるケースを想定することは難しくない。

公共財のスピルオーバーが存在する場合には、地方政府は他地域の住民が享受するスピルオーバーの存在を考慮することなく行動するために、社会全体から見れば公共財が十分に供給されないという、いわゆる過小供給の問題が生じることが知られている。したがって、地方分権と中央集権の相対的な有利不利を検討する際には、中央政府の行う画一的政策の非効率性と、地方政府が提供する際のスピルオーバー効果による過小供給の非効率性の相対的な大小関係を比較し、前者が後者を上回るならば地方分権が望ましいと判断できる。

1.3　第2世代の地方分権理論：投票とヤードスティック・モデル

1.3.1　情報の非対称性とプリンシパル＝エージェント関係

　情報の不完全性を前提にさまざまな主体の経済行動を分析する場合には、情報の主体間での偏在が想定されることが多い。その下で、プリンシパル＝エージェント問題を想定してモデル化されることが多い。地方分権における不完全情報の代表的なものは、住民の公共財に対するニーズや、地方政府の公共財供給の費用、あるいは公共財供給にかける努力水準などに関するものである。これらの情報に関する非対称性を想定しながら、地方分権の経済分析の枠組みにおいては、次のような3つのプリンシパル＝エージェント関係が想定される。

① 　中央政府がプリンシパルで、地方政府がエージェント：これは、たとえば補助金の経済効果の分析の枠組みである。中央政府の補助金政策を通じた政策誘導効果が地方政府に反映され、企図された公共財の供給が地方政府により実現されるかどうかを問題とする。

② 　住民がプリンシパルで、地方政府がエージェントのモデル：これは、地方政府の政策決定・実施をめぐるモデルである。エージェントとしての地方政府が、住民のニーズを反映した政策を効率的に実施することができるかどうかが問題となる。

③ 　地方政府がプリンシパルで、地方企業がエージェントの場合：これは公営企業による公益事業の実施や、地方政府の事務事業を民間活力を利用して実施するたとえば公営施設の管理に関する指定管理者制度など、あるいは地方事務事業の民営化などに関する分析に用いられる。

　以下では、住民をプリンシパル、政府をエージェントとするモデルを用いて、地方選挙を通じて実現される現職政府に対する評価が、アカウンタビリティを実現するかどうか、つまり、選挙を通じた住民の政府、首長への動機付けにより政府が住民の付託に答えた公共財・サービスの提供や行政を行う

かどうかを検討する。その上で、このようなプリンシパル＝エージェント関係の中で、地方政府による分権的な公共財・サービスの提供と中央政府によるそれのどちらが住民のアカウンタビリティをより実現するかの検討を通じて、地方分権の合理性に接近する[4]。

1.3.2 アカウンタビリティとヤードスティック競争

Seabright（1996）では、情報の非対称性を明示的に考慮し、住民と政府の非対称的情報構造を地方分権の政府間競争モデルに導入した。地方政府は中央政府と比較して住民に近い位置にあり、情報の観点から優位にあるが、それでも住民のニーズを完全に把握することはできない。逆に、住民は地方政府が行う公共財供給のコストやそれを供給するために地方政府が払う行政的な努力水準を一般的には完全に把握することはできない。その上で、地方政府と住民の関係を、地方選挙を通じて立証不可能（not verifiable）な不完備契約を結び、プリンシパルとしての住民が租税を負担することにより、エージェントとしての政府が公共財を提供する契約関係において、行政サービスや公共財の供給に対する政府の最大限の努力を引き出すことができるかどうかを検討する。

政府の政策に関して住民の意思表示の機会は選挙において現行政府、首長を再当選させるかどうかを選択するのみである。逆に政府は、次回の地方選挙において住民の信任を得られるよう、住民の満足度を上げるべく政策を実施する。そして、地方政府が住民の民意を反映する政策を実行した場合には、住民の投票が獲得できるので、現行政府が次回の地方選挙において再選される。

公共選択論のフレームワークにおいては、住民の民意が政治的関係を通じて、政府の政策に反映される場合にアカウンタビリティが達成されるとしている。ここで想定している、首長選挙を通じて地方政府に住民の選好を反映させるように首長、あるいは政府を動機付け、住民の厚生水準を高める制度として地方分権が機能し、アカウンタビリティが達成されるかどうかを検討

している。

モデルと前提

モデルの主な想定は次のようなものである[5]。

1. 経済の想定：M 地域からなる経済を考える。中央政府と各地域には地方政府があり、地方政府は住民の選挙を通じて構成される。
2. 公共財の供給：各地域 i の政策（公共財供給）は、g_i で示し、中央政府が決定する各地域の政策はベクトル $g=(g_1, g_2, \cdots, g_i, \cdots, g_m)$ により示される。各地方政府は個別に政策 y_i を決定し、中央政府はすべての地域の政策 y を決定する。
3. 情報の構造：政策変数 $g=(g_1, g_2, \cdots, g_i, \cdots, g_m)$ は、住民にとって観察不可能であり、政府の私的な情報にとどまる。他方、政府の政策とランダムショックに依存して決まる地域住民の効用水準は、住民および政府にとって観察可能ではあるが立証不可能である。このようにして、政府と住民の間にある情報のギャップを非対称性という形態により導入し、非対称情報の元での不完備契約を通じて望ましい公共財供給が実現されるかどうかを分析する。
4. 政策 $g=(g_1, g_2, \cdots, g_i, \cdots, g_m)$ の策定、実行には、政府にとって努力（Effort）という費用を生じさせる。簡単のために、公共財供給 $g=(g_1, g_2, \cdots, g_i, \cdots, g_m)$ 自体が努力水準を表すとする。なお、政府の努力水準は住民にとって観察不可能であると想定する。

以上のような想定のもとで、地方住民と政府とのプリンシパル＝エージェントの問題は、次のような主体の行動想定により示される。

住民の効用関数

$$U_i = u_i(g) + \varepsilon_i \tag{18}$$

ここで、各地域住民の効用は、当該地域の政府による政策と、それ以外の要

素による撹乱項の和として決まる。ε_i は当該地域に発生する撹乱項（ランダムノイズ）であり、期待値がゼロで、地域間で独立であり、かつ同一の分布を持つ連続的な確率変数である。その累積分布関数を $F(\varepsilon):\Pr(\tilde{\varepsilon}_i \leq \varepsilon)$ と表す。先に述べた情報構造に関する仮定どおり、住民は効用の実現値 U_i を観察することができるが、政府の努力水準 g_i やランダムノイズ ε_i の実現値を直接知ることはできない。政府も、努力水準 g_i を決める段階で、ε_i を予想することはできない。

政府の費用と行動目的

政府の政策を実施するための努力にともなって費用が生じ、それが政府の効用水準を低下させると仮定する。地方政府の効用関数を $V_i(g)$ により示すと、これは努力水準の減少関数となる。また、地方政府は再選されることにより固定的なレント R を獲得することができるとしよう。したがって、地方政府の総効用は次の式により示される。

$$R + V_i(g_i) \tag{19}$$

政府と住民によるゲームの構造

Seabright は公共財を提供する政府の枠組みとして、地方分権と中央集権のどちらが望ましいのかを、プリンシパル＝エージェントの枠組みを使って吟味している。具体的には、次のようなゲームの構造を用いて分析を行い、得られた結果から地方分権か中央集権かについて選択を行っている。

1. 政府の権限構造を中央集権と地方分権とから選択する。
2. 政府が公共財を供給する。
3. 確率変数 ε_i が地域ごとに実現する。ただし、住民はその実現値を観察できない。
4. 住民の効用関数が実現し、住民に観察される。その値により住民は次回の選挙において、現職政府を再選させるかどうか決定する。

ここでは、直接的には観察されない政策変数と確率変数の存在により、住民の効用水準が住民、および政府にとって立証不可能となっている。住民と政府にとっては、政策変数と確率変数によって与えられる効用水準が観察可能となっている。

この想定は、住民やまして政府が、住民の効用水準を正確に知るには非常な困難が伴うことや、それが住民の個人的な情報にとどまり、第3者には知りえない状況であることを意味する。住民は、ある政策により効用水準が高まったと感じるかも知れないが、それを公の場で立証することには困難が伴う。したがって、住民が政策の満足度から政府を評価することについても、次回の地方選挙において現職の首長や議員に一票を投じるか否かといった、より間接的な反応を取りうるのみである。

政府の再選

政府の再選は、(18)式で与えられる住民の効用が、外生的に与えられる再選のための最低効用水準 C を上回るかどうかにより決定される。すなわち、地域 i の住民にとって、

$$U_i(g, \varepsilon_i) = u_i(g) + \varepsilon_i \geq C \tag{20}$$

が成立するならば、地方政府は再選される。また、中央政府の場合には、多数の地域において(20)式が満たされるときに、国政選挙において現行政府が支持を受け再選される。

1.3.3 地方分権か中央集権か

政府の目的関数

中央政府と地方政府の目的関数は次のように表される。

1. 中央政府 $\quad E[\alpha R + V(g)] = V(g) + \alpha R pr[S^K] \tag{21}$

2. 地方政府 $$E[R+V_i(g_i)] = V(g_i) + Rpr[s_i] \quad (22)$$

ここで、s_i は地域 i の政府が再選される確率を示し、$-s_i$ は再選されない確率を示す。また、S^K は、m 地域のうち、少なくとも K 地域の住民が中央政府の政策に満足し、中央政府が再選される確率を示す。α は地方政府のレントと中央政府のレントの比率を示している。$\alpha > 1$ ならば、中央政府のレントが相対的に大きいことを示す。

地方政府の最適政策とアカウンタビリティ

まず、当選確率 $pr[s_i]$ は、定義により次のように書くことができる。

$$pr[s_i] = \int_{C-u_i(g_i)}^{\infty} D(\varepsilon_i) d\varepsilon_i \quad (23)$$

ここで、$D(\varepsilon_i)$ は周辺密度関数である。

地方政府の直面する政策に関する最適化問題は、(21)式で与えられる期待効用を政策変数 g_i に関して最大化することにより与えられる。したがって、(21)式に(23)式を代入して最大化のための必要条件を求めると次の式が得られる。

$$-\frac{dV_i}{dg_i} = R\frac{du_i}{dg_i} D(\varepsilon_i) \quad (24)$$

この最適条件の右辺は、地方政府の公共財供給の限界的な増加がもたらす再選確率の限界的な上昇に、再選のレントを掛け合わせて求められる期待レントの限界的な増加を表している。他方、左辺は、公共財供給を限界的に増加させるという政策努力がもたらす限界的な効用減少を表している。したがって、政策による期待収益の限界的な増加と、限界的な費用が等しくなることを要請している。

中央政府の最適化問題

中央政府の再選確率は、ある地域 i の再選確率を取り出すことにより次の

ように書き換えることができる。

$$pr[S^K] = pr[s_i]pr[S_i^{K-1}|s_i] + (1 - pr[s_i])pr[S_i^K|-s_i] \quad (25)$$

(25)式の右辺第1項は、地域 i が再選を支持する場合に中央政府が再選される確率を示し、第2項は地域 i が再選を支持しない場合に他地域によって中央政府が再選される確率を表している。

中央政府の最適化のための1階の条件は、各地域 i の政策変数を限界的に変化させることにより、各地域 ($i=1,2,3,\cdots,m$, and $i \neq j$) について次の条件が成立することである。

$$\begin{aligned}-\frac{dV}{dg_i} &= \alpha R \frac{du_i}{dg_i} D(\varepsilon_i)(pr[S_i^{K-1}|s_i] - pr[S_i^K|-s_i]) \\ &+ \alpha R \sum_j \frac{du_j}{dg_j} D(\varepsilon_j)(pr[S_j^{K-1}|s_j] - pr[S_j^K|-s_j])\end{aligned} \quad (26)$$

(26)式の左辺は、地方政府の場合と同様に、i 地域の政策 g_i の限界的な変化に伴う中央政府の負効用の増加を表す。他方、(26)式の右辺は、地域 i の政策変化に伴う、他地域を含めたすべての地域における中央政府の再選確率の限界的な変化を示している。

地方分権と中央集権の比較

このフレームワークの中で、地方分権と中央集権について、それぞれの政府が採用する政策、公共財供給や住民の効用水準、そして政府のアカウンタビリティにどのような比較ができるのであろうか。

(24)式の最適条件式が示しているように、地方政府の場合には、政府の再選確率の限界的な上昇は、まさにその地域の住民の満足度の向上がもたらす当該地域の再選確率の限界的上昇に他ならない。しかしながら、中央政府の場合には、再選確率の変化は大変複雑な要因に依存している。

まず、中央政府が提供する政策にはスピルオーバー効果が働く。したがって、(26)式において地域 i の政策変化が当該地域の再選確率を変化させる（第

一項）とともに、他の地域の住民の効用水準に影響を及ぼし、他の地域の再選確率も同時に変化させる（第二項）。次に、最大化のための1階の条件の中の $(pr[S_i^{K-1}|s_i] - pr[S_i^K|-s_i])$ は、第1項が地域 i が再選を支持する場合に中央政府が再選される確率を示し、第2項が地域 i が支持しない場合に中央政府が再選される確率を示している。したがって、これは中央政府の再選確率に与える地域 i の重要度を示している。第1項の確率が上がると、地域 i が中央政府の再選に与える影響の相対的重要度は上昇し、逆に、第2項が上昇すると地域 i の影響の相対的重要度が低下する。また、第1項から第2項が差引かれることから、地方政府による決定との比較では、地域 i の相対的比重が低下することになる。

中央政府と地方政府のアカウンタビリティの比較については、どのようなことがいえるのであろうか。地方政府の最適条件においては、地方政府が決定するその地域の政策 g_i にのみ地方政府の期待効用が依存している。したがって、当該地域の政策に関する住民の評価が、地方政府の再選にとって最も重要な要素となる。他方、中央政府の最適条件の場合には、地域 i の政策 g_i を決定する際にも、他地域の再選に関する意思も依存していることがわかる。そして、それに伴って中央政府にとっての政策 g_i に関しての期待効用は小さくなっていることがわかる。すなわち、中央政府は、地域 i の政策に対する便益評価を、地方政府が行うより低く評価する傾向があることがわかる。

1.4　日本の地方分権政策と地方分権の現状

1.4.1　地方分権への歩み

戦後の経済社会の民主化の中で、集権的な中央政府が国家集権的な政治体制の原因のひとつと考えられた。また、アメリカ的な財政思想の導入にも影響されて、「地方分権は民主主義の学校」という考え方のもと、国家集権的な行政に終止符を打ち、戦後民主主義を推進する動きが見られた。

ところが高度成長期においては、均衡ある国土の発展や福祉の充実、シビルミニマムの実現などのため、国の地方自治体に対する関与や規制が強められてきた。地方は国の下部組織とみなされ、中央政府が決定した政策の実施のための下部組織と捉えられた。その典型例が「機関委任事務」で、国が決定した政策を地方自治体が委任を受けて実施するものである。かつては、都道府県の仕事の8割、市町村の仕事の5割を占めたといわれ、その例としては国民保険料の徴収事務、パスポート事務などがある。

第1次分権改革：1990年代の地方分権への動き

1990年代になると、先進諸外国で盛んに取られた供給サイド重視の政策がわが国でも採用されるようになり、その一環として中央政府の規制の緩和、地域経済の活性化が、中央政府の財政赤字、小さな（中央）政府への動きとともに進められるようになる。1995年に「地方分権推進法」が国会で可決され、「地方分権推進委員会」が発足する。そして1996年には中間報告として、次のような内容が公表された。
① 地方の自己決定、自己責任の拡充
② 国と地方の関係は、「上下・主従」から「対等・協力」へ
③ 事務事業の権限委譲＝機関委任事務の見直しと国の関与・規制の縮小、廃止がすすめられた。

地方分権一括法（2000年4月施行）

続いて、1999年には地方分権一括法が成立し翌年より施行された。中央集権の象徴ともされた機関委任事務が廃止され、「自治事務」と「法定受託事務」に仕分けされた。自治事務とは地方の裁量が認められた事務事業であり、法定受託事務とは国が地方自治体に執行を委任する形態の事務事業である。また、国の関与についても基本原則として、法律的な根拠を必要とする法定主義と、必要最小限の関与とする最低限の保証を実施するようになった。

地方分権一括法の主な内容は、①市町村税への制限税率の撤廃、法定外普

通税の許可制から協議制への移行、②法定外目的税の創設が認可制から協議制へと変更された、③地方債の発行が許可制から協議制へと変更された（06年度より）こと、④機関委任事務の廃止、国・地方係争処理委員会の設置などである。

地方分権一活法案の問題点と第二次分権改革

　自治事務への国の規制：さまざまな事務ごとの自治体の裁量権は、個別の法令により定められ、実効的な裁量権が保証されない事務事業があった。

　地方政府の国の財政移転への依存：道路や公共施設の建設については、補助金の対象事業として地方が補助金を通じた実質的なコントロールを受けていた。逆に、地方政府には、財政上の自律性や財政規律の概念が弱い傾向があった。権限と財源の一層の委譲が求められると同時に、地方政府の自立的な運営を保障する手立てが求められるようになった。

第二次分権改革（「三位一体の改革」2004年より）

　小泉内閣の下で進められた第2次分権改革の主眼は、地方の財源に焦点を当てた改革を進めることであった。地方財源の充実と、補助金の削減を通じた地方の財政的自立性の促進を目指し、以下のような改革の必要性が議論された。

① 　地方分権推進委員会：住民の受益と負担の明確化とひも付き財源の削減による財政の自立化
② 　経済財政諮問会議：「均衡ある発展」から「地域間競争」へ。自らの財源と意思決定：補助金削減と税源移譲。

2004年から2006年にかけて進められた三位一体改革の主な内容は次のようなものであった。三位一体の改革の主な内容は、次のような3点にまとめることができる。

① 　国庫補助負担金改革：国民健康保険、義務教育、児童手当などの分野で国庫負担金を総計3兆1千億円あまり削減し、合わせてその他の補助

金を１兆５千億円あまり削減する。
② 税源委譲：国の所得税から地方の個人住民税へ３兆円の財源移譲をおこない、同額の国庫補助金の廃止・縮小を実施する。
③ 地方交付税改革：地方交付税と臨時財政対策債（後年度の交付税により元利償還費を措置する）を３年間で５兆１千億円あまり削減する。

この三位一体改革の成果は、どのようなものであったのであろうか。税源委譲について、国庫補助負担金の補助率の引き下げにより「中央政府の関与」が同時に低下することが企図されていたが、たとえば義務教育について、教員の配置や定数を定めた関連法令により、国の関与は依然として強く残っている。また、税源委譲と補助金カットにより、地域間の財政力格差が拡大し、自治体によってはナショナルミニマムの公共サービスでさえ確保できない懸念が生じた。このような状況から、財政力の弱い自治体について、税源委譲が国庫補助負担金の廃止・縮減に伴い必要となる額に満たない場合には、交付税の算定により配慮することとなった。このように、地方交付税は税源委譲や補助金削減の効果を相殺するように使用されたが、交付税総額の抑制が同時に行われたため、財政力の弱い多くの自治体の財政を悪化させることになった。

1.4.2　ポスト三位一体改革と地方分権の本旨の達成に向けて

ポスト三位一体改革として、今何が求められているのであろうか。政府の経済財政諮問会議は2007年に「地方分権改革推進委員会」を発足させ、自治行政権、自治財政権、自治立法権の確立を企図する「新分権一括法」の検討を行った。また、全国知事会は、①中央と地方の税収比率（約６：４）の改善、②地方交付税を「地方共有税」に改称し、地方固有の税源であることを再確認する、③国と地方の協議の場を法定化し、地方の意見を中央政府の行政に反映させるなどの要望を公表している。さらに、「道州制」の議論も本格化してきた。平成の大合併により1,700あまりまで再編された市町村を基礎自治体とし、47の都道府県を９～13の州に広域化した上で、中央政府の権

限を大幅委譲するものである。あわせて、これまで都道府県がもってきた権限の多くを市町村に委譲するものである。

　今後の地方分権のあり方は、その本旨を達成すべく更なる改革を求めるものでなくてはならない。その大きな方向性は、以下に示されるようなものであると考えられる。

① 選択の可能性：多様な公共財を供給する多くの自治体が存在すれば、住民が自分の選好にあった自治体を選択することで公共財の効率が可能となる。
② 情報優位：中央政府より地方政府のほうが住民の「近く」にあるので、住民のニーズを把握することが有利である。
③ 政府間競争：近隣政府間で政策競争が起こることにより、行政コストの低下や住民満足が高まる（効率的な行政）。
④ 受益と負担のリンク：地方政府の供給する公共財は住民の生活に近いものであり、その受益が住民にわかりやすいため、公共サービスの負担を求めやすい。

注
1) 以下で使用する地域モデルは、基本的に金本（1983）に依拠している。
2) あるいは、より簡単に、この地域の土地の使用権をすべて地方政府が持っていると想定してもよい。公共財供給の費用を支払った後に残る地代は、住民に配分されると仮定する。
3) このような、公共財便益の地代への完全転嫁は、単純化のためにとられたいくつかの仮定のもとで成立するものであることに注意しなければならない。もちろん、これらの仮定を変更するならば、公共財便益の地代への帰着は不完全なものとなる。
4) 情報の非対称性を前提とした「第2世代の」地方分権理論については、堀場（2008）に包括的に展開されている。
5) 以下の議論は基本的にSeabright（1996）に依拠している。

参考文献
伊多波良雄（1995）『地方財政システムと地方分権』、中央経済社。
金本良嗣（1983）「地方公共財の理論」、岡野・根岸編著『公共経済学の展開』、東洋経済新報社。

黒田達朗（1993）「開発利益の経済理論―公共財の場合―」、『名古屋大学教養部紀要』、第37巻、pp. 29-46.
佐藤主光（2009）『地方財政論入門』、新世社。
西垣泰幸（1999）「地方分権と地方公共財の最適供給」、寺田宏洲編著『地方分権と行財政改革』、新評社。
堀場勇夫（2008）『地方分権の経済理論―第一世代から第2世代へ―』、東洋経済新報社。
Arnott, R.J. and J.E.Stiglitz (1979) "Aggregate Land Rents, Expenditure on Public Goods and Optimal City Size," *Quarterly Journal of Economics*, vol. 93, pp. 471-500.
Atkinson, A.B. and J.E. Stiglitz (1980) *Lectures on Public Economics*, McGraw-Hill, London.
Besley, T., and Case, A. (1995) "Incumbent Behavior: Vote Seeking, Tax Setting and Yardstick Competition," *American Economic Review*, vol. 85, pp. 25-45.
Besley, T., and Coate, S., (2003) "Centralized versus Decentralized Provision of Local Public Goods: A Political Economy Approach," *Journal of Public Economics*, vol. 87, pp. 2611-2637.
Nishigaki, Y., Higashi, Y., and H. Nishimoto (2011) "Voting with Feet, Yardstick Competition and Optimal Provision of Local Public Goods," *Proceedings of Singapore Economic Review conference*, CD-ROM.
Nishigaki, Y., Higashi, Y., Wong, M. S., and Nishimoto, H. (2011) "E-Government as a Vehicle for Promoting and Improving Governmental Performances with Yardstick Competition Model," Proceedings of *International Conference of Information and Communication Technology and Applications*, pp. 78-83.
Nishigaki,Y, Higashi, Y., Wong. M. S. and H. Nishimoto (2012) "A NEW E-GOVERNMENT ROLE IN IMPROVING LOCAL GOVERNMENT PERFORMANCE: A STUDY BASED ON A YARDSTICK COMPETITION MODEL," *INTERNATIONAL JOURNAL OF eBUSINESS AND eGOVERNMENT STUDIES*, Vol. 4 No. 2, 2012.11.
Nishigaki, Y., Yasugi, N., and H. Nishimoto (2013) "E-government Evaluation and Its Policy Implications for Improving the Performances of Local Government―From the Viewpoint of the Yardstick Competition Model―," in the book Tilo Bendler, eds., *Challenges for Analysys of the Business and Economy*, DCM Druck Center, Meckenhaim, GmbH.
Oates, W.E., (1972) *Fiscal Federalism*, Hourcourt Brace Jovanovich, Inc., New York（米原淳七郎、岸昌三、長峯純一訳、『地方分権の財政理論』、第1法規出版、1997年）
Riker, W.H., and Ordeshook, P.C. (1968) "A Theory of the Calculus of Voting," *American Journal of Political Science*, vol. 62, pp. 25-42.
Seabright, P. (1996) "Accountability and Decentralisation in Government: An Incomplete Contracts Model," *European Economic Review*, vol. 40, pp. 61-89.
Tiebout, C. M. (1956) "A Pure Theory of Local Expenditures," *Journal of Political Economy*, vol. 64, pp. 416-424.

第2章　第2世代の地方分権理論と
ヤードスティック競争

東　裕三
西垣泰幸

2.1　情報の非対称性とエージェンシー問題

　Tiebout（1956）は、「足による投票」が地方公共財の最適供給を導くことを示した。これは、住民が地域の公共財と課税を比較し、自身の効用水準が最も高い地域に移住することによって、地方政府間で住民獲得競争が生じ、地方公共財が効率的に供給されるというものであり、それ以降、地方分権と地方公共財の最適供給に関する理論的な根拠であると考えられてきた。「足による投票」が十分に威力を発揮するためには、地方政府は住民の効用水準を最大化するように地方公共サービスを供給すること、また、地方政府は自身の公共財供給量に対する住民の評価を完全に把握しており、住民も地方政府の公共サービス供給に必要な租税や税源の情報を完全に知っているなどの前提が必要となる[1]。しかしながら、住民と地方政府の間には様々な情報の非対称性があり、また、両者の利害が一致しない可能性がある。

　住民は地方政府がどのように地方公共財を供給しているのか一連の行動をすべて観察することは困難である[2]。また、地方政府にとっては、住民が望んでいる地方公共サービスをすべて完全に知ることは難しいことであろう。住民と地方政府の間には、このような情報の非対称性が存在している。住民が租税を支払い、地方公共サービスの提供を受ける目的の1つは自身の効用を最大にすることである。しかし、地方政府は自身の課税権を乱用し、自身の利益を最大にするように地方公共財を供給するかもしれない[3]。住民と地

方政府の利害が一致しなければ、地方政府は住民が望むような地方公共財を供給するような行動はとらない可能性がある。このような問題はエージェンシー問題と呼ばれている[4]。第1世代の地方分権理論では、完全競争モデルの下で分析が進められてきたため、このような問題が生じている場合に、地方公共財供給の効率性が達成されるのかどうかは考えられてこなかった。

情報の非対称性やエージェンシー問題などが生じている状況で、経済主体をプリンシパル（委託者）とエージェント（代理人）として、この両主体がどのような意思決定を行うのかは、契約理論の分析ツールであるプリンシパル－エージェント・モデルを用いて考察されてきた[5]。プリンシパルとは、仕事を委託する主体であり、エージェントは、仕事を代理して実行する主体である。したがって、経済活動を行っている多くの経済主体は、プリンシパルとエージェントの関係が成立していると考えられ、プリンシパル－エージェント・モデルは、多種多様な経済問題に応用されている。

労働需要者と労働供給者を例に考えれば、労働需要者はプリンシパルであり、労働供給者はエージェントであると考えられる[6]。労働需要者は、財・サービスを生産するために労働者を雇い、財・サービスの生産を労働供給者へ委託する。このとき、労働需要者である雇い主は、雇う労働者がどういう質の労働者なのか、つまり真面目で努力家であるのか、そうでないのかは分からない。また、雇い主は労働者が最大限努力し仕事を行っているのかどうかを完全に観察することは困難である。一方、労働者自身は、自分がどのような質の労働者であるのか、また、どれだけ努力をし仕事を行ったのかを知っている。ここに、雇い主と労働者の間には情報の非対称性が存在している。雇い主は、労働者に働いてもらい、質の良い財・サービスを生産して欲しいと望むだろう。しかし、労働者は、同じ賃金であれば、できるだけ少ない労働量で労働を行い、自身の満足度を最大にしたいと考えているかもしれない。このように、雇い主と労働者の利害が一致しない可能性がある。両者の利害が一致しなければ、雇い主が望むように労働者は行動しないというエージェンシー問題が生じる。情報の非対称性とエージェンシー問題が生じていると

き、モラルハザードという問題が生じることが知られている[7]。雇い主は、労働者の質や労働者が努力して働いているかをすべて観察するのは困難であり、そして、労働者は雇い主が自身の労働状況をすべて観察できないことを知っているので、雇い主の利益は無視し、自身の利益を最大化するように行動する。このような、労働者の行動はモラルハザードと呼ばれている。

　上述のように情報の非対称性とエージェンシー問題は、地方政府と住民との間にも生じている。近年では、このような問題に対処した分析を行うために、住民と地方政府との関係をプリンシパル－エージェント・モデルに応用し、分析が進められている。このとき、住民は租税を支払い公共サービス提供を地方政府に依頼するプリンシパルであり、地方政府は租税を徴収し、住民が望むような公共サービスを供給するエージェントとされる。住民は、公共サービスを提供するとき、地方政府がどれだけ努力をするのかをすべて観察することはできない。しかし、地方政府はその努力水準を自身で知っている。住民と地方政府の間には情報の非対称性が存在している。一方、住民と地方政府の利害はどのようなものであろうか。住民は、自身の満足度が最大になるような地方公共財を地方政府に供給して欲しいと望むであろう。しかし、地方政府は、住民の満足度よりも、自身の報酬を上昇させたい、と考えるかもしれない。このように、住民と地方政府の間にも情報の非対称性とエージェンシー問題が存在している。このような状況下では、住民が地方政府の努力水準を観察することができず、また、地方政府はそのことを知っているので、住民の満足度を無視し、住民が望むような地方公共財の最適供給を達成するように行動しない。これが地方政府が引き起こすモラルハザードである。

　地方政府と住民との間で生じるこのような問題を分析するために、住民による首長選挙を導入したプリンシパル－エージェント・モデルを用いて、地方政府の公共財供給行動に接近する研究が存在する。このような研究分野は、第2世代の地方分権理論と呼ばれている[8]。そこでは、住民が居住地域と他地域の地方政府の政策を比較し、不満がある場合、その地方政府を再選させ

ないという行動をとるように設定されており、このような住民の投票行動の下で地方政府は再選するために他地域に負けないように地方公共財の供給量を決定するというヤードスティック競争が生じるモデルが構築されている。そして、ヤードスティック競争は、住民と地方政府の間に情報の非対称性やエージェンシー問題が存在しているとしても、地方政府のモラルハザードを防ぎ、努力水準を高くすることが明らかにされている 。しかしながら、これまでに研究されているヤードスティック競争モデルでは、地方政府の努力水準を最大限引き出すことに焦点が当てられている。したがって、ヤードスティック競争によって達成される地方公共財供給量の経済的効率性については判断が下されてこなかった。

本章では、ヤードスティック競争モデルに住民による私的財と地方公共財の選択を導入し、ヤードスティック競争で達成される地方公共財の供給水準が資源配分の観点から効率的な水準にあるのか否かを検討する。その結果、次のようなことが判明した。本章で構築されたヤードスティック競争モデルによって達成される地方公共財供給量は、過小である可能性がある。また、ヤードスティック競争の均衡における地方公共財供給の非効率性を改善するためには、地方政府の報酬増加、あるいは地域間格差を小さくする政策が有効であることがわかった。

2.2 ヤードスティック競争と地方公共財供給の合理性

本節では、社会的に最適水準を達成するための地方公共財供給条件を導出し、ヤードスティック競争が地方公共財供給量を社会的最適な水準に導くのか否かを考察する。そのために、Seabright（1996）に住民による私的財と地方公共財の選択とヤードスティック競争を導入したモデルを構築する。そのモデルのもとで、ヤードスティック競争が地方公共財供給量を社会的に最適な水準に導くのか否かをみる。

2.2.1 住民の私的財と地方公共財の選択があるヤードスティック競争モデル

Seabright（1996）のモデルに、住民による私的財と地方公共財の選択とヤードスティック競争を導入したモデルを解説する。

2地域からなる経済を考える。地域1と地域2は、住民数、土地面積、企業の生産技術が等しく、対称的な地域であると仮定する。各地域にはそれぞれの地域を管轄する地方政府1と地方政府2が存在する。地域 i (i=1,2) に居住する住民数は n_i であり、経済の総住民数は N ($\equiv n_1 + n_2$) で一定であるとする。また、地域間住民移動はないと仮定する。経済の全住民は選好に関して同質的であり、代表的住民の効用関数は、次式のように表されるとする[9]。

$$U_i = u(x_i, g_i) + \varepsilon_i, \quad i = 1, 2, \tag{1}$$

ここで、x_i は私的財消費量、g_i は地方政府 i (i=1,2) が選択する地方公共財供給水準、ε_i は攪乱項であり、地域 i の外生的なショックである[10]。(1)式より、住民の効用水準は、私的財の消費量や地方公共財の供給量だけではなく確率変数である地域ショックによって変化することがわかる。攪乱項 ε_i は、地域独自の経済環境や、自然環境などのように考えることができる。g_i と x_i が決定され、住民はある満足度を得られるが、日本経済が突如、好景気になったりすれば、住民の効用水準は上昇するだろう。また、地域の自然環境によって台風や豪雪などが起これば、地方政府が決定したある地方公共財の供給量 g_i の下で得られる住民の満足度は減少するだろう。(1)式は、このような状況を表している。

住民は U_i を観察することはできるが、g_i や ε_i の値を観察することができない。また、地方政府は、g_i を決定する段階では、ε_i がどのような値であるのか観察することはできない。このような仮定の下では、住民は、自身の効用水準 U_i が低いからといって、一方的に、地方政府の公共財供給量 g_i の責任にすることはできない。住民は、U_i だけの効用水準を得ることができるが、地方政府の g_i の貢献であるのか、地方政府が供給する g_i 以外の外生的なシ

ョック ε_i の貢献であるのか観察することができないからである。これは、住民は、地方政府が実際にどのように地方公共財の供給を行っているのか知ることができないということであり、住民と地方政府の間にある情報の非対称性の状況を表している。

住民は、地域の企業に非弾力的に1単位の労働を供給し、外生的な賃金 w_i を得るとする。住民が得る所得は労働賃金のみである。地方政府 i は一括税 t_i を住民に課税する。したがって、労働賃金から一括税を差し引かれた税引き後所得によって、住民は私的財を購入する。住民の予算制約は、

$$x_i = w_i - t_i \ , \ i = 1,2 \qquad (2)$$

と表される。地方政府 i は地域 i の居住民のみが便益を享受することが可能な地方公共財 g_i を供給する。g_i は、一括税 t_i によって賄われるとすれば、地方政府 i の予算制約式は、

$$g_i = t_i n_i \ , \ i = 1,2 \qquad (3)$$

となる。

2.2.2 地方公共財の最適供給条件

ここでは、住民による私的財と地方公共財の選択を導入したヤードスティック競争モデルにおいて、地方公共財が最適に供給されるための条件を導出する。そして、住民の選択が導入されたヤードスティック競争モデルで導出される地方公共財供給条件と比較し、ヤードスティック競争モデルで達成される地方公共財の供給水準が最適であるのか否かを考察する。そのために、ソーシャルプランナーが決定する社会的最適な地方公共財の供給条件を以下で求める。ソーシャルプランナーの目的関数である社会厚生関数は、地域1と地域2に居住する住民の総効用水準であるとし、次のように定義する。

$$W \equiv n_1 U_1 + n_2 U_2 \qquad (4)$$

第2章 第2世代の地方分権理論とヤードスティック競争

ソーシャルプランナーは、地域1と地域2の住民の予算制約、地方政府1と地方政府2の統合された予算制約、地域間の効用均等条件を制約条件とし、社会厚生関数 W を最大化するように x_i, g_i, t_i ($i=1,2$) を決定する。このようなソーシャルプランナーの最適化問題は以下のように定式化される。

$$\max_{\{x_1, x_2, g_1, g_2\}} W \equiv n_1 U_1 + n_2 U_2$$

$$s.t. \quad n_1 w_1 + n_2 w_2 = n_1 x_1 + n_2 x_2 + g_1 + g_2$$

ソーシャルプランナーの最適化問題とは、この経済の住民の総効用水準 (W) が最大になるような、両地域の私的財 x_1 と x_2、両地域の地方公共財 g_1 と g_2 を決定することである。この問題の制約条件は経済の総賃金 ($n_1 w_1 + n_2 w_2$) が経済全体の私的財 ($n_1 x_1 + n_2 x_2$) と地方公共財 ($g_1 + g_2$) に等しくなることである。これは、総効用水準 W を最大にするために、経済の総賃金を私的財 x_1 と x_2、地方公共財 g_1 と g_2 に配分することを意味している。

上記の問題は通常のラグランジュ未定乗数法によって解くことができる。ラグランジュ関数 L は次のように定義することができる。

$$L \equiv n_1[u(x_1, g_1) + \varepsilon_1] + n_2[u(x_2, g_2) + \varepsilon_2] + \lambda[n_1 x_1 + n_2 x_2 + g_1 + g_2 - n_1 w_1 - n_2 w_2]$$

ラグランジュ関数を最適化することによって得られた1階の条件式群を整理すると以下のような地方公共財に関する社会的最適供給条件が導出される。

$$n_i \frac{u_g^i(x_i, g_i)}{u_x^i(x_i, g_i)} = 1 \quad , \quad i = 1,2 \tag{5}$$

ここで、$u_g^i(x_i, g_i)$ は、g_i が追加的に1単位増加したときに伴う、効用 $u(x_i, g_i)$ の増加分であり、また、$u_x^i(x_i, g_i)$ は、x_i が追加的に1単位増加したときに伴う、効用 $u(x_i, g_i)$ の増加分を表している。

(5)式の左辺は、地域住民の私的財の限界効用で測った地方公共財の限界効用を地域住民の n_i 人分だけ足し合わせたものである。また(5)式右辺の1は、地方公共財の限界費用である。したがって、(5)式は、地域で住民が得られる地方公共財からの便益の和が、地方公共財の限界便益に等しいとき、

地方公共財供給が最適な水準で供給されることを示している。(5)式はサミュエルソン条件と呼ばれるものである。

2.2.3 ヤードスティック競争による地方公共財の供給水準

次に、住民による私的財と公共財の選択を導入したヤードスティック競争モデルで達成される地方公共財の供給条件を導出する。

住民の効用水準は、次のような手順で決定されると仮定する。最初に、地方政府がそれぞれ非負の地方公共財供給水準 g_i を同時に選択する。また、g_i が決定されるとき、税率 t_i も決定されているので、住民の予算制約より、住民の私的財消費量が決まる。次に、攪乱項 ε_1、ε_2 が独立に平均ゼロの密度関数 $D(\varepsilon)$ に従い決定され、住民の効用水準が決まる[11]。

住民は他地域住民が享受する効用水準を知っており、それと自地域で得られた効用水準を比較し、自地域の地方政府を選挙によって再選させるか否かを決定する。すなわち、住民は、自身の効用水準が少なくとも他地域の住民の効用水準を越えれば、当該地域の地方政府を再選させ、それ以外ならば落選させる。したがって、地方政府 i が再選されるための条件は、

$$u(x_i, g_i) + \varepsilon_i \geq u(x_j, g_j) + \varepsilon_j \quad i, j = 1, 2, \ i \neq j \tag{6}$$

となる。(6)式をみると、地方政府 i が再選するか否かは地方政府 j の公共財供給量 g_j にも依存することが分かる。このような再選条件が、地方政府間のヤードスティック競争を生み出している。

選挙の結果、地方政府が再選したとき、再選レント R を得ることができるとする。$v(g_i)$ は、地方公共財を g_i だけ供給したとき地方政府が得られる効用水準であり、$v'(g_i) < 0$、$v''(g_i) < 0$ を満たす。これは、地方政府 i が g_i だけ地方公共財の供給量を増加させたとき、地方政府自身の効用水準が $v'(g_i)$ だけ減少することを示しており、地方政府 i が地方公共財 g_i を供給するためには費用が発生することを仮定している[12]。したがって、地方政府が再選されたときに得る期待利得は、再選したときに受け取る再選レント R に再選確

率を乗じた値から、不効用 $v(g_i)$ を差し引いた値であり、

$$E \equiv v(g_i) + R \cdot pr\bigl(u(x_i,g_i)+\varepsilon_i \geq u(x_j,g_j)+\varepsilon_j\bigr) \tag{7}$$

のように定義することができる。ここで、$pr(u(x_i,g_i)+\varepsilon_i \geq u(x_j,g_j)+\varepsilon_j)$ は、地方政府が再選する確率を示している。地方政府は自身の期待利得を最大化するように税率 t_i と地方公共財 g_i を決定するので、以上のようなヤードスティック競争下での地方政府の最適化問題は、次のように定式化することができる。

$$\max_{\{g_i,t_i\}} \quad v(g_i) + R \cdot pr\bigl(u(x_i,g_i)+\varepsilon_i \geq u(x_j,g_j)+\varepsilon_j\bigr)$$

$$s.t. \quad (2), (3)$$

分布関数の定義より、

$$pr\bigl(u(x_i,g_i)+\varepsilon_i \geq u(x_j,g_j)+\varepsilon_j\bigr) = \int_{-\infty}^{u(x_i(g_i),g_i)-u(x_j(g_j),g_j)} f(t)dt \tag{8}$$

である[13]。(2)、(3)、(8)式を地方政府の最適化問題の目的関数に代入し、g_i に関する地方政府 i の最適化の1階の条件を求めると、次式が得られる。

$$v'(g_i) + R\left(u_x^i \frac{\partial x_i}{\partial g_i} + u_g^i\right) f\bigl(u(x_i(g_i),g_i) - u(x_j(g_j),g_j)\bigr) = 0 \tag{9}$$

(9)式を整理すると次式が得られる。

$$R \cdot f(\,\cdot\,) \cdot u_g^i + R \cdot f(\,\cdot\,) \cdot u_x^i \frac{\partial x_i}{\partial g_i} = -v'(g_i) \tag{10}$$

ここで、$f(\cdot)$ は、$f(u(x_i(g_i),g_i) - u(x_j(g_j),g_j))$ を示している。また、$\partial x_i / \partial g_i$ は、g_i を追加的に1単位増加させたときに伴う、x_i の減少分を示している。

いま、地方公共財 g_i の価格(供給費用)は1であると仮定している。このとき、g_i の供給を追加的に1単位だけ増加させるためには、1の費用が必要である。地域 i には n_i の住民が居住しているので、この1の費用を n_i 人の住民で均等に負担すれば、g_i の供給を追加的に1単位だけ増加させたときに発生する1という費用は、地域住民1人あたり、$1/n_i$ だけ負担することに

なる。この $1/n_i$ は租税として、地方政府 i に徴収されるため、各住民は私的財を $1/n_i$ だけ諦めなければならない[14]。したがって、$\partial x_i/\partial g_i$ は $-(1/n_i)$ に等しい。

　(10)式の直観的な解釈は次のように述べることができる。(10)式右辺は、g_i を供給したときに地方政府 i に生じる不効用である。また、(10)式左辺の第1項目は、g_i を増加させたとき、住民の効用水準が増加し、地方政府 i の再選確率の上昇に伴って再選レント R を受け取ることができる確率の上昇分である。一方、(10)式左辺の第2項目は、g_i を増加させたとき、課税の上昇から私的財 x_i の購入量を減少させなければならず、x_i の減少は、効用 U_i を減少させるため、地方政府 i の再選確率が低下し、再選レント R を得ることができる確率の低下分を示している。

　従来から考えられてきたヤードスティック競争モデルと住民による私的財と公共財の選択を導入したヤードスティック競争モデルにおいて得られる結果の違いは、(10)式の左辺第2項目に現れている。つまり、従来からのヤードスティック競争モデルでは、g_i は地方政府の努力水準のように解釈され、住民と地方政府の間に情報の非対称性、エージェンシー問題が生じており、地方政府がモラルハザードを引き起こすときに、ヤードスティック競争によって、地方政府の努力水準を引き起こすことができるのか否かに焦点が当てられていた。ゆえに、従来のヤードスティック競争モデルにおいては、住民が選択できる財は地方政府の努力水準 g_i だけであり、(10)式の左辺第2項目の効果は考慮されていない。このとき、住民による私的財と公共財の選択がない状況で努力水準を最大限引き出したとしても、その努力水準は、住民にとっては課税水準が高くなりすぎており、住民に望まれていない努力水準かもしれない。地方政府が住民の税負担を考慮しなければ、g_i は住民が望んでいる供給量よりも大きくなるかもしれない。したがって、本章では、(10)式の左辺第2項の効果も考慮した上で、ヤードスティック競争が達成する地方公共財の供給水準が、地域住民にとって望ましい水準であるのか否かを検討する。

(10)式を次のように変形させる。

$$n_i \frac{u_g^i(x_i, g_i)}{u_x^i(x_i, g_i)} = 1 - \frac{n_i}{u_x^i} \frac{v'(g_i)}{R \cdot f(\cdot)} \tag{11}$$

(11)式は、住民による私的財と公共財の選択を導入したヤードスティック競争モデルにおいて地方政府が地方公共財供給量を決定する際に直面する条件式である。経済の総効用水準を最大にする地方公共財供給の条件であった(5)式と(11)式を比較する。(11)式の左辺は、(5)式の左辺と同様であり、私的財の限界効用で測った地方公共財の限界効用である。(11)式の右辺第1項目の1も、(5)式の右辺と同様であり、地方公共財の限界費用となっている。(5)式と(11)式の違いは、(11)式右辺の第2項目に現れている。(11)式右辺の第2項目の分母は、再選レントがもらえる期待利得であるので、地方政府がg_iを増加させたときに伴う限界的便益ある。また、分子はg_iを増大させたときに地方政府に発生する限界費用である。したがって、(11)式右辺第2項目は、地方政府の限界便益で測った地方政府の限界費用となっている。

この(11)式右辺第2項目は、住民がg_iを観察することができないという地方政府との情報の非対称性、そして、住民と地方政府の利害が一致しないために住民が望むように行動しないエージェンシー問題から引き起こされる地方政府のモラルハザードの大きさであると解釈することができる。住民は(11)式右辺第2項目が加わっているかどうかを観察することができず、(11)式の右辺を地方公共財供給に必要であったコストであると認識する[15]。そして、地方政府は住民が第2項目の地方政府自身の不効用が足しあわされて、(11)式の右辺の値になっているのか、g_iを供給するために必要な費用だけで(11)式の右辺が形成されているのかを認識できないことを知っているので、社会的に最適な1という地方公共財の費用に地方政府自身の費用を足し合わせて、g_iを過少に供給することがわかる。

2.3 ヤードスティック競争下における政策的インプリケーション

　住民が望んでいる地方公共財の量よりも過少に供給する地方政府のこのようなモラルハザードを改善するためにはどのような政策があるだろうか。(11)式を考察することで、次のような政策インプリケーションを得ることができる。(11)式を見れば、再選レント R または誤差項に関する確率密度関数 $f(\cdot)$ が十分に大きくなれば右辺第2項目の値を小さくすることが可能であることが分かる。

　再選レントの上昇は、地方政府が再選された場合の報酬を表している。再選したときの報酬が大きくなればなるほど、大きな再選レントを得たいために地方政府は再選したくなる。そのために、自身の不効用が上昇しても、g_i を増大させる。その結果、g_i は住民が望んでいる水準に近づく。

　また、$f(\cdot)$ は誤差項に関する確率密度関数であるが、この値を大きくするためには、標準偏差 σ を小さくする必要がある[16]。標準偏差 σ を小さくすれば、誤差項 ε_i は小さな範囲で変化することになる。すなわち、住民の効用水準に与える外生的なショックが小さくなるため、地方政府が g_i を供給したときの、住民の効用水準が上昇するか否かの不確実性が解消される。このようなとき、g_i を供給すれば再選する確率も増加するので、地方政府は地方公共財供給量を増加させる。標準偏差 σ はこのような地方経済の下では地域間の格差と解釈することができる。したがって、地域間格差を小さくすれば、地方公共財の供給量は効率的な水準へと近づくことが分かる。

　また、このような地方政府のモラルハザードの根本的な原因は住民と地方政府の間に生じている情報の非対称性にある。住民が地方公共財の供給量 g_i や地方政府の不効用を観察することができれば、地方政府が g_i の供給に関して非効率なことをしていれば、選挙によって落選させることができる。そのような場合、地方政府は自身の不効用を g_i の供給費用に加算することはなくなるだろう。このような住民と地方政府との間の情報の非対称性を解消

する政策として電子政府の構築が有効な手段となるだろう。

注
1）Rubinfeld（1987），p. 575.
2）地域の道路を新たに整備するとき、道路整備に必要な作業員、道路の原材料がどのように地方政府によって用意されているのかをすべて観察することは困難、または高い機会費用が必要になるため、住民は道路整備にあてられた費用が、地方政府の最大限の努力によってもたらされた費用であるのかを知ることができない。
3）Besley（2006），p. 2.
4）清水・堀内（2003），pp. 6-7では中世ヨーロッパにおける都市国家と傭兵との間で生じるエージェンシー問題が例として挙げられている。
5）プリンシパル－エージェント・モデルの枠組みは、Salanie（2005），pp. 5-6において定義されている。
6）より一般的に考えるならば、財・サービスの需要者はプリンシパル、財・サービスの供給者はエージェントであると考えられる。
7）情報の非対称性およびエージェンシー問題とモラルハザードの関係は、清水・堀内（2003）第1章、第2章、神戸（2004）第12章、第14章において解説されている。
8）Oates（2005），pp. 349-350.
9）関数 u は2回連続微分可能であり、$u_x^i>0$, $u_g^i>0$, $u_{xx}^i<0$, $u_{gg}^i<0$, $u_{xg}^i=u_{gx}^i>0$ であると仮定する。また、$u_x^i \equiv \partial u(x_i, g_i)/\partial x_i$, $u_g^i \equiv \partial u(x_i, g_i)/\partial g_i$, $u_{xx}^i \equiv \partial^2 u(x_i, g_i)/\partial x_i^2$, $u_{gg}^i \equiv \partial^2 u(x_i, g_i)/\partial g_i^2$, $u_{xg}^i \equiv \partial^2 u(x_i, g_i)/\partial g_i \partial x_i$, $u_{gx}^i \equiv \partial^2 u(g_i, x_i)/\partial x_i \partial g_i$ とおいている。
10）攪乱項 ε_i は期待値が0、地域間で独立かつ同一の分布を持つ連続的な確率変数である。
11）この手順は、Lazear and Rosen（1981）を参考にして構築した。
12）この仮定は、Seabright（1996）と同様の仮定である。
13）f は確率密度関数である。
14）私的財 x_i の価格も1であると仮定している。
15）n_i, u_x^i, R, $f(\cdot)$ は正の値、$v'(g_i)$ は負の値をとるので、(11)式右辺の第2項目は、$-(n_i/u_x^i)\cdot(v'(g_i)/R\cdot f(\cdot))>0$ である。
16）確率密度関数を平均が0、分散が σ^2 の正規分布、$f(t)=\left(\sqrt{2\pi}\sigma\right)^{-1}\cdot e^{-\frac{(t)}{2\sigma^2}}$ のように特定化した上での議論である。

参考文献
伊藤秀史（2003）『契約の経済理論』有斐閣。
神戸伸輔（2004）『入門 ゲーム理論と情報の経済学』日本評論社。
小西秀樹（2009）『公共選択の経済分析』東京大学出版会。
清水克俊・堀内昭義（2003）『インセンティブの経済学』有斐閣。
堀場勇夫（2008）『地方分権の経済理論―第1世代から第2世代へ―』東洋経済新報社。
柳川範之（2000）『契約と組織の経済学』東洋経済新報社。
Besley, T. (2006), *Principled Agents ?*, Oxford university press.
Besley, T. and Case, A. (1995),"Incumbent behavior: vote seeking, tax setting and

yardstick competition," *American Economic Review*, vol.85, pp.25-45.

Gibbons, R. (1992), *Game Theory for Applied Economists*, Princeton University Press.（福岡正夫・須田伸一 訳（1995）『経済学のためのゲーム理論入門』、創文社）

Lazear, E. P. and Rosen, S. (1981),"Rank-Order Tournaments as Optimum Labor Contracts," *Journal of political economy*, vol.89, pp.841-864.

Nalebuff, B. and Stiglitz, J.E. (1983), "Prizes and incentives: towards a general theory of compensation and competition," *The Bell Journal of Economics*, vol.14, pp.21-43.

Oates, W. E. (2005), "Toward a Second-Generation Theory of Fiscal Federalism," *International Tax and Public Finance*, Vol.12, pp.349-373.

Rubinfeld, D. L. (1987) "The economics of local public sector," in A.J. Auerubach and M. Feldstein eds., *Handbook of Public Economics*, Vol.Ⅱ, pp. 571-645, North-Holland, New York.

Salanie, B. (2005), *The Economics of Contracts: A Primer*, 2nd edn. MIT press.（細江守紀・三浦功・堀宣昭 訳（2010）『契約の経済学 第二版』、勁草書房）

Seabright, P. (1996), "Accountability and decentralisation in government: An incomplete contracts model," *European Economic Review*, vol.40, pp.61-89.

Shleifer, A. (1985), "A theory of yardstick competition," *The RAND Journal of Economics*, vol.16, pp.319-327.

Tiebout, C. M. (1956), "A pure theory of local expenditures," *Journal of Political Economy*, vol.64, pp.416-424.

第3章　政府間競争と政策の効率性：実証分析

東　裕三

3.1　政府間競争と地方行財政の効率性

　地方政府による地方公共財の供給量を最適な水準に導くものとしていくつかの理論が存在する。その代表的な理論として、Tiebout の「足による投票」仮説が挙げられる。「足による投票」仮説とは、住民が地域の課税水準と地方公共財を比較し、自身の選好に最も合った地域を選択し居住するといった仮説である。この仮説のもとでは、もし、地方政府が地方公共財を非効率的に供給すれば、住民は他のより良い地域に移住してしまう。地方政府は、自地域により多くの住民を引き込もうとするため、他地域よりも地方公共財の供給を効率的に行う。「足による投票」仮説では、住民の自由な地域間移動が地方政府の行動を効率的にしている。このような、「足による投票」仮説を前提として、地方公共財の供給水準が最適な水準にあるのか否かを実証的に検証した研究に Brueckner（1982）がある。そこでは、地方政府が自地域の総資産価値（地価）を最大化するように公共財供給量を決定すれば、地方公共財が効率的に供給されることを示し、その理論モデルのもとで、地方政府による公共財の供給量が、どのような水準にあるのかを検証している。本章においても Brueckner（1982）のモデルを用いて、わが国の地方政府における地方公共財供給の効率性を検証する。

　しかしながら、「足による投票」仮説をわが国の住民の行動に適応させたときに、次のような理論と現実との間に存在する問題が考えられる。わが国

の住民は地方公共財の供給水準と税負担に大きく反応し、居住地域を変更しているのであろうか[1]。より現実的には、居住地域を変更する前に、非効率的な行動を行う自地域の地方政府を選挙によって落選させる行動をとるのではないかと考えられる[2]。第2章でも考察したように、住民がこのような行動をとったとき、地方政府間においてヤードスティック競争が生じると言われている。ヤードスティック競争とは、住民が自地域と他地域の両方の地方公共財を比較し、自地域住民が得ている地方公共財の満足度が他地域の住民の満足度よりも高ければ（低ければ）自地域の首長を選挙によって再選（落選）させるという行動をとれば、各々の地方政府は他地域の地方公共財の量を基準に自地域の地方公共財の供給量を決定するという競争である。ヤードスティック競争下では、住民による投票が地方政府の行動を効率的な方向へ導く主な誘因となっている[3]。

　わが国において、「足による投票」が行われているならば、市町村間である可能性が高い。なぜならば、都道府県間では移動コストがより高くなるために、地方公共財の供給に反応し、居住地域を変更することは困難であると考えられる[4]。都道府県間において「足による投票」がされにくいとすれば、住民の投票によるヤードスティック競争が生じているのかもしれない。また、市においては「足による投票」だけでなく、ヤードスティック競争も生じている可能性も否定することはできない。したがって、本章では「足による投票」を前提としたモデルを用いるとき、市の地方公共財供給に焦点を当て、その効率性を検証する。そして、都道府県間、または市において、ヤードスティック競争が生じているのかどうかを実証的に検証する。このような分析を行い、地方公共財の効率性と地方政府間でどのような競争が引き起こされているのかを考察することが本章の目的である。

3.2 足による投票を前提としたモデル

3.2.1 わが国における地方公共財供給量の効率性の検証

　地方政府によって供給される地方公共財の供給量が効率的な水準にあるのか否かは地方財政論の重要な問題である。ここで、「効率的な供給水準」は、「住民が望んでいる供給水準」という意味で用いている。地方公共財が供給されるとき、その供給費用は住民が負担する課税によって賄われる。地方公共財の供給量が多ければ、住民の満足度は高くなりそうであるが、地方公共財の供給量増大は、課税の増大を意味する。したがって、住民は地方公共財の供給量が増加したとき、所得を一定とすれば、自身の私的財の消費を減少させなければならない。地方公共財と私的財の消費の間にはこのようなトレードオフの関係があるため、住民には自身にとってある望ましい地方公共財の供給量が存在することになる。この供給量を、効率的な水準と呼んでいる。

　では、どのようにして、地方公共財の供給が効率的な水準にあるかを検証すればよいのであろうか。地方公共財の供給が、効率的な水準を達成するためには、サミュエルソン条件が成立する必要がある。サミュエルソン条件とは、地域に供給された地方公共財から住民が得られる限界便益と地方公共財を供給する際に発生する限界費用が一致することである。もし、ある量の地方公共財を供給したときの限界便益が限界費用より大きければ、地方公共財を追加的に1単位増加させることで住民の満足度を上昇させることが可能となる。また、限界便益が限界費用より小さいとき、追加的1単位の地方公共財の増加は住民の満足度を下げることになる。したがって、限界便益が限界費用に一致するところまで地方公共財を供給すると、住民の満足度は最大になることがわかる。すなわち、サミュエルソン条件は、住民の満足度を最大にするような地方公共財の供給水準を達成するための条件となっている。

　このようなサミュエルソン条件が、実際の地域において成立しているのか否かを実証的に検証すれば、地方公共財の供給が効率的な水準であるのかど

うかが明らかになるように考えられる。地方公共財を供給すための限界費用は、住民が負担する課税であるので、これは、計測することが可能である。しかしながら、地方公共財の限界便益をどのように計測するのかという問題が浮上する。

　Brueckner（1982）は、地方政府が自地域の総資産価値（地価）を最大化するように公共財供給量を決定すれば、地方公共財が効率的に供給されることを示し、その理論モデルのもとで、地方公共財の供給量が、どのような水準にあるのかを実証的に検証した。住民による「足による投票」が存在すれば、地方公共財と課税が魅力的な地域には住民が流入し地価が上昇し、逆に魅力的でない地域からは住民が流出するために地価が低下する。したがって、「足による投票」を前提とすれば、地域の地価はあたかも住民が得ている満足度のように考えることができる。Brueckner（1982）は「足による投票」を前提としたモデルを構築し、地域の地価と地方公共財の関係からその供給量の効率性を検証した。

　Brueckner（1982）のモデルを応用し、わが国の地方公共サービスの効率性を分析した代表的な研究に、赤木（2002, 2004）、林（2003）がある。両先行研究ともに都道府県のデータを用いて、社会資本の効率性に着目した実証分析が行われている。赤木（2002）は全般的な生活基盤型社会資本の効率性を、赤木（2004）は、生活基盤型社会資本を市町村道、街路、都市計画、住宅、環境衛生、厚生福祉、文教施設、水道、下水道の事業別に分類し、その効率性を分析している。一方、林（2003）は、社会資本を交通基盤（道路、港湾、空港）、生活基盤（上水道、下水道、都市公園、文教）、安全基盤（治山、治水、海岸）、農水基盤（農業、漁業）に分類し、その効率性を分析している。また、社会資本の効率性を判定している地域であるが、赤木（2002, 2004）は、47都道府県全体的な効率性、林（2003）は都道府県を都市、非都市に分類し、両地域の効率性を評価している。そして、赤木（2002, 2004）、林（2003）ともに47都道府県を北海道・東北、関東、中部、近畿、中国、四国、九州・沖縄地域などに分類し、各地域の社会資本効率性を判定している。

このように、先行研究では都道府県単位の社会資本の効率性に焦点が当てられており、より小さな行政単位である市の公共サービスの効率性を分析した研究は少ない。公共歳出のより細部である市の公共サービス供給水準が、住民によって真に求められている水準であるのか否かを検証することは、財政状況が厳しいわが国の現状を考慮すれば、重要であると考えられる。したがって、本章では、「足による投票」が生じていることを前提とし、東京圏、大阪圏、名古屋圏の主要な252の市に焦点を当て、その地方公共財供給が効率的な水準にあるのか否かを検証する。ここで、地方公共財の供給量は、目的別歳出である衛生費、農林水産業費、消防費、民生費、商工費、土木費、住宅費、教育費、小・中学校費を代理変数として用いて分析を進める。その結果、衛生費、農林水産業費、消防費サービスが過小であることが明らかにされた。

3.2.2 資本化仮説と地価最大化モデル

本節では、Brueckner（1982）で導出されている地価関数を簡潔に説明し、どのようにして、地方公共サービスの効率性が検証されるのかを述べる。ここで、重要な役割を果たすのは資本化仮説である[5]。資本化仮説は、次の5つの条件が満たされるときに生じる現象である。(1)地域間の移住が自由で費用がかからない。(2)地方公共財の便益の及ぶ地域が他地域全体と比較して小さい。(3)選好が同質である消費者が多数存在する。(4)企業の参入が自由であり、超過利潤ゼロの長期均衡が成立している。(5)価格体系に歪みがない経済である[6]。これらの条件を満たすとき、地方公共財の便益は、地域に存在する住民や、企業にではなく、地域の地価にすべて帰着する。つまり、地方公共財の便益増加は地域の地価上昇を引き起こす。このような状況は、資本化仮説と呼ばれている。

Brueckner（1982）は資本化仮説を応用したモデルを構築した。そこでは、公共財の便益が土地へ帰着する一方で、公共財供給増加による増税が地価に与える影響が考えられている。すなわち、公共財供給増加が地価を上昇させ

る効果と、公共財供給増加を賄うための税率上昇が地価を低下させる効果である。前者の効果が公共財供給量を増加させた際に生じる便益であり、後者は、公共財を増加させた際に発生する費用である。このような、便益と費用を差し引いたものが、公共財供給量増加から住民が得られる純便益であると考えられる。したがって、地方政府が、地方公共財の供給量を地価が最も高い水準になるよう設定することが、地域住民にとって、地方公共財から最も多くの便益を得ていることになる。Brueckner（1982）は、地方政府の目的関数である地価関数を次式のように導出している。

$$P_i = P(g_{i1}, g_{i2}, q_i, y_i, \pi_i, S_i, C_i^1(g_{i1}, n_i), C_i^2(g_{i2}, n_i)), \quad i=1,...,m \quad (1)$$

ここで、添え字 i は地域を示しており、m は総地域数、P_i は地域 i の地価、g_{ik} は地域において供給されている種類 k （$k=1,2$）の公共財、q_i は地域に立地している住宅の特性、S_i は上位階層の政府から地方政府に対する補助金、n_i は地域 i に居住する住民数である。また、C_i^k （$k=1,2$）は公共財供給の費用関数であり、C_i^k は $\partial C_i^k / \partial g_{ik} > 0$、$\partial^2 C_i^k / \partial g_{ik}^2 > 0$ を満たす。(1)式より、地方公共財の供給量の変化が地価に与える効果は次式のように得られる。

$$\frac{\partial P_i}{\partial g_{ik}} = \frac{\partial P}{\partial g_{ik}} + \frac{\partial P}{\partial C_i^k} \frac{\partial C_i^k}{\partial g_{ik}}, \quad i=1,...,m, \quad k=1,2 \quad (2)$$

(2)式の直観的解釈は、次のように述べることができる。(2)式右辺第1項目は、公共財供給量の変化が地価に与える次のような効果を表している。公共財の供給量が上昇したとき、地域の効用水準が上昇し、それに伴い、他地域から人口流入が生じる。当該地域の人口増加によって土地需要が増加し、地域の地価が上昇する。(2)式右辺第2項目は、次のような効果を表している。公共財供給量を増加させるためには税率の上昇が必要であり、このような、税負担つまり公共財供給費用の上昇によって、地域住民の可処分所得は減少し、私的財や土地の消費量が減少する。それに伴い、地域の効用水準が減少し、他地域へ人口流出が生じる。当該地域の人口減少は、土地需要を減少させ、地価を低下させる。

前者第1の効果は、地方公共財供給量を増加させたときの限界便益であり、後者第2の効果は、地方公共財を供給するための限界費用である。地方公共財の限界便益と限界費用が一致するとき、すなわち、(2)式右辺の値がゼロになるとき、サミュエルソン条件が満たされ、公共財は効率的に供給される。

地方公共財の供給量を徐々に増加させるような状況を考える。地方公共財の供給量が、小さな水準にあるとき、地方公共財の限界便益は限界費用より大きい。そして、公共財供給量が増加するにつれ、限界便益は逓減し、限界費用は逓増するので、限界便益と限界費用が相殺されたところで地価が最大になる。地価が最大化された後は、限界費用が限界便益の大きさを凌駕するため、地価は低下する。したがって、地価と公共財変数との間には、逆U字型の関係があると考えられる。

このような地価と公共財の逆U字型の関係から、Brueckner（1982）は、次のように地方公共財供給量の効率性判定基準を設定している。

地価と地方公共財変数の関係は逆U型であるので、線型で特定化し推定された地価関数に対する地方公共財変数の勾配が正であるならば、地方公共財供給の限界便益がその限界費用よりも大きいと判断され、地方公共財供給は過小供給となる。また、地方公共財変数の勾配が負であるとき、地方公共財供給の限界便益がその限界費用よりも小さいと判断され、過大供給となる。地方公共財変数の勾配がゼロであるとき、地方公共財供給の限界便益がその限界費用に等しくなっており、サミュエルソン条件が成立していると判断され、地方公共財は最適供給となる。

3.2.3 実証分析

本節では、Brueckner（1982）のモデルを用いて、わが国の地価関数を推定し、地方公共サービスが効率的か否かを実証的に分析する。Brueckner（1982）は、(2)式の地価関数を線型で特定化し推定している。

公共財変数の係数の符号が正で推定されれば、公共財供給量は効率的な供給水準に比較し過小供給と判定される。また、公共財変数の係数の符号が負

で推定されたとき、公共財の供給水準は過大供給と判定される。最後に、公共財変数の係数がゼロで推定された場合、公共財の供給量は、最適な供給水準にあると判定される。本稿も Brueckner（1982）と同じくクロスセクションデータで地価関数を推計しているので、例えば、公共財変数のパラメータの符号が正で推定された場合、サンプル地域全体の公共財の供給量が過小供給と判定されることになる。特定の公共サービスの供給水準が過大、過小、あるいは効率的な水準のいずれにあるのかが分かれば、住民にとって真に必要な公共サービスが明らかになる。過大供給と判定されれば、そのような公共サービスは削減対象科目となるだろう。また、過小供給と判定されれば、地域住民の便益を考えるならば、地域の首長が増税を行ってでも公共サービスを増大させなければならない公共サービス科目と考えられる。

3.2.4　分析データと計量モデル

　分析範囲、データの概要は次の通りである。本稿の分析で扱う地域サンプルは、東京圏（埼玉県、千葉県、東京都、神奈川県）の119市（東京特別区は除く）、名古屋圏（岐阜県、愛知県、三重県）の57市、大阪圏（京都府、大阪府、兵庫県、奈良県）における76市であり、合計252の市に限定し分析を行った。実証分析において用いたデータは、例外を除き各市の平成16年度のデータである[7]。

　本稿では、(1)式を次式のように特定化し、地価関数を推定した。

$$P_i = \alpha + \gamma_1 g_i + \gamma_2 OEX_i + \gamma_3 ZT1_i + \gamma_4 ZT2_i + \gamma_5 BP_i + \gamma_6 Y_i \\ + \gamma_7 GPOP_i + \gamma_8 LGRANT_i + \gamma_9 DUM_i + \gamma_{10} D1_i + \gamma_{11} D2_i + \gamma_{12} HDUM_i + \varepsilon_i \quad (3)$$

ここで、P_i は地域 i の住宅地平均地価、ε_i は誤差項である。g_i は各市の目的別歳出額であり、OEX_i は歳出総額から分析に用いる1つの目的別歳出額（g_i）を差し引いたその他の歳出総額になっている[8]。

　本稿では、g_i にあてる変数は、衛生費、農林水産業費、消防費、民生費、商工費、土木費、住宅費、教育費、小・中学校費を用い、各々の目的別歳出

の効率性をみる[9]。

住宅平均地価関数を推定する際に、公共財に関する人口や地域面積の規模効果を取り除くため、民生費、農林水産業費、商工費、住宅費は住民基本台帳登載人口で、衛生費、土木費、消防費は地域の可住地面積で、教育費、小・中学校費は小学校児童数と中学校生徒数の和で除している。$ZT1_i$と$ZT2_i$は(1)式のq_iに対応する、地域の住宅特性を表す変数である。$ZT1_i$は、持ち家住宅数を総住宅個数で除した住宅の持ち家比率である。$ZT2_i$は1住宅当たり延べ面積である。Y_iは納税義務者一人当たり所得額である。BP_iは、(1)式のP_iの企業資本ストックに対応する代理変数であり、地域に立地する事業所数を可住地面積で基準化したものを用いている。

$GPOP_i$は、(1)式n_iの地域住民数に対応する代理変数である。他市町村、または他県からその市へ住民票を移した人数（社会的増加人口）を地域人口で除したものであり、地域の人口増減率となっている。地域の住民流入流出は、地域の土地需要を変化させることで、地価へ影響を与えることが考えられる。

最後に地域独自の特性を分類するために、本稿では、3つのダミー変数を導入する。DUM_iは政令指定都市ダミー、$D1_i$は東京都市圏ダミー、$D2_i$は大阪都市圏ダミー、$HDUM_i$はベッドタウンダミーである。DUM_iは、政令指定都市なら1、その他は0であり、$D1_i$は、東京都市圏（埼玉県、千葉県、東京都、神奈川県）に所属する市は1、その他の市は0であり、$D2_i$は、大阪都市圏（京都府、大阪府、兵庫県、奈良県）に所属する市は1、その他の市は0をとるダミー変数である。$HDUM_i$は、昼夜間人口比率が1以下なら、ベッドタウンとして1、また、昼夜間人口比率が1以上なら、昼間の人口流入超過地域（オフィス型都市）として0をとる変数である。

3.2.5　推定結果と効率性の判定

ここでは、地価関数(3)式の推定結果を述べ、その評価をおこなう。推定結果は表3-1、表3-2、表3-3にまとめられており、ケース1からケー

ス9の9本の地価関数を推定した。最初に、重要な公共財変数の係数の有意性をみよう。表3-1は、衛生費、農林水産業費、消防費の推定結果がまとめられている。衛生費、農林水産業費、消防費の係数が有意であるとの結果を得ることができた。表3-2は、民生費、商工費、土木費を、表3-3は、住宅費、教育費、小・中学校費の推計結果をまとめたものである。民生費、商工費、土木費、住宅費、教育費、小・中学校費の係数はすべて有意でなかった。以下では、有意であった衛生費、農林水産業費、消防費の係数に着目し議論する。

表3-1のケース1である衛生費の係数は5％の水準で有意、ケース2の農林水産業費の係数は1％の水準で有意、ケース3の消防費の係数は1％の水準で有意であった。係数の符号は衛生費、農林水産業費、消防費ともに正である。したがって、Brueckner（1982）の理論モデルに当てはめると、衛生費、農林水産業費、消防費は過小供給の状態であることが明らかになった。

結果の解釈は次のように述べることができる。衛生費の詳細な内訳は、保健衛生費、清掃費、結核対策費、保健所費であり、これらは、主として地域住民の公衆衛生や地域清掃のために支出された経費である[10]。消防費は、主に地域において消防活動するための人件費や施設や設備購入のために支出された経費である。農林水産業費の内訳は、農業費、畜産業費、農地費、林業費、水産業費であり、主に、農業、畜産業、林業、水産業の従業者への補助的な要素を持った経費である[11]。

このように3つの目的別歳出の内訳をみると、各々の目的別歳出には次のような相違点・共通点があることがわかる。相違点は次のように述べることができる。衛生費や消防費は、衛生面、安全面といった便益を直接的に住民へ与える公共支出である。一方、農林水産業費は、1次産業従事者へ補助することにより、わが国が安定的な食糧を確保するために重要な経費であると考えられる[12]。したがって、農林水産業費は、第1次産業従事者への補助を経由し、間接的に地域住民へ便益を与える公共支出であると考えられる。衛生費、消防費、農林水産業費の共通点は、次のように述べることができる。

3つの目的別歳出はともに公共事業のような景気対策ではなく、安全面、衛生面や食糧の安定といった住民に日常必要不可欠な公共支出である点である。以上のような性質を持った衛生費、消防費、農林水産費が、本稿では過小であるとの結論が導出された。これら目的別歳出の推定された係数が正であるということは、(2)式右辺第1項目の限界便益が第2項目の限界費用より大きく評価されているということである。バブル崩壊からの長期的な不況に対応した景気対策のための公共事業や、地方公共団体が税収を確保するための無理な大型施設の建設への費用が増加した反面、衛生費、消防費、農林水産費といった地域住民に密着し、日常生活に必要不可欠な公共歳出が手薄になっているのではないかと考えられる。本稿の分析結果では、衛生費、消防費、農林水産費は増税を行い、供給水準を増加させることで、住民が享受する公共歳出からの便益は上昇することになる。

一方、民生費、商工費、土木費、住宅費、教育費、小・中学校費の係数は有意な結果を得ることができなかった。これは、地価と公共財変数の関係をコントロールする変数に原因があるのかもしれない。したがって、ここでは、公共支出以外の変数における係数推定値の有意性、符号にもふれておく。公共支出変数以外の係数は、表3-1～3のケース1～ケース9において符号、有意性ともに概ね同様の結果が得られている。そのため、公共支出変数以外の $ZT1_i$、$ZT2_i$、BP_i、Y_i、$GPOP_i$、$LGRANT_i$、DUM_i、$D1_i$、$D2_i$、$HDUM_i$ の係数の推定値は、統一して評価をおこなう。最初に、地域の住宅の質、魅力を表す $ZT1_i$（住宅持ち家比率）、$ZT2_i$（1戸当たり住宅地延べ面積）からみる。$ZT1_i$ は1％水準で有意であり、係数の符号は負である。$ZT2_i$ は符号は負であるが、ケース2以外では有意水準をえられない。通常、地域住宅の魅力が上がれば、地域の地価へ正の影響を与えるので符号条件は正と考えられる。ここでは、過疎地域など住宅平均地価が低い地域ほど、持家数の比率が多くなり、また、地域の住宅地延べ面積が広くなるといった逆の相関関係になっている可能性がある。次に、地域企業の資本ストックの代理変数である BP_i（事業所数／可住地面積）の係数は、ケース3以外は1％水準で有意である。

係数の符号は正であるので、事業所数が増加すれば企業活動の便益が地域へ反映され地域の住宅地価が上昇していることが示唆される。地域の平均所得 Y_i （課税対象所得額／納税義務者数）はすべてのケースにおいて、1％水準で有意であった。係数の符号は正であるので、所得が高い住民が地域に集まれば、より魅力ある高価な住環境を選択するといった結果が示されている。住民移動率 $GPOP_i$ （社会人口増加数／地域総人口）の係数は、すべてのケースにおいて有意ではない。しかし、符号は正であるので、地域住民数が増加すればするほど、地域の住宅地需要が増加し、住宅地平均地価を押し上げることを示している。$LGRANT_i$ （（地方交付税額＋国庫支出金額）／総歳入額）の係数は、すべてのケースにおいて有意でなかった。また係数の符号は、ケース1、ケース5、ケース6、ケース7、ケース8、ケース9においては正、ケース2、ケース3、ケース4においては負であった。地方交付税、国庫支出金はともに地域の公共支出額を増加させ、地域住民への公共財便益を上昇させ、その便益が地価に帰着することから、地価に対して正の影響を与えることが考えられる。ここでは、3つのケースにおいて係数が負となっている。住宅特性の符号条件と同様に、過疎地域などで住宅平均地価が低い地域ほど地方交付税や国庫支出金が大きくなるといった相関関係が表れていることが考えられる。

3.2.6 結論

本節では、Brueckner（1982）のモデルを用い、東京圏（埼玉県、千葉県、東京都、神奈川県）の119市（東京特別区は除く）、名古屋圏（岐阜県、愛知県、三重県）の57市、大阪圏（京都府、大阪府、兵庫県、奈良県）における76市の、合計252の市をサンプルに地方公共サービスの効率性を実証的に分析した。地方公共サービス供給の効率性判定方法は、次の通りである。推定された地価関数の公共財変数の係数が正であるならば、公共財を供給するための純限界便益が正であると判断され、公共サービスは過小供給となる。また、公共財変数の係数が負と推定されれば、純限界便益が負と判断され、過

表3-1　衛生費、農林水産業費、消防費の推定結果被説明変数 P（住宅平均地価）

説明変数	ケース１	ケース２	ケース３
a（定数項）	-14188.696 (-0.425)	-11360.520 (0.342)	458.161 (0.015)
HYEX（衛生費）	0.104** (2.187)		
AFFEX（農林水産業費）		1014.804*** (2.596)	
FB（消防費）			458.161*** (6.792)
OEX（その他の総歳出）	28.812 (0.718)	-41.565 (-0.928)	28.692 (0.845)
ZT1（持ち家数）	-139022.231*** (-4.424)	-159559.541*** (-5.121)	-121133.996*** (-4.146)
ZT2（延べ面積）	-322.938 (-1.541)	-370.341* (-1.772)	-185.630 (-0.949)
BP（事業所数）	165.180*** (4.768)	240.877*** (10.954)	43.141 (1.296)
Y（住民所得）	53.001*** (7.894)	60.702*** (9.760)	41.741*** (6.666)
GPOP（人口増減割合）	431945.498 (1.351)	515171.878 (1.610)	323057.175 (1.090)
LGRANT（国からの補助金）	596.797 (0.021)	-2056.020 (-0.072)	-30658.287 (-1.415)
DUM（政令指定都市ダミー）	-23645.959** (-2.148)	-13476.730 (-1.196)	-16218.265 (-1.594)
D1（東京圏ダミー）	15999.336*** (3.020)	17621.066*** (3.313)	11484.635** (2.317)
D2（大阪圏ダミー）	7004.721 (1.201)	13691.052* (2.220)	10742.254** (1.989)
HDUM（ベッドタウンダミー）	6110.993 (1.146)	8780.146* (1.740)	3457.054 (0.730)
$\bar{R}^2$	0.850	0.851	0.872
F値	119.972***	120.602***	143.312***

*** は両側１％の有意水準で、** は両側５％の有意水準で、* は両側10％の有意水準で有意であることを表している。（　）内は t 値を示している。$\bar{R}^2$ は自由度修正済み決定係数である。

表3-2 民生費、商工費、土木費の推定結果被説明変数 P（住宅平均地価）

説明変数	ケース4	ケース5	ケース6
a（定数項）	-47466.670 (-1.296)	-26013.060 (-0.783)	-24084.821 (-0.736)
PLEX（民生費）	218.625 (1.535)		
CIEX（商工費）		-85.689 (-0.224)	
CEEX（土木費）			0.016 (0.746)
OEX（その他の総歳出）	3.851 (0.097)	32.297 (0.819)	30.215 (0.761)
ZT1（持ち家数）	-132499.599*** (-3.872)	-151431.995*** (-4.818)	-151212.488*** (-4.846)
ZT2（延べ面積）	-339.902 (-1.612)	-341.641 (-1.605)	-333.335 (-1.600)
BP（事業所数）	216.772*** (9.720)	226.453*** (10.487)	209.510*** (6.845)
Y（住民所得）	59.620*** (9.526)	58.610*** (9.280)	58.089*** (9.200)
GPOP（人口増減割合）	428966.898 (1.332)	442701.212 (1.370)	428628.467 (1.318)
LGRANT（国からの補助金）	-7519.368 (0.241)	9521.134 (0.332)	10155.795 (0.336)
DUM（政令指定都市ダミー）	-20859.527* (-1.895)	-19006.505 (-1.536)	-24048.190** (-2.022)
D1（東京圏ダミー）	15986.529*** (2.991)	15887.918*** (2.896)	16185.870*** (3.021)
D2（大阪圏ダミー）	7160.083 (1.211)	7798.428* (1.269)	7837.361 (1.318)
HDUM（ベッドタウンダミー）	9053.604*** (1.777)	8770.157* (1.716)	8339.274 (1.646)
$\overline{R}^2$	0.848	0.847	0.848
F値	118.020***	116.970***	117.310***

*** は両側1％の有意水準で、** は両側5％の有意水準で、* は両側10％の有意水準で有意であることを表している。（　）内はt値を示している。$\overline{R}^2$は自由度修正済み決定係数である。

表3-3 住宅費、教育費、小・中学校費の推定結果被説明変数 P（住宅平均地価）

説明変数	ケース7	ケース8	ケース9
a（定数項）	-27047.760 (-0.816)	-24503.358 (-0.737)	-25602.579 (-0.772)
HOEX（住宅費）	-471.377 (-1.004)		
EDEX（教育費）		11.618 (0.934)	
SCHEX（小・中学校費）			19.668 (0.760)
OEX（その他の総歳出）	39.456 (1.048)	14.507 (0.316)	19.575 (0.494)
ZT1（持ち家数）	-150864.875*** (-4.811)	-153121.971*** (-4.821)	-151779.173*** (-4.831)
ZT2（延べ面積）	-331.876 (-1.568)	-330.613 (-1.535)	-324.089 (-1.499)
BP（事業所数）	230.523*** (10.542)	226.249*** (10.539)	227.237*** (10.531)
Y（住民所得）	57.937*** (9.189)	58.178*** (9.243)	58.168*** (9.194)
GPOP（人口増減割合）	446213.400 (1.384)	429386.478 (1.328)	409902.891 (1.253)
LGRANT（国からの補助金）	4844.743 (0.167)	9758.194 (0.339)	6083.969 (0.210)
DUM（政令指定都市ダミー）	-16508.113 (-1.412)	-19530.076* (-1.712)	-19747.881* (-1.761)
D1（東京圏ダミー）	16273.273*** (3.042)	15582.476*** (2.886)	16402.446*** (3.056)
D2（大阪圏ダミー）	9787.283 (1.627)	8460.414 (1.443)	9315.936 (1.537)
HDUM（ベッドタウンダミー）	8782.441* (1.722)	9235.819* (1.810)	9239.720* (1.803)
$\overline{R}^2$	0.848	0.847	0.848
F 値	117.570***	116.970***	117.446***

*** は両側1％の有意水準で、** は両側5％の有意水準で、* は両側10％の有意水準で有意であることを表している。( ) 内は t 値を示している。$\overline{R}^2$は自由度修正済み決定係数である。

表3-4 データの出所

変数名	出所
住宅地平均地価（P_i）	『都道府県地価調査』国土交通省
各目的別歳出（g_i）	『市町村別決算状況調（平成16年度）』地方財政調査
可住地面積	各府県統計年鑑
住民基本台帳登載人口	『市町村別決算状況調（平成16年度）』地方財政調査
小・中学校総生徒数	『統計でみる市区町村のすがた（2006年度版）』総務省
持ち家比率（$ZT1_i$）	『平成16年 住宅・土地統計調査』総務省統計局
1住宅当たり延べ面積（$ZT2_i$）	『平成16年 住宅・土地統計調査』総務省統計局
事業所数（BP_i）	『平成16年 事業所・企業統計調査』都道府県別集計
市別納税義務者平均所得（Y_i）	『個人所得指標（2006年度版）』日本マーケティング教
住民社会増加率（$GPOP_i$）	『統計でみる市区町村のすがた（2006年度版）』総務省
昼夜間人口比率（$HDUM$）	『統計でみる市区町村のすがた（2006年度版）』総務省

大供給となる。公共サービス係数がゼロで推定されたとき、純限界便益もゼロであると判断され公共サービスは最適供給になる。分析の結果、衛生費、農林水産業費、消防費の係数が正で推定され、これら目的別歳出は過小供給であることが明らかになった。これは、長期的な不況に対応した景気対策のための公共事業や、地方公共団体が税収を確保するための無理な大型施設の建設への費用が増加した反面、衛生費、消防費、農林水産費といった地域住民に密着し、日常生活に必要不可欠な公共歳出が手薄になっていることが考えられる。地方財政を再建するために、増税とともに歳出削減することが議論されているが、本稿では、衛生費、消防費、農林水産費は増税を行ってでも、歳出を増加すべき公共サービスであることが結論として導出された。

本稿の問題点は、次のように述べることができる。地価関数の推定結果のうち、民生費、商工費、土木費、住宅費、教育費、小・中学校費の係数の推定値が有意とはならなかった。これは、地価と各公共サービス個別の理論モデルが存在するためかもしれない。本稿で扱った個々の目的別歳出と地価の関係を示した個別の理論モデルを探求することが今後の課題である。

3.3 ヤードスティック競争モデル：再選確率、反応関数

3.3.1 ヤードスティック競争モデルの構築

2地域からなる経済を考える。地域（$i=1, 2$）には、n_iの住民が居住しており、経済全体の住民数はNで一定であるとする。また、地域間の住民移動はないと仮定する。経済の住民は選好に関して同質的であると仮定するので、地域iに居住する住民の効用関数は次式のように表される。

$$U_i = u(g_i) + \varepsilon_i , \quad i = 1, 2 \tag{4}$$

ここで、g_iは地域に供給された地方公共財の量、ε_iは攪乱項であり、地域で特有の効用格差を示している[13]。ε_iは、平均がゼロで連続的な確率密度関数$h(\varepsilon)$に従うとする。また、$h(\varepsilon)$は、地域間で同一の分布であると仮定する。(4)式は、地域住民の効用水準が地方公共財の量、攪乱項に依存して決まることを示している。

以上の仮定とともに、本稿のモデルでは、地方政府と住民との間に情報の非対称性が存在することを仮定する。すなわち、地方政府によって決定されるg_iの値は、住民が直接的に観察することができず、地方政府の私的情報とする。さらに、各地域の住民の効用水準は、両地域の住民と地方政府によって観察可能であるが立証不可能であるとする。このような仮定は、地方政府が住民の真の地方公共財の選好をわかっておらず、住民は地方政府によって実際に提供された地方公共財の供給水準に気付いていない状況を表している。

地方政府は、選挙による住民の投票によって再選されるか否かが決定される。地域iに居住する住民は、自身が得ている効用水準と地域jに居住する住民が得ている効用水準を比較し、地域jの居住民が得ているよりも自身の方が少なくとも高い効用水準を得ているときに、自地域の地方政府iを再選させる。したがって、地方政府iの再選条件は、

$$u(g_i)+\varepsilon_i \geq u(g_j)+\varepsilon_j \qquad (5)$$

となる。

地方政府 i は地方公共財を供給したときに $v(g_i)$ の効用を得る。地方政府 i の効用関数 $v(g_i)$ は、$v'(g_i)<0$、$v''(g_i)<0$ の条件を満たす。地方政府 i は再選されたとき、レント R を取得する。したがって、地方政府 i は次の最大化問題に直面し、期待効用を最大にするように地方公共財 (g_i) の供給量を決定する。

$$\max_{\{g_i\}} E[v(g_i)+R] = v(g_i) + R \cdot pr(u(g_i)+\varepsilon_i \geq u(g_j)+\varepsilon_j) \qquad (\text{MAX1})$$

ここで、$E[\cdot]$ は期待効用、$pr(\cdot)$ は現職の地方政府 i が再選する確率である。また、地方政府 i の再選確率は次のような累積分布関数に変形させることができる。

$$\begin{aligned}
pr(u(g_i)+\varepsilon_i \geq u(g_j)+\varepsilon_j) &= pr(u(g_i)-u(g_j) \geq \varepsilon_j-\varepsilon_i) \\
&= pr(u(g_i)-u(g_j) \geq \xi) \\
&= F(u(g_i)-u(g_j)) \\
&= \int_{-\infty}^{u(g_i)-u(g_j)} f(\xi)d\xi \qquad (6)
\end{aligned}$$

ここで、$\xi \equiv \varepsilon_j-\varepsilon_i$ である。また、$F(\cdot)$ は累積分布関数、$f(\cdot)$ は確率密度関数である[14]。

地方政府 i の再選確率を変形することで導かれた累積分布関数(6)式を目的関数に代入し、地方政府の期待効用最大化問題 (MAX1) を解けば、次のように1階条件が導出される[15]。

$$\frac{\partial E[v(g_i)+R]}{\partial g_i} = v'(g_i) + R \cdot u'(g_i) \cdot f'(u(g_i)-u(g_j)) = 0 \qquad (7)$$

(7)式左辺第1項目は、g_i の供給量を増加させたときに発生する地方政府の効用の減少分、すなわち不効用の増加分であり、地方公共財の供給量を増加させたときに発生する限界費用である。一方、(7)式左辺第2項目は、g_i の供給量を増加させたときに発生する再選レントが取得できる確率の上昇分で

あり、地方公共財の供給量を増加させたときに発生する限界便益である。地方政府は地方公共財供給量を増加させたときに発生するこのような限界費用と限界便益が一致するように地方公共財の供給量を決定する。

1階の条件(7)式は、ある g_j が決定されたとき、地方政府 i が自身の最適な地方公共財供給量 g_i を決定するための反応関数となっている。したがって、(7)式を全微分することにより、地方政府 j の地方公共財供給量 g_j の変化が、地方政府 i の地方公共財供給量 g_i の決定にどのような影響を与えるのかをみることができる。(7)式を全微分し整理すれば、

$$\frac{dg_i}{dg_j} = \frac{R \cdot f'(u(g_i) - u(g_j)) \cdot u'(g_i) \cdot u'(g_j)}{v''(g_i) + R \cdot [f(u(g_i) - u(g_j)) \cdot u''(g_i) + f'(u(g_i) - u(g_j)) \cdot (u'(g_i))^2]} > 0 \quad (8)$$

を得る[16]。(8)式より、ヤードスティック競争下においては他地域が地方公共財供給量を増加させたとき、自地域も地方公共財供給量を増加させることがわかる。

(8)式の直観的解釈を考察するために、g_i と g_j がそれぞれ地方政府 i の再選確率に対してどのような影響を与えているのかをみる。最初に、地方政府 i の再選確率である累積分布関数(6)式を g_i で偏微分すれば、

$$\frac{\partial pr_i}{\partial g_i} = u'(g_i) \cdot f(u(g_i) - u(g_j)) > 0, \quad i,j = 1,2, \quad i \neq j \quad (9)$$

を得る。ここで、pr_i は、地方政府 i が再選する確率であり、$pr_i \equiv pr(u(g_i) + \varepsilon_i \geq u(g_j) + \varepsilon_j)$ とおいている。(9)式は、地方政府 i が地方公共財の供給量 (g_i) を増加させたとき、地域 j の住民が得る効用水準よりも地域 i で居住する住民の効用水準の方が上昇することによって、地方政府 i の再選確率が上昇することを示している。次に、地方政府 i の再選確率である累積分布関数(6)式を g_j で偏微分すれば、次式を得る。

$$\frac{\partial pr_i}{\partial g_j} = -u'(g_j) \cdot f(u(g_i) - u(g_j)) < 0, \quad i,j = 1,2, \quad i \neq j \quad (10)$$

(10)式は地方政府 j の地方公共財供給量 g_j が増加したとき、地方政府 i の再選確率が低下することを示している。すなわち、g_j の供給量が増加すると地

域 i の住民よりも地域 j の住民の効用水準が相対的に高くなるので地方政府 i の再選確率が低下する。

(9)式、(10)式の結果より、(8)式の直観的解釈は次のように述べることができる。地方公共財供給量 g_i の増加は地方政府 i の再選確率を高め、地域 j の地方公共財供給量 g_j の増加は地方政府 i の再選確率を低下させる。したがって、地方政府 j が g_j を増加させたとき、地方政府 i は自身の g_i を増加させることによって再選確率を上昇させることが最適な行動となる。本稿では、(8)式および(9)式、(10)式を推定することによって、都道府県間にヤードスティック競争が生じているのか否かを考察する。

3.3.2 実証結果

前節では、わが国の市レベルの地方自治体間においてヤードスティック競争が生じているならば、自地域地方政府の地方公共財供給量の増加は自地域地方政府の再選確率を上昇させ、他地域地方政府による地方公共財供給量の増加は自地域地方政府の再選確率を低下さることがわかった。さらに、このようなヤードスティック競争下においては、他地域の地方公共財 g_j の増加に対して、自地域は再選確率を上昇させるため、g_i を増加させる行動をとる。したがって、わが国の市レベルの地方自治体間でヤードスティック競争が生じているのか否かを明らかにするため、ここでは第1に市長の再選確率関数を推定し、自地域と他地域の地方公共財供給量の変化が自地域地方政府の再選確率にどのような影響を与えているのかをみる。第2に、g_j が g_i に対してどのような影響を与えているのかを推定する。

地方政府 i の再選確率(6)式は、g_i と g_j の関数となっているので、

$$pr_i = pr_i(g_i, g_j), \ i, j = 1, 2, \ i \neq j \tag{11}$$

と表すことができる。ここで、pr_i は地域 i の知事が再選されたならば1、再選されなければ0を取る変数である。また、g_i は地域 i に供給された地方公共サービスの量の変化率であり、g_j は近隣地域で供給された地方公共サー

ビスの量の変化率を示している。再選確率関数(11)式を次のように特定化する。

$$pr_i = c + \alpha \cdot g_i + \beta \cdot g_j + \gamma_i \tag{12}$$

ここで、c は定数項、γ_i は誤差項である。地方政府 i の1階の条件(7)式より、地域 i の地方公共財供給量 g_i は、g_j の関数となっていることがわかる。地方政府 i が g_i を決定する際に従う反応関数は、

$$g_i = g_i(g_j) \tag{13}$$

と表される。(13)式を次のように特定化する。

$$g_i = c + b \cdot g_j + \mu_i \tag{14}$$

ここで、a は定数項、μ_i は誤差項である。(12)式で推定された自地域地方政府が供給する地方公共財供給量の変化率 g_i の係数が正であり、また、他地域地方政府が供給する地方公共財供給量の変化率 g_j の係数が負であり、かつ、(14)式において推定された g_j の係数が正であるならば、ヤードスティック競争が行われている可能性が高いと考える。

　本稿では、2011年（平成23年）4月から同年の12月までの間に行われた市区長選挙のうち現職市区長が再選された141の選挙を分析対象としている[17]。再選確率関数(12)式の説明変数である自地域の公共サービス g_i には市区の目的別歳出額である民生費、衛生費、商工費、土木費、消防費、教育費、公債費を選択した[18]。また、各地方公共サービス変数は選挙執行日より前年度の1人当たりの歳出額である[19]。他地域の地方公共サービス変数は、選挙執行日より2年前の1人当たり歳出額を近隣地域で平均した変数である。本稿では、近隣地域を同一都道府県の市区として設定する。例えば、大阪市は大阪府に属するので、大阪市に対応する近隣地域の公共サービス変数 g_j は大阪府下における大阪市以外の市の歳出額の単純平均である。

　(14)式の被説明変数 g_i と説明変数 g_j にも上述のような自地域の目的別歳

出額の変化率と近隣地域の目的別歳出額の平均変化率を導入している。分析に用いたデータの出所は次の通りである。現職知事の再選、落選状況のデータは、「全国市長会ホームページ 平成23年度市長選挙結果（http://www.mayors.or.jp/）」から得た。また、市区の各目的別歳出、住民基本台帳人口は『市町村決算状況調（各年度版）』（地方財政調査研究会）から採っている。

3.3.3　実証分析

　実証分析の結果をみる。表3-5は、被説明変数を現職市区長が再選すれば1、落選すれば0として、説明変数が自地域の各目的別歳出額と自地域以外の各目的別歳出額とした推定結果表である。推定モデルはロジットモデルを採用している。再選確率関数(12)式の推定結果である表3-6をみる。

　商工費歳出（CIEX）、消防費歳出（FBEX）、近隣地域の商工費地域平均歳出（CIEXRA）、土木費地域平均歳出（CEEXRA）、消防費地域平均歳出（FBEXRA）、公債費地域平均歳出（DEEXRA）の係数が統計的に有意であった。次に有意な係数の符号をみる。CIEX、FBEX、CEEXRA、DEEXRAの係数は負であるので、自地域の商工費と消防費歳出が増加すれば自地域市長の再選確率が低下し、また、近隣地域の土木費と公債費歳出が増加すれば、自地域市長の再選確率は上昇することがわかる。一方、CIEXRAとFBEXRAの係数の符号は正であり、近隣地域の商工費、消防費歳出の増加によって自地域市長の再選確率が上昇することが結果として導出されている。

　(9)式、(10)式で導出されたヤードスティック競争下における理論的結果と整合的な係数の推定結果は、近隣地域の公共サービス変数であるCEEXRA、DEEXRAである。すなわち、表3-5の結果は近隣地域の土木費歳出、公債費歳出においてヤードスティック競争が発生している可能性があることを示唆している。

　次に(14)式の推定結果である表3-6をみる。表3-6は被説明変数を自地域の各目的別歳出の変化率として、説明変数を近隣地域の各目的別歳出の平均額とした(14)式の推定結果である。説明変数を近隣地域の平均歳出額であ

表3-5 市長再選確率関数の推定結果

説明変数	係数値	
C（定数項）	2.605	(3.434)
PLEX（民生費歳出）	5.73E-06	(1.35E-05)
HYEX（衛生費歳出）	3.62E-05	(2.31E-05)
CIEX（商工費歳出）	-5.04E-05*	(2.85E-05)
CEEX（土木費歳出）	1.09E-08	(1.61E-08)
FBEX（消防費歳出）	-0.24E-03***	(8.21E-05)
EDEX（教育費歳出）	-1.65E-05	(2.25E-05)
DEEX（公債費歳出）	-1.84E-05	(2.13E-05)
PLEXRA（近隣地域民生費平均歳出）	1.05E-05	(2.23E-05)
HYEXRA（近隣地域衛生費平均歳出）	7.13E-05	(8.67E-05)
CIEXRA（近隣地域商工費平均歳出）	0.22E-03**	(8.58E-05)
CEEXRA（近隣地域土木費平均歳出）	-0.11E-03**	(4.90E-05)
FBEXRA（近隣地域消防費平均歳出）	0.44E-03**	(2.05E-04)
EDEXRA（近隣地域教育費平均歳出）	-2.93E-05	(4.60E-05)
DEEXRA（近隣地域公債費平均歳出）	-5.65E-05*	(3.33E-05)
McFadden R-squared	0.200	
LR statistic	23.703**	

(注) 1) 被説明変数は、現職市長が再選すれば1、落選すれば0である。
2) 分析手法はロジットモデルである。
3) サンプルの大きさは141である。
4) 係数推定値にかかる *** は、係数の推定値が1％有意水準で有意、** は5％有意水準で有意、* は10％有意水準で有意であることを示している。
5) ( )内は標準誤差である。

る PLEXRA、HYEXRA、CIEXRA、CEEXRA、FBEXRA、EDEXRA、DEEXRAとした推定式と被説明変数と同じ目的別歳出の近隣地域平均歳出額のみを説明変数とした推定式を推定した。

表3-6の推定結果を次に述べる。表3-6のPLEXを被説明変数とした推定式では、PLEXRAの係数は1％有意水準で有意であり、係数の符号は正である。HYEXを被説明変数とした推定式では、HYEXRAの係数は有意

表3-6 市レベルにおける近隣地域の地方公共サービス量が自地域の地方公共サービス量に与える影響

説明変数	被説明変数 PLEX 自地域・民生費歳出	PLEX	HYEX 自地域・衛生費歳出	HYEX	CIEX 自地域・商工費歳出	CIEX	CEEX 自地域・土木費歳出	CEEX
C	16136.328 (26105.939)	-12922.941 (11128.391)	-8318.894 (14351.158)	3280.923 (7753.631)	9579.669 (10781.707)	2540.807* (1520.716)	-9468858.341 (21144952.866)	-6989651.757 (8064353.403)
PLEXRA 近隣地域・民生費平均歳出	1.107*** (0.152)	1.153*** (0.098)	0.089 (0.083)		0.048 (0.063)		114.985 (122.967)	
HYEXRA 近隣地域・衛生費平均歳出	0.023 (0.628)		0.200 (0.345)	0.927 (0.221)***	0.274 (0.259)		658.179 (508.892)	
CIEXRA 近隣地域・商工費平均歳出	0.185 (0.502)		-0.396 (0.276)		1.206*** (0.207)	0.949*** (0.123)	970.659** (406.417)	
CEEXRA 近隣地域・土木費平均歳出	-0.036 (0.321)		0.419*** (0.176)		-0.144 (0.132)		546.657** (259.700)	1143.761*** (163.021)
FBEXRA 近隣地域・消防費平均歳出	-1.332 (1.385)		0.243 (0.761)		-0.140 (0.572)		917.603 (1121.495)	
EDEXRA 近隣地域・教育費平均歳出	-0.127 (0.345)		0.032 (0.190)		-0.273* (0.143)		-463.653* (279.637)	
DEEXRA 近隣地域・公債費平均歳出	-0.012 (0.230)		0.119 (0.127)		-0.079 (0.095)		-169.437 (186.640)	
Adjusted R-squared	0.485	0.493	0.128	0.106	0.297	0.296	0.287	0.256
F-statistic	19.799***	137.357***	3.935***	17.522***	9.448***	59.992***	9.037***	49.225***

(注) 1) 分析手法は最小二乗法である。また、サンプルの大きさは141である。
2) 係数推定値の右側にある***は、係数の推定値が1％有意水準で有意、**は5％有意水準で有意、*は10％有意水準で有意であることを示している。
3) ( )内は標準誤差である。

表3-6（続） 市レベルにおける近隣地域の地方公共サービス量が自地域の地方公共サービス量に与える影響

説明変数	被説明変数					
	FBEX 自地域・消防費歳出	FBEX	EDEX 自地域・教育費歳出	EDEX	DEEX 自地域・公債費歳出	DEEX
C	1377.585 (4283.777)	-559.946 (1521.910)	23043.207* (13395.378)	21384.627*** (6805.800)	24875.103* (14770.114)	9552.675*** (3030.425)
PLEXRA 近隣地域・民生費平均歳出	0.003 (0.025)		0.004 (0.078)		-0.059 (0.086)	
HYEXRA 近隣地域・衛生費平均歳出	0.010 (0.103)		0.145 (0.322)		0.003 (0.355)	
CIEXRA 近隣地域・商工費平均歳出	-0.025 (0.082)		0.130 (0.257)		0.028 (0.284)	
CEEXRA 近隣地域・土木費平均歳出	0.036 (0.053)		0.061 (0.165)		0.028 (0.181)	
FBEXRA 近隣地域・消防費平均歳出	1.137*** (0.227)	0.980*** (0.105)	-0.346 (0.710)		-0.421 (0.783)	
EDEXRA 近隣地域・教育費平均歳出	-0.108* (0.057)		0.429** (0.177)	0.504*** (0.158)	-0.168 (0.195)	
DEEXRA 近隣地域・公債費平均歳出	-0.036 (0.038)		-0.067 (0.118)		0.697*** (0.130)	0.646*** (0.056)
Adjusted R-squared	0.381	0.382	0.041	0.061	0.465	0.481
F-statistic	13.310***	87.714***	1.853*	10.106***	18.392***	130.941***

ではない。CIEX を被説明変数とした推定式では、CIEXRA の係数は 1％有意水準で有意であり、係数の符号は正となっている。CEEX を被説明変数とした推定式では、CEEXRA の係数は 5％有意水準で有意であり、係数の符号は正である。FBEX を被説明変数とした推定式では、FBEXRA の係数は 1％有意水準で有意であり、係数の符号は正である。

　EDEX を被説明変数とした推定式では、EDEXRA の係数は 5％有意水準で有意であり、係数の符号は正である。DEEX を被説明変数とした推定式では、DEEXRA の係数は 1％有意水準で有意であり、係数の符号は正である。以上で述べた表 3-6 の推定結果をまとめると、近隣地域の民生費（PLEXRA）、商工費（CIEXRA）、土木費（CEEXRA）、消防費（FBEXRA）が増加したとき、自地域の各同一目的別歳出が増加することがわかる。上記の結果は、理論モデルより導出された(8)式と整合的である。

　表 3-5 と表 3-6 の結果を合わせて考慮すれば、土木費、公債費歳出においてヤードスティック競争が生じている可能性が高いことがわかる。表 3-5 より、近隣地域の土木費歳出の増加は自地域現職市長の再選確率を低下させることがわかり、表 3-6 より、近隣地域の土木費歳出の増加によって自地域の土木費歳出も増加するという結果が導出されている。次に公債費の結果をみると、表 3-6 より、近隣地域の公債費歳出の増加は自地域現職市長の再選確率を低下させることがわかる。そして、表 3-6 より、近隣地域の公債費の増加によって自地域の公債費も増加することがわかる。したがって、土木費、公債費に関して、他地域の歳出変化が自地域の現職市長の再選確率に影響を与え、自地域現職市長が自身の再選確率を確保するために近隣地域よりも歳出を増加させるというヤードスティック競争が生じていることが示唆される。一方で、消防費に関しては、自地域消防費が減少すれば、自地域市長の再選確率が上昇し、近隣地域の消防費が減少すれば、自地域市長の再選確率が低下する。さらに、近隣地域の消防費が減少したとき、自地域の消防費は減少する結果が得られている。このような消防費の結果は本稿の理論モデルの結果とは整合的ではない。

3.3.4 市レベルの地方自治体間と都道府県間におけるヤードスティック競争の比較

　本節では、市レベルの地方自治体間と都道府県間において生じているヤードスティック競争を比較する。本稿では、主に市レベルの地方自治体間のヤードスティック競争を実証的に検証してきたが、東・西垣（2012）では都道府県間におけるヤードスティック競争に焦点を当て、実証的にヤードスティック競争を検証している。ここでは、東・西垣（2012）において行われた都道府県間と本稿の市レベル間におけるヤードスティック競争の検証結果を比較する。本稿では、ヤードスティック競争の実証分析の必要性の理由の1つに、「足による投票」仮説による競争がわが国では弱いことを挙げている。しかし、わが国においても「足による投票」は行われていないわけではなく、「足による投票」仮説が強く働くか、弱く働くかでヤードスティック競争の作用の強弱も変化することが考えられる。例えば、都道府県を分析対象にすれば、都道府県間を移動するコストは高いので「足による投票」は弱く働き、ヤードスティック競争が自治体間の競争に強く働くかもしれない。一方、市を分析対象にすれば、市間を移動するコストは都道府県間よりも低くなるために、「足による投票」仮説が活発に働き、ヤードスティック競争が自治体間競争へ与える作用が弱くなるかもしれない。すなわち、市レベルの自治体間と都道府県間で生じているヤードスティック競争にはそれぞれの特徴があることが考えられる。本節では、市レベルの自治体間と都道府県間のヤードスティック競争を比較し、それぞれで引き起こされるヤードスティック競争の違いを考慮し、市レベルの自治体間、都道府県間のヤードスティック競争が有効に働く制度を議論することが目的である。

3.3.5 都道府県間におけるヤードスティック競争の実証結果

　ここでは、東・西垣（2012）において導出された都道府県間におけるヤードスティック競争の実証結果を簡潔に紹介する。東・西垣（2012）おいても本稿と同様のヤードスティック競争の理論モデルが構築され、都道府県間に

おけるヤードスティック競争が実証的に検証されている。すなわち、都道府県知事の再選確率を自地域目的別歳出変化率と他地域の目的別歳出変化率によって回帰し、さらに、他地域の目的別歳出の変化率が自地域の目的別歳出変化率にどのように影響を与えているのかを実証的に分析している。都道府県の分析においても、自地域の目的別歳出の変化率上昇が自地域知事の再選確率を上昇、他地域の目的別歳出変化率上昇が自地域知事再選確率を低下、さらに、他地域の目的別歳出変化率上昇が自地域の目的別歳出変化率に正の影響を与えているのならば、ヤードスティック競争が生じていると見る。分析範囲は、1992年（平成4年）4月から2011年（平成23年）3月までの間に行われた都道府県知事選挙のうち現職知事が再選された131の選挙である。表3-7は都道府県間における知事選挙の再選確率関数、表3-8は他地域の公共サービス量の変化が自地域の公共サービス量に与える影響の推定結果である。

　表3-7の結果から述べる。PLEXPCHの係数は10％有意水準で有意であり、係数の符号は正である。自地域の地方公共サービス変数の係数が有意なものは、PLEXPCHのみであった。他地域の地方公共サービスの地域平均変化率の係数をみると、HYEXRAの係数が有意であり、その符号は負である。AFFEXRAの係数は有意であり、その符号は正である。CIEXRAとCEEXRAの両係数は有意であり、CIEXRAの係数の符号は正、CEEXRAの係数の符号は負となっている。したがって、自地域の民生費変化率の上昇は、自地域現職知事の再選確率を上昇させ、衛生費地域平均変化率、土木費地域平均変化率の上昇は自地域現職知事の再選確率を低下させることがわかる。また、他地域の農林水産業費地域平均変化率と商工費地域平均変化率の上昇は自地域の現職知事の再選確率を上昇させることがわかる。(9)式、(10)式で導出されたヤードスティック競争下における理論的結果と整合的な係数の推定結果は、PLEXPCH、HYEXRA、CEEXRAである。すなわち、表3-7の結果は民生費歳出、衛生費歳出、土木費歳出においてヤードスティック競争が発生している可能性があることを示唆している。

表3-7　都道府県知事再選確率関数の推定結果

説明変数	係数値
C（定数項）	2.758*** (0.827)
PLEXPCH（民生費変化率）	7.132* (4.087)
HYEXPCH（衛生費変化率）	-1.030 (3.110)
LAEXPCH（労働費変化率）	-1.488 (1.338)
AFFEXPCH（農林水産業費変化率）	9.152 (6.958)
CIEXPCH（商工費変化率）	-1.246 (1.918)
CEEXPCH（土木費変化率）	6.355 (5.085)
PLEXRA（民生費地域平均変化率）	4.285 (5.128)
HYEXRA（衛生費地域平均変化率）	-11.488** (5.269)
LAEXRA（労働費地域平均変化率）	2.783 (1.840)
AFFEXRA（農林水産業費地域平均変化率）	17.751* (10.067)
CIEXRA（商工費地域平均変化率）	14.504*** (5.604)
CEEXRA（土木費地域平均変化率）	-32.683*** (11.836)
McFadden R-squared	0.334
LR statistic	23.587**

(注) 1) 被説明変数は、現職知事が再選すれば1、落選すれば0である。
2) 分析手法はロジットモデルである。
3) サンプルの大きさは131である。
4) 係数推定値にかかる *** は、係数の推定値が1％有意水準で有意、** は5％有意水準で有意、* は10％有意水準で有意であることを示している。
5) ( ) 内は標準誤差である。
(出所) 東・西垣（2012）より引用

　表3-8をみる。表3-8は被説明変数を自地域の各目的別歳出の変化率として、説明変数を他地域の各目的別歳出の地域平均変化率とした(14)式の推定結果である。説明変数を他地域の歳出平均変化率である PLEXRA、HYEXRA、LAEXRA、AFFEXRA、CIEXRA、CEEXRA、POEXRA、EDEXRA とした推定式と被説明変数と同じ目的別歳出の他地域平均変化率のみを説明変数とした推定式を推定した。

　表3-8の推定結果をみると、PLEXPCH を被説明変数とした推定式では、PLEXRA の係数は有意であり、係数の符号は正である。HYEXPCH を被説

74 第1部 地方分権と公共政策の効率性

表3-8 都道府県 他地域の地方公共サービス量の変化率が自地域の地方公共サービス量の変化率に与える影響

説明変数	被説明変数 PLEXPCH 自地域・民生費変化率	PLEXPCH	HYEXPCH 自地域・衛生費変化率	HYEXPCH	LAEXPCH 自地域・労働費変化率	LAEXPCH	AFFEXPCH 自地域・農林水産業費	AFFEXPCH
C	0.069*** (0.014)	0.065*** (0.010)	0.045 (0.035)	0.021 (0.018)	-0.045 (0.064)	0.042 (0.032)	-0.001 (0.013)	0.006 (0.007)
PLEXRA 近隣地域・民生費平均変化率	0.360*** (0.098)	0.476*** (0.076)	0.19 (0.365)		1.604* (0.890)		0.114 (0.078)	
HYEXRA 近隣地域・衛生費平均変化率	0.151** (0.073)		0.759*** (0.256)	0.907*** (0.183)	0.807 (0.871)		0.052 (0.060)	
LAEXRA 近隣地域・労働費平均変化率	0.009 (0.009)		-0.014 (0.049)		0.869*** (0.180)	1.048*** (0.121)	-0.011* (0.006)	
AFFEXRA 近隣地域・農林水産業費平均変化率	0.012 (0.181)		0.574 (0.539)		0.584 (1.038)		0.646*** (0.186)	0.848*** (0.086)
CIEXRA 近隣地域・商工費平均変化率	-0.036 (0.062)		0.226 (0.234)		0.381 (0.317)		0.018 (0.043)	
CEEXRA 近隣地域・土木費平均変化率	0.034 (0.168)		-0.325 (0.461)		-0.445 (0.894)		0.269* (0.159)	
POEXRA 近隣地域・警察費平均変化率	0.042 (0.118)		-1.013** (0.504)		-0.203 (0.622)		-0.286** (0.118)	
EDEXRA 近隣地域・教育費平均変化率	-0.209 (0.215)		-0.066 (0.890)		-4.176** (2.090)		0.146 (0.171)	
Adjusted R-squared	0.296	0.256	0.259	0.241	0.839	0.832	0.687	0.639
F-statistic	7.819***	45.731***	6.667***	41.021***	85.830***	643.947***	36.597***	230.850***

(注) 1) 分析手法は最小二乗法である。また、サンプルの大きさは131である。
2) 係数推定値の右側にある ***は、係数の推定値が1％有意水準で有意、**は5％有意水準で有意、*は10％有意水準で有意であることを示している。
3) ( )内は標準誤差である。
(出所) 東・西垣 (2012) より引用

表3-8（続）　都道府県　他地域の地方公共サービス量の変化率が自地域の地方公共サービス量の変化率に与える影響

説明変数	被説明変数 CIEXPCH 自地域・商工費変化率	CIEXPCH	CEEXPCH 自地域・土木費変化率	CEEXPCH	POEXPCH 自地域・警察費変化率	POEXPCH	EDEXPCH 自地域・教育費変化率	EDEXPCH
C	0.095** (0.038)	0.035 (0.028)	0.021* (0.012)	0.011 (0.007)	0.046*** (0.012)	0.026** (0.010)	0.008 (0.009)	0.002*** (0.004)
PLEXRA 近隣地域・民生費平均変化率	-0.398 (0.271)		-0.022 (0.096)		-0.045 (0.067)		0.021 (0.046)	
HYEXRA 近隣地域・衛生費平均変化率	-0.053 (0.223)		-0.008 (0.056)		0.013 (0.051)		0.027 (0.037)	
LAEXRA 近隣地域・労働費平均変化率	0.085** (0.033)		-0.006 (0.008)		-0.008 (0.005)		-0.008** (0.003)	
AFFEXRA 近隣地域・農林水産業費平均変化率	-0.201 (0.311)		0.188 (0.127)		0.092 (0.114)		0.061 (0.054)	
CIEXRA 近隣地域・商工費平均変化率	0.034 (0.182)	0.451*** (0.138)	0.056 (0.047)		-0.011 (0.034)		-0.010 (0.025)	
CEEXRA 近隣地域・土木費平均変化率	1.006*** (0.384)		0.757*** (0.134)	0.880*** (0.053)	0.192* (0.102)		0.079 (0.080)	
POEXRA 近隣地域・警察費平均変化率	-0.354** (0.175)		-0.173 (0.113)		-0.122 (0.109)	0.330* (0.198)	0.071 (0.097)	
EDEXRA 近隣地域・教育費平均変化率	0.451 (0.542)		0.030 (0.174)		0.626*** (0.114)		0.390*** (0.093)	0.637*** (0.132)
Adjusted R-squared	0.172	0.070	0.673	0.676	0.428	0.104	0.475	0.394
F-statistic	4.379***	10.818***	34.479***	272.830***	13.167***	16.009***	15.725***	85.410***

明変数とした推定式では、HYEXRA の係数は有意であり、係数の符号は正である。LAEXPCH を被説明変数とした推定式では、LAEXRA の係数は有意であり、係数の符号は正である。AFFEXPCH を被説明変数とした推定式では、AFFEXRA の係数は有意であり、係数の符号は正である。CIEXPCH を被説明変数とした推定式では、CIEXRA の係数は有意でない。CEEXPCH を被説明変数とした推定式では、CEEXRA の係数は 1 ％有意水準で有意であり、係数の符号は正である。POEXPCH を被説明変数とした推定式の POEXRA の係数は有意でなかった。また、EDEXPCH を被説明変数とした EDEXRA の係数は有意ではない。

　以上で述べた表3-7の推定結果をまとめると、他地域の民生費 (PLEXRA)、衛生費 (HYEXRA)、労働費 (LAEXRA)、農林水産業費 (AFFEXRA)、土木費 (CEEXRA) が増加したとき、自地域の歳出が増加することがわかる。一方、他地域の警察費歳出 (POEXRA) の変化が自地域の警察費歳出 (POEXPCH) に与える影響、他地域の教育費歳出 (EDEXRA) の変化が自地域の教育費歳出 (EDEXPCH) の変化に与える影響を観察することはできない。

　表3-7と表3-8の結果を合わせて考慮すれば、民生費、衛生費、土木費においてヤードスティック競争が生じている可能性が高いことがわかる。表3-7より、自地域民生費の増加は自地域現職知事の再選確率を上昇させることがわかり、表3-8より、他地域の民生費の増加によって自地域の民生費も増加するという結果が導出されている。次に衛生費の結果をみると、表3-7より、他地域衛生費の増加は自地域現職知事の再選確率を低下させることがわかる。そして、表3-8より、他地域の衛生費の増加によって自地域の衛生費も増加することがわかる。土木費の結果をみると、表3-7より、他地域土木費の増加は自地域現職知事の再選確率を低下させ、表3-8より、他地域の土木費の増加によって自地域の土木費も増加することがわかる。したがって、都道府県間においては民生費、衛生費、土木費に関して、他地域の歳出変化が自地域の現職知事の再選確率に影響を与え、自地域現職知事が

自身の再選確率を確保するために他地域よりも歳出を増加させるというヤードスティック競争が生じていることが示唆される。

3.3.6 市レベルの地方自治体間と都道府県間におけるヤードスティック競争の比較

これまで見てきたように、市レベルの地方自治体間では、土木費、公債費に関して、また、都道府県間においては民生費、衛生費、土木費に関してヤードスティック競争が生じていることが示唆された。市レベルでは住民が日常で直接的に便益を享受する土木費でヤードスティック競争が生じていることが特徴的である。また、都道府県においては、生活保障や老人福祉費などより広域的な住民に便益を与える民生費、衛生費でヤードスティック競争が生じているところが特徴的である。これらの結果をみれば、市には地域住民に密接した公共サービス供給決定件に裁量を与え、都道府県にはより広域的に便益を与える公共サービスの供給決定に裁量を与えることでヤードスティック競争が有効に作用するのではないかと考えられる。

さらに、市レベルでは消防費が歳出削減のヤードスティック競争になっている可能性があることが本稿では結果として導出されている。このような結果は、都道府県間のヤードスティック競争では導出されない。したがって、市レベルの地方自治体間と都道府県間で生じるヤードスティック競争は歳出項目によっては歳出削減といった逆に作用する競争になる可能性もある。これについては、市レベルにおいて、歳出削減のヤードスティック競争がどのように引き起こされるのかの理論モデルを構築し、今後そのメカニズムを考察する必要がある。

3.3.7 結論

本稿ではわが国の市レベルの地方自治体においてヤードスティック競争が生じているのか否かを考察した。そのため、地方公共財の供給量によって自地域の住民が他地域の住民よりも高い効用水準を得ることができれば、投票

によって現職市長が再選されるというヤードスティック競争のモデルを構築した。このようなヤードスティック競争下においては、自地域の地方公共財供給量の増加は自地域現職市長の再選確率を上昇させること、また、他地域地方公共財の供給量増加は自地域現職市長の再選確率を低下させること、さらに、他地域の地方公共財供給量が増加したとき、それにともなって自地域の地方公共財供給量も増加することが明らかになった。したがって、ヤードスティック競争が生じているのか否かを考察するために、第1に自地域と他地域の地方公共財供給量の変化が現職市長の再選確率にどのような影響を与えているのか、また、第2に近隣地域の地方公共財供給量の変化が自地域地方公共財供給量にどのような影響を与えているのかを推定した。地方公共財供給量の代理変数を各目的別歳出の変化率として推定した結果は次の通りである。再選確率関数の推定結果から、自地域の商工費と消防費歳出の増加によって自地域現職市長の再選確率が低下するという結果が得られた。また、近隣地域の商工費歳出、消防費歳出の増加によって自地域現職市長の再選確率は上昇することが判明した。一方、近隣地域の土木費、公債費は自地域市長の再選確率を低下させることが明らかになった。そして、民生費、商工費、土木費、消防費、教育費、公債費歳出に関して、近隣地域の歳出が自地域歳出へ正の影響を与えていることが明らかになった。地方公共歳出の変化が再選確率へ与える影響と近隣地域地方公共歳出の変化が自地域地方公共歳出へ与える影響の2つの結果を合わせて考慮すれば、市レベルの地方自治体間では土木費と公債費においてヤードスティック競争が生じている可能性が高いとの分析結果が得られた。

　一方で、消防費に関しては、自地域消防費が減少すれば、自地域市長の再選確率が上昇し、近隣地域の消防費が減少すれば、自地域市長の再選確率が低下する。さらに、近隣地域の消防費が減少したとき、自地域の消防費は減少する結果が得られている。このような消防費の結果は本稿の理論モデルの結果とは整合的ではない。消防費に関しては、経費を削減するヤードスティック競争が生じていることが伺われる。通常のヤードスティック競争は自地

域の公共財供給量の増加が他地域住民よりも相対的に自地域住民の方が効用水準が高くなるために，首長の再選確率が上昇するために，地域間で公共財供給量を増加させる競争である。しかし，消防費に関しては，歳出増加よりも歳出を減少させることで，自地域住民の効用が他地域よりも相対的に上昇するために，自地域首長の再選確率が上昇するために，歳出を削減させるヤードスティック競争が生じているのかもしれない。このような本稿とは違ったヤードスティック競争を理論的に考察する必要がある。

3.4 地方行政の効率化にむけて
(足による投票とヤードスティックによる評価)

　本章ではわが国の市レベルの地方自治体においてヤードスティック競争が生じているのか否かを考察した。そのため，地方公共財の供給量によって自地域の住民が他地域の住民よりも高い効用水準を得ることができれば，投票によって現職市長が再選されるというヤードスティック競争のモデルを構築した。このようなヤードスティック競争下においては，自地域の地方公共財供給量の増加は自地域現職市長の再選確率を上昇させること，また，他地域地方公共財の供給量増加は自地域現職市長の再選確率を低下させること，さらに，他地域の地方公共財供給量が増加したとき，それにともなって自地域の地方公共財供給量も増加することが明らかになった。したがって，ヤードスティック競争が生じているのか否かを考察するために，第1に自地域と他地域の地方公共財供給量の変化が現職市長の再選確率にどのような影響を与えているのか，また，第2に近隣地域の地方公共財供給量の変化が自地域地方公共財供給量にどのような影響を与えているのかを推定した。地方公共財供給量の代理変数を各目的別歳出の変化率として推定した結果は次の通りである。再選確率関数の推定結果から，自地域の商工費と消防費歳出の増加によって自地域現職市長の再選確率が低下するという結果が得られた。また，近隣地域の商工費歳出，消防費歳出の増加によって自地域現職市長の再選確

率は上昇することが判明した。一方、近隣地域の土木費、公債費は自地域市長の再選確率を低下させることが明らかになった。そして、民生費、商工費、土木費、消防費、教育費、公債費歳出に関して、近隣地域の歳出が自地域歳出へ正の影響を与えていることが明らかになった。地方公共歳出の変化が再選確率へ与える影響と近隣地域地方公共歳出の変化が自地域地方公共歳出へ与える影響の2つの結果を合わせて考慮すれば、市レベルの地方自治体間では土木費と公債費においてヤードスティック競争が生じている可能性が高いとの分析結果が得られた。

　一方で、消防費に関しては、自地域消防費が減少すれば、自地域市長の再選確率が上昇し、近隣地域の消防費が減少すれば、自地域市長の再選確率が低下する。さらに、近隣地域の消防費が減少したとき、自地域の消防費は減少する結果が得られている。このような消防費の結果は本稿の理論モデルの結果とは整合的ではない。消防費に関しては、経費を削減するヤードスティック競争が生じていることが伺われる。通常のヤードスティック競争は自地域の公共財供給量の増加が他地域住民よりも相対的に自地域住民の効用水準を高め、首長の再選確率が上昇するために、地域間で公共財供給量を増加させる競争である。しかし、消防費に関しては、歳出増加よりも歳出を減少させることで、自地域住民の効用が他地域よりも相対的に上昇するために、自地域首長の再選確率が上昇するために、歳出を削減させるヤードスティック競争が生じているのかもしれない。このような本稿とは違ったヤードスティック競争を理論的に考察する必要がある。

　地方政府が「足による投票」仮説のもとで地方公共財の供給を行っていれば、住民が自由に地域間を移動することが可能な制度を設計することで地方政府の地方公共財供給行動をより効率的にすることができる。また、地方政府がヤードスティック競争の下で地方公共財の供給を行っているとすれば、選挙によって住民の声が地方政府に届き易くなるような制度の構築、そして政策情報を開示することで、地方政府による地方公共財供給行動をより効率的にすることができる。本稿では市レベルの自治体間でヤードスティック競

争が生じている可能性が高いことが明らかになった。したがって、住民の声が地方政府により届くような選挙制度や行政制度を構築すること、そして、住民が地方政府の政策を詳細に評価できるように地方政府が地域の情報を開示することにより地方政府の地方公共財供給が効率的になる可能性があることがわかる。しかし、「足による投票」仮説とヤードスティック競争は現実的には同時に存在すると考えられる。現在の分析では、どの程度ヤードスティック競争が生じていて、また、「足による投票」仮説がどの程度生じているのかは定かではない。ヤードスティック競争と「足による投票」仮説がどの程度の配分で生じているのかがわかれば、地方政府の地方公共財供給行動をさらに効率的にするような制度構築が可能であると考えられる。これらは、今後の課題としたい。

注

1) Rosen（2009）、pp. 511-512 では、「足による投票」仮説とアメリカ地方財政の現実との接点を次のように述べている。アメリカ経済では、どの年においても、前年から居住地を変更する人がアメリカの全人口の16％に上り、アメリカの大都市の半径20マイル（約32km）以内には人々が居住するために選択することができる郊外都市が、およそ数百も存在する。したがって、「足による投票」仮説がアメリカ地方財政の1つの現実的側面をとらえたモデルであることを指摘している。しかし、日本においては、地域間の住民移動はアメリカよりも活発ではなく、また近年の市町村合併によって住民が選択できる地域の数は減少している。
2) 小西（2009）、pp. 246-247 においても同様のことが指摘されている。
3) 第2章 2、3節で考察したように、住民と地方政府の間に情報の非対称性とエージェンシー問題があるために、ヤードスティック競争下において住民の投票だけでは、地方公共財供給の効率性を達成することはできない。住民の投票が地方公共財供給を効率的な方向へと導くように有効に作用させるためには、地方政府への再選レントを上昇させたり、地域間格差を少なくするような政策が必要であった。
4) 遠距離である都道府県間の居住地変更は、通常、職場の変更（賃金）などに反応して生じるものと考えられる。変更された職場の近くに居住地を置くとしても、どの市町村に居住するかの選択は、地方公共サービスの影響を受ける可能性が高い。
5) 資本化仮説は、金本（1983）、伊多波（1995）、金本（1997）、西垣（1999）において、詳細に解説されている。
6) 金本（1997）、p. 243
7) 分析に用いたデータの出所は、表3-4においてまとめられている。
8) 例えば、民生費と住宅平均地価（P_i）の関係を分析するときには、g_iには民生費、

OEX_i には、総歳出額から民生費を差し引いたその他の支出が挿入される。
9) 小・中学校費とは、教育費支出の内訳である小学校費支出と中学校費支出の合計額である。
10) 保健衛生費は、保健衛生、精神衛生、母子衛生、成人病対策、老人保健事業にようする経費、国民健康保険事業会計、病院事業会計への繰出金、食品衛生、公害対策費等環境衛生に関して支出された経費である。清掃費は、一般廃棄物、じん芥、し尿等の収集処理、公衆便所、清掃運搬等の汚染処理等による清潔な生活環境の保持等のために支出された経費である。(出井 (2008)、p. 41)
11) 農業費は、農業改良普及事業、農業構造改善事業、農業金融対策、農業委員会に係わる経費である。畜産業費は、家畜の飼育奨励、飼料、家畜保健衛生に要する経費である。農地費は、土地改良事業、水利施設管理等の農業基盤整備経費、農道整備のために支出された経費、農業集落排水事業会計、小規模集落排水処理施設整備事業会計への繰越金も含んだ経費である。林業費は、造林事業、林道の保全及び改良、林業組合指導等のために支出された経費である。水産業費は、養殖事業、漁港法に定める漁港の建設費及び維持管理のために支出された経費である。(出井 (2008)、p. 41)
12) 河野 (1999)、p221
13) 例えば、地域における特殊な自然環境や経済環境である。
14) 再選確率を累積分布関数へ変形する手法は、Lazear and Rosen (1981) と同様である。
15) $f'(u(g_i) - u(g_j))<0$ であれば、2階の条件は常に満たされる。
16) 2階の条件を満たす条件として、$f'(u(g_i) - u(g_j))<0$ と仮定している。
17) 現職市区長が無投票で当選した場合は、現職市区長の再選としている。
18) 地域住民に対して直接的に便益を与えていると考えられる目的別歳出を選択した。土木費と農林水産業費も住民に直接的に便益を与えている歳出であると考えられる。しかし、土木費と農林水産業費に関しては、歳出がゼロである自治体が多く存在したため、公共サービスの説明変数から除外した。
19) Besley and Case (1995) は、知事選が執行された年度を t 期とし、各目的別歳出の変化率は t 期から $t-1$ 期における変化率をとっている。これは知事選が行われる年度より、1年前に知事が努力するのは明らかなので、知事選より2年前の公共歳出と知事選が行われる年度の公共歳出の変化率を見ることで、知事のより詳細な努力や行動をみることができるからである。

参考文献

赤木博文 (2002)「資本化仮説による生活基盤型の社会資本整備の経済評価—効率性に関する実証分析—」、名城大学都市情報学部 Discussion Paper No. USM-01-02。
赤木博文 (2004)「事業分野別生活基盤型の公共投資の効率性—資本化仮説による実証分析—」『生活経済学研究』、第19巻、pp. 75-89。
伊多波良雄 (1995)『地方財政システムと地方分権』、中央経済社。
出井信夫 (2008)「基礎からわかる自治体の財政分析 (第1次改訂版)」、学陽書房。
金本良嗣 (1983)「地方公共財の理論」岡野幸秀、根岸隆 (編)『公共経済学の展開』、東洋経済新報社。

金本良嗣（1997）『都市経済学』、東洋経済新報社。
河野惟隆（1999）『地方財政の研究』、税務経理協会。
小西秀樹（2009）『公共選択の経済分析』、東京大学出版会。
林正義（2003）「社会資本と地方公共サービス―資本化仮説による地域別社会資本水準の評価―」『経済分析』、第171号、内閣府経済社会総合研究所。
西垣泰幸（1999）「地方分権と地方公共財の最適供給」、寺田宏洲編著『地方分権と行財政改革』、新評社。
東裕三（2011a）「地方分権下における地方公共サービスの効率性分析」『生活経済学研究』、生活経済学会、第34巻、pp. 15-26。
東裕三（2011b）「資本化仮説による地方公共サービスの効率性分析」『社会科学研究年報』、第41号、pp. 21-31、龍谷大学社会科学研究所。
東裕三・西垣泰幸（2012）「都道府県間におけるヤードスティック競争の実証分析」、日本財政学会第69回大会報告論文。
東裕三・西垣泰幸（2013）「地方政府間におけるヤードスティック競争の実証分析」『社会科学研究年報』、龍谷大学社会科学研究所、第43号、pp. 15-21。
Besley, T. and A. Case (1995) "Incumbent behavior: vote seeking, tax setting and yardstick competition," *American Economic Review*, Vol. 85, pp. 25-45.
Burueckner, J. K. (1982) "A test for allocative efficiency in the local public sector," *Journal of Public Economics*, Vol. 19, pp. 311-331.
Lazear, E. P. and S. Rosen (1981) "Rank-order tournaments as optimum labor contracts," *Journal of Political Economy*, Vol. 89, pp. 841-864.
Nalebuff, B. and J. E. Stiglitz (1983) "Prizes and incentives: towards a general theory of compensation and competition," *Bell Journal of Economics*, Vol. 14, pp. 21-43.
Nishigaki, Y., Y. Higashi, M. S.Wong, and H. Nishimoto (2012) "A new e-government role in improving local government performance: a study based on a yardstick competition model," *International Journal of eBusiness and eGovernment Studies*, Vol. 4, pp. 91-101.
Rosen, H. S. and Gayer, T. (2009) *Public Finance*, 9th ed., McGraw-Hill Irwin.
Seabright, P. (1996) "Accountability and decentralisation in government: An incomplete contracts model," *European Economic Review*, Vol. 40, pp. 61-89.
Shleifer, A. (1985) "A theory of yardstick competition," *Rand Journal of Economics*, Vol. 16, pp. 319-327.
Tiebout, C. M. (1956) "A pure theory of local expenditures," *Journal of Political Economy*, Vol. 64, pp. 416-424.

参考資料

自治省（1994）『選挙年鑑（昭和63年～平成3年）』自治省選挙部。
自治省（1998）『選挙年鑑（平成4年～平成7年）』自治省選挙部。
全国市長会ホームページ 「平成23年市長選挙結果」、http://www.mayors.or.jp/p_city/city_mayorsshift/city_electionResult/2012/01/11newidou.php、2013年3月18日参照。
総務省自治行政局（2002）『選挙年鑑（平成8年～平成11年）』総務省自治行政局選挙部。
総務省『市町村別決算状況調』各年度版。

総務省『都道府県決算状況調』、各年度版。
総務省ホームページ「都道府県知事選挙結果」、http://www.soumu.go.jp/senkyo/senkyo_s/data/chiji/index.html、2011年11月25日参照。

第4章　地方公共政策の評価
―環境政策を中心として―

朝日幸代

4.1 環境の性質と環境問題の背景

　我々の生活は、自然環境を基盤にし、自然の資源を利用して成り立ち、我々が社会生活において築いてきた生活環境の諸条件の基で営むことができている。そこには、社会活動として必要とする社会資本、さらに様々な民間資本が投下され、それらを利用することによって、経済活動が行なわれる。

　宮本（2002）では、この2つの側面を自然的生活環境と社会的生活環境[1]として示している。環境の性質はすべての人が同時に利用できる非競合性、だれもが利用することを排除することができない非排除性、そして、一旦破壊すると不可逆的なストックとなる場合[2]もある。環境は、これらの性質を備える公共財の1つであると言える。

　環境問題は、様々な経済活動によって社会問題にもなり、常に解決を模索しながら現在に至っている。そして、地球温暖化や酸性雨、海洋汚染をはじめとする様々な環境問題は、人間の経済活動に深く影響をもたらしている。そのため、深刻な環境問題を解決するための方策が国内だけでなく国際レベルで取り組むようになっている。つまり、環境は地域固有の財としての性質もある一方で、直接・間接的な影響を含めると、地球規模に影響を与える財であるともいえる。これら環境に負荷を与えた問題を引き起こした原因までさかのぼると、大規模な生産活動をもとにしている場合もあれば、極めて小規模の生活から引き起こされ、それが数多くの消費者によって原因物質を排

出されることによって、影響は深刻になり、広範囲に渡る場合もある。さらに、原因物質も多種多様になってきており、未だに原因物質が新たに発見される例も少なくない。また、二酸化炭素排出による気候変動については、国際間の取組みまで必要なほど国境を越えて影響を与えている。

　日本の環境問題として、社会問題となったものの1つとして、高度経済成長期に起きた局所的な環境問題の公害問題がある。硫黄酸化物の排出によって大きな被害を地域にもたらした四日市公害も代表的な公害の1つであるが、環境政策への取組みによって、現在では解決し、日本国内の地域と比較しても厳しい環境基準をクリアできる水準にまで環境改善されている。そして、現在の様々な取組みは今までの環境問題への取組みとその多くの反省の中で培われた社会システムなどから、問題を抽出し、それらを改善しながら存在している。しかし、この類似している公害は、発展途上国においては今だに大きな被害をもたらしている。特に、大気汚染問題は環境影響、健康被害を含め、発生地域だけでなく、その他地域にも拡散する深刻な問題を持つ。2013年年初より社会問題となっている中国の微小粒子状物質（PM2.5）は中国だけなく、日本を含めた近隣諸国にとって影響を与える越境汚染の一例といえよう。

　環境部門を経済活動のフレームワークに取り込み、経済とエネルギーや資源の情報と環境を地域間および国際間での依存関係性を検討し、財やサービスの生産と生産に必要な資源、生産する地域の環境を考慮に入れる研究も進められている。

　本章では、地域間の財が交易を経由して、財とともに経済活動に関わることによって環境問題が地域間でどのような広がりとして考えられるかということを中心に、地域の環境政策と評価の在り方を検討する。これは、日本の高度経済成長期に局所的な地域でおきた四日市公害において、四日市地域の生産活動とそれによる硫黄酸化物の排出量、さらには、硫黄酸化物を排出し生産した財が四日市以外のエリアの生産財と用いられた経済に着目したものである。つまり、他地域では、四日市で生産された財を購入することによっ

て公害被害を受けずに、最終財を得ることができる。このことから、他地域の生産活動は四日市公害へ硫黄酸化物の排出量にどの程度の影響を与えたかを考えることができる。四日市地域における石油化学産業の経済活動は、移出を通して域外に化学石油製品を供給し、それらを用いて域外では財を生産するなど経済効果をもたらす。それとともに、四日市地域では、生産活動によって硫黄酸化物を排出するが、他地域は環境影響なしに、四日市で生産された化学石油製品を利用することができる。そのため、域外の他地域において四日市で生産した財を用いて生産することによって四日市に環境負荷を与えたかということになる。

　本章の構成は以下の通りである。まず政策評価と環境政策評価について解説した後に、近年の国際、地域での環境負荷の相互依存関係における交易に関する研究や、経済発展と環境の問題に関する研究を紹介する。特に、生産した国で汚染をもたらしながら生産された財が他国に輸出された場合、その輸出によって汚染影響に関する論文が多数存在する。このように、国際的な枠組みでの汚染貿易に関する分析を、国内の地域の移出入で置き換え、本研究は着想している。また、本章では、環境と経済の関係を検討する論文も含めて紹介する。次に、経済学的視点での地域間の交易の分析方法を示す。最後にその事例の一つとして環境負荷の産業連関分析の結果を提示することにする。

4.2　政策評価と環境政策評価

4.2.1　政策評価

　公共政策における評価については、様々な定義がされ、分析、評価、測定として分類しているケースや政策評価と分析、評価、測定と分類されているケースなどが散見される。

　小田（2013）では、これらの内容について言及している。分析については「ある政策が、特定の目標を達成するために有効か否かを検証する活動」で

あり、政策の代替案を選択することも目的の1つである。評価は、「プログラム評価」であり、事後的に観察し、プログラムのインプットからアウトカムまでのプロセスや因果関係、有効性を評価することであるとしている。測定については、「組織やプログラムの業績を測定し、その生産性や効率性を評価すること」を目的としている。評価対象となる公共政策には階層があり、3段階に区分される。最も上位の「政策」は政策全体の基本方針・目標が示される。次が、「施策（プログラム）」で目標達成のための手段のプログラムである。「事業」は具体的な活動を示すものである[3]。

　政策及び政策分析研究を行っているものとして、城山他（2009）がある。ここでは、政策研究として、証拠に基づく政策形成（Evidence-Based Policy Making; EBPM）は政策方針であり、公共サービスはユーザーのニーズに応え、効率的、効果的で質の高いものにするものとされている。政府による政策行動は、社会研究や評価から導かれる証拠や、証拠が政策形成の場で活用される知見として「もっともな証拠」に基づく合理的なものであり、その考えがEBPMの核となっている。政策評価としては、PPBS（Planning, Programming, Budgeting System）やZBB（ゼロベース予算）がある。政策評価は複数の代替案の中から最も合理的なプログラムの選択を行うことを目指すものである。PPBSとは、この便益計測手法を「予算制度」と組み合わせようとするものである。米国では、1993年制定の政府業績成果法（GPRA）によって、連邦政府の業績が評価され、行政機関は業績目標や指標、計画を策定することが求められ、毎年結果を公表しなければならない。また、その後業績評価格付けツール（PART）と呼ばれる業績評価手法が導入されている。

4.2.2　環境政策評価

　環境省政策評価基本計画では、政策の企画立案・実施を的確に行うためには、施政方針としての重要政策、現在の環境の状況、社会経済情勢、自治体・国民の要請・要望、及び政策の効果等を把握し、それらを基礎として、政策

評価の重点化を行うことである。そこには必要性、有効性又は効率性の観点、さらに当該政策の特性に応じた必要な適切な観点から、効率的に自ら評価を行うこととしている。

　政策評価は、「企画立案（Plan）」、「実施（Do）」、「評価（Check）」、「企画立案への反映（Action）」を主要な要素とする政策のマネジメント・サイクルの中に制度化されたシステムとして明確に組み込み、その客観的かつ厳格な実施を確保し、政策評価の結果を始めとする政策評価に関する一連の情報を公表することにより、政策実行の見直しや改善につなげるPDCAサイクルにおける政策評価が重要となる。評価の結果、成果をあげていないものについては、改善策を検討し、新たな政策の企画立案段階に反映させていく。それよって、成果を重視した行政運営、政策の改善を不断に行うこととするものである[4]。

　評価の際の政策効果の把握にあたっては、対象とする政策の特性に応じて適用可能であり、かつ、政策効果の把握に要するコスト、得られる結果の分析精度等を考慮した適切な手法を用いるものとする。評価の客観性を担保するためには一般にできる限り定量的な評価を行うことが望ましいが、これが困難である場合は政策効果を定性的に検討する。

　評価方法については、環境影響評価法がある。これには、事業の実施に当たり、あらかじめその事業に係る環境への影響について自ら適正に調査、予測又は評価を行い、その結果に基づき、その事業に係る環境の保全について適正に配慮しようとするものであると定めている。しかし、どの範囲で影響評価を行うか、適切な評価方法を用いることなど数多くの観点が重要になるが、地域や国際の評価対象範囲は、一律に決まっている訳ではない。また、国や行政単位で政策を立案することもあり、評価そのものも国や行政単位に限定して検討する。ここには、域外の影響をも評価する方策が入れられる必要があるだろう。

4.3 環境に関する研究

近年、環境の重要性が高まる中で、数多くの環境研究が進められてきた。環境政策や環境政策評価には、環境に関する様々な問題について定量的、定性的な研究結果が必要になっている。そこで、ここでは、国際、地域での環境負荷の相互依存関係における交易の研究や、近年の環境問題の研究のいくつかを紹介する。

生産した国で汚染をもたらしながら生産された財が他国に輸出された場合、その輸出によって汚染影響に関する論文も多数存在する。また、環境政策を評価するための経済モデルに関する研究、所得・経済成長と汚染排出の研究についても取り扱う。

4.3.1　環境と貿易に関する研究[5]

近年の環境と貿易に関する研究は数多く存在する。国際貿易の協定に環境を組み込むようなことを論じているものとして Ederington (2010) がある。これは、国際上の交渉で貿易と環境について別々に、または同時に扱う必要性を示している。環境に関する協定は、ガットやWTOのような現在の貿易協定に直接関連づけるべきであり、輸出する産業に環境費用を課すことで、競争力をなくす可能性もあることを示している。

Fischer (2010) では国際貿易と枯渇する自然資源の間の関係を調べ、異時点間の資源問題の特徴を検討している。政策決定のために、特定の資源問題をモデル化する必要がある。国際協定は情報の収集・交換と同様に資源の管理のための許容量の開発を促進する必要性を示している。また、Fischer and Salant (2012) では、化石埋蔵量の異なる抽出コストと排出率を考慮したより理論モデルを開発し、排出量を課税エネルギー効率の向上、クリーンな燃料ブレンド任務、クリーンバックストップ技術の4つの政策オプションやコスト削減の定性的効果を比較している。

実証分析としては以下の研究がある。Walter（1973）では、1971、1972、1973年の汚染削減費用を推計している。18の製造業とその他のサービスを対象としている。データはBEA（U.S Bureau of Economic Analysis）のIO表を用い、それぞれの部門の米国の輸出の値を輸入の値を計算している。次に、Robison（1988）では、PACEの時系列データを用いて汚染をもたらして生産した財の輸出と輸入の数値について分析している。汚染をもたらして生産された財の輸入が米国では増加していることを示している。これの結果はEderington and Minier（2003）と同じ結果である。Leonard（1988）では、米国のプラントによる汚染排除の資本を支出は汚染集中産業として明確化し、これらの部門は直接投資を増加させている。次にLow（1992）は米国とメキシコの貿易の状況を調べている。環境規制の厳しい国では、汚染排除費用が多額に必要なため、規制内容の異なるメキシコで生産され、汚染をもたらす。そしてメキシコで生産された財の輸入が米国で増加していることを示している。また、Grossman and Krueger（1993）では、米国とメキシコとの貿易のパターンをクロスセクションで回帰分析をし、その結果として輸入と汚染削減費用には正の相関があり、統計的にも有意であることを示している。Levinson and Taylor（2008）では、環境規制と貿易フローの効果について分析している。規制のためのコストと貿易の関係性について、パネルデータを用いて計測している。米国の貿易として1977年から1986年までの130の製造業において米国、カナダ、メキシコの間で汚染削減費用の減少した産業が増えたこと、またその産業を示している。特に純輸入が増加した20の産業は環境規制により大きな打撃をうけ、貿易量の半数以上に対して規制による費用が増加していることを示している。Levinson（2010）は汚染排出した財の輸入について、Sox、Nox、CO_2について直接、間接的な生産波及について分析している。これは、レオンチェフ環境モデルを参考にしたものである。また、Levinson（2009）は、米国の製造業からの汚染排出した財の貿易について分析し、IPPSのデータを用いて、Sox、Nox、CO、VOCについて排出量について、マーケットシェアを考慮に入れて分析している。

国内の環境政策の評価について、Greenstone et. al.（2012）は米国の汚染排出量の制限の規制における環境規制の経済的コストについて、1972-1993年の調査による製造業のプラントによる詳細な生産データを使用し、製造工場の全要素生産性（TFP）の水準による大気規制の効果を推定している。

また、東アジアの国際貿易と環境について研究している論文は、下田他（2009）がある。ここでは、東アジアの国々、特に中国における内包環境負荷の実態について国際産業連関表を用いて分析している。消費国で生産すれば発生するはずの環境負荷が生産国でどのくらい発生させているかの実態について数量分析を行っている[6]。

4.3.2 環境政策を評価するための経済モデルに関する研究

Fischer and Springborn（2011）は除去技術を明示的にモデル化されていないRBCモデルを用いて、排出量の変化が様々な要因に代替されたり、生産の変化を通じたりして起こることを示している。Golosov et al.（2011）では、化石エネルギーを利用することによる気候変動についてDSGEモデルにを用いて分析し、限界的な外部性の損害金額を算出している。また、Heutel（2012）では環境政策は、永続的な生産性のショックによる経済の変動に対応するかということを汚染の外部性を含むDSGEモデルを用いて、二酸化炭素排出に関する最適政策を検討している。ILO（2011）では排出税を導入する短期と長期の効果を調査し、マクロ経済変数、重要な経済成長において、排出税の歪みと同様に汚染による損害の効果の両方を内生的にして分析している。ビジネスサイクルの景気変動の分析だけでなく、異なる環境政策シナリオの分析結果を長期的な比較することを解説している。その処方箋は賃金税のカットを常に行うならば、排出税は労働者へ貢献した所得のシェアと雇用者のプラスの効果を持っている。グリーン政策は当初、通常のシナリオと景気の状況に比べて生産や成長を削減する経済のネットの歪みを作り出す。しかし、既存のシナリオとしての景気変動で環境被害を蓄積することは、最終的に環境に配慮したシナリオは純便益を提供し、経済成長率を低

減させる。ベースラインの測定では、環境に配慮した政策について、最大のマイナスの生産効果は、90年後にプラスに変わり、8％程度になっていることを示している。Koesler（2010）は、経済成長における汚染の効果を分析するためにイノベーションを経済の内生的な動きとしてとらえるシュンペーター型成長モデルを用いている。Rezai et al.（2011）は経済活動における地球規模の温暖化の効果を研究する標準的な新古典派の成長モデルを用いている。このモデルは、汚染排出が最終財の生産によって引き起こされ、汚染は損失関数を通して生産に負に影響すると仮定している。実際、京都議定書のように世界規模の政策があるにも関わらず、温室効果ガスの排出は負の外部性として、現在も依然として問題となっている。このような補正できない外部性の存在下では環境政策全体に非効率となる。ここでは、単純なケインズ・ラムゼイの成長モデルの推計を行っている。

　Hoel（2011a, 2011b）では、炭素資源は再生不能であることを明示的に着目し、気候政策を分析している。炭素税やその他の気候政策は国により大きく異なり、税金の変化、コスト、補助金の排出経路への影響も大きく異なる可能性がある。そのため、政府は将来の税率にコミットすることができないことを示した上、炭素税と炭素排出との関係を研究している。

　日本の温室効果ガスの排出規制に関する地域間 CGE 分析として白井他（2013）がある。排出規制値を変化させた場合の各地域の産業別の影響を計測し、地域への影響度合いは産業構造と電源構成に影響すると結論づけている[7]。

4.3.3　所得・経済成長と汚染排出の研究[8]

　所得・経済成長と汚染排出の関係に着目した研究として最も有名なものに環境クズネッツ曲線がある。

　環境クズネッツ曲線の議論は Grossman and Krueger（1991, 1995）の議論に始まり、その後、多くの研究がなされている。しかし、所得や経済成長等と汚染排出および環境悪化と間の因果関係は依然様々な議論がされている。

実証的には、Grossman and Krueger（1995）では汚染排出と所得水準の間の逆U字の存在を示し、多くの実証研究によっても確認されてきている。また、Selden and Song（1994）は国ごとのデータを使って逆U字の存在を示している。つまり、経済発展の段階では環境負荷の物質を多く排出するが、経済発展がある水準になると環境負荷の物質の排出も低下する。その経済発展における所得水準のポイントが転換点である。ここでは、推定した転換点の所得は8千ドルになっている。Grossman and Krueger（1995）ではUS$5千ドル（1985年価格）であることから、それより高い結果となった。Shafik（1994）では逆U字となっている。Cropper and Griffiths（1994）ではFAOの森林破壊のデータを使って、ラテンアメリカ、アジア、アフリカについて逆U字の存在を確認している。そこでは、転換点は観察される所得水準よりかなり高いことを示している。Holtz-Eakin and Selden（1995）でも世界パネルデータを使って排出に関して逆U字がみられるが、転換点の所得水準はやはり観察できる水準よりかなり高く、US$8億ドルであることを示している。Harbaugh et al.（2002）はGrossman and Krueger（1995）での分析期間を延長し、再検討した結果、逆U字が必ずしも頑健な関係ではないことを示している。

　理論的には、逆U字を説明するモデルがいくつか示されてきた。Andreoni and Levinson（2001）に従えば、大きく3つの流れに分類することができる。1つは経済発展に伴って汚染排出が大きい産業構造への移行過程で汚染排出が増加するが、やがて、産業構造がクリーンなサービスを生産する構造に変化することで汚染排出が減少するという考え方である。Arrow et al.（1995）やLópez（1994）がこの1つめの分類に入る。この場合、汚染を排出する産業生産は海外の新興国に移ることから、結果的には汚染を輸出することになる。2つめは、汚染を排出する技術のみを受け付けなくなる所得の閾値が存在すると考えるものである。その所得水準までは汚染のコントロールは"corner solution（端点）"を採っている。したがって、所得が閾値に達するまでは直線的に汚染排出は増加するが、それ以降はクリーンな

技術に転換することになる。汚染が所得と比例的に排出されるのに対し限界（不）効用が逓増的であるとすると、所得の増加は汚染の限界費用を上昇させ、いつかは政策変換を生じさせる。John and Pecchenino（1994）やStokey（1998）は逆U字をもたらすモデルを示している。そして、最後にAndreoni and Levinson（2001）は汚染防止技術のパラメータによっては逆U字が生じうることを示している。すなわち汚染防止関数が汚染活動および汚染防止支出において規模に対して逓増する場合である。このAndreoni and Levinson（2001）の議論がその後の展開に大きな影響を与えている。Kelly（2003）はむしろ汚染関数が規模に対して逓減する場合に逆U字が得られることを示している。また、Selden and Song（1995）は十分低い水準の所得と汚染排出のとき、汚染防止は行われず、ある所得水準以降汚染防止がJカーブになる場合に逆U字が生じることを示している。Jones and Manuelli（1995）は市場が資本蓄積率を決めるのに対して政治的に環境規制が決められるとき、集合的意思決定メカニズムに依存して逆U字、あるいはS字あるいは増加的になりうることを示している。

　Asahi, Yakita（2011）は、かなり早い時期に環境改善がなされた地域経済の所得と環境（あるいは汚染排出）との関係すなわち環境クズネッツ曲線について分析した。四日市公害において、環境クズネッツ曲線のピークに対応する住民一人当たり所得は、従来の文献で示された世界あるいは一国経済について得られた所得額と比較するとかなり小さい値となったことを示している。これは住民運動に後押しされた行政の政策的な影響が大きく、所得が小さい時点で対策が採られたことによると考えられる。また、四日市公害では、燃料使用量と生産量の関係が安定的であり、生産量1単位あたりの汚染排出量（排出集約度）は環境クズネッツ曲線のピーク前から低下していた。その後の生産量の増加にもかかわらず、集約度は一貫して低下している。これはBrock and Taylor（2010）で示された生産における収穫逓減が逆U字をもたらしたとする結論とは必ずしも整合的でない結果となった。

4.4 地域間、国際間の環境負荷についての分析方法[9]

日本の高度経済成長期に局所的な地域で起きた四日市公害についての環境政策は、公害を起こした企業とその周辺エリアに対してのものであった。しかし、現在は地域間、国際間の貿易、交易によって財が取り引きされる場合の状況により環境政策を検討する必要がある。ここでは、地域間、国際間の環境負荷についての分析方法について検討する。

4.4.1 分析方法とデータ

環境分析を行う際、産業別のエネルギー消費、さらに部門ごとに資源の投入状況が異なることを考慮する必要がある。また、財の生産では地域ごとの産業活動、資源を含んだ生産構造などの綿密な情報が必要になる、そのため、日本の地域間交易では経済産業省による9地域間産業連関表や47都道府県による地域産業連関表、さらには政令指定都市レベルの産業連関表などを用いて、地域間交易を考慮に入れた環境分析が可能になる。また、国際間では同様な経済統計として国際産業連関表が、世界レベル、アジアレベル、さらには2国間、他地域間などの産業連関表が作成されている。これらを用いることにより環境分析が可能になる。次に各エネルギー資源の環境負荷の排出係数、排出原単位が必要になる。

4.4.2 環境負荷発生の基準

下田他（2009）では、CO_2排出などの環境負荷の発生の責任をどこに求めるかという点について3つの基準を示している。1つは資源生産基準である。これは産油国など資源の生産国に責任を負わせるものである。2つめは資源消費基準である。資源が財の生産に用いられる場合、資源消費の責任は生産した産業、国や地域になる。3つめは最終財消費基準であり、資源消費の最終責任は最終財の消費者である。

表4-1　1地域　産業連関表

	中間需要	最終需要	移出	輸出	移入	輸入	生産額
中間投入	AX_1	F_1	N_2	E_1	N_1	M_1	X_1
付加価値	V_1						
生産額	X_1						

表4-2　全国　産業連関表

	中間需要	最終需要	輸出	輸入	生産額
中間投入	AX_j	F_j	E_j	M_j	X_j
付加価値	V_j				
生産額	X_j				

表4-3　その他地域の産業連関表

	中間需要	最終需要	移出	移入	輸出	輸入	生産額
中間投入	AX_2	F_2	N_1	N_2	E_2	M_2	X_2
付加価値	V_2						
生産額	X_2						

4.4.3　地域間産業連関表の概要

ここでは、地域間産業連関表の作成方法、とくに全国の産業連関表を用いて2地域間産業連関表の作成方法を示すことにする。そして、自地域と他地域の交易をもとにした環境影響を検討できるモデルの概要が以下である。ここでは山田（1996）と土居他（1996）の作成方法を参考にしている。

表4-1は1地域の産業連関表、表4-2は全国、表4-3は1地域以外の産業連関表を示している。

1地域の産業連関表から得られる情報は以下の通りである。

中間投入行列	$AX_1 = (ADX_1 + AXN_1)$
最終需要行列	$F_1 = (FD_1 + FN_1)$
輸出ベクトル	E_1
輸入ベクトル	M_1
生産ベクトル	X_1
付加価値ベクトル	V_1
移輸出ベクトル	$NM_2 = N_2 + E_1$
移輸入ベクトル	$NM_1 = N_1 + M_1$

その他地域のデータは以下の通りである。

中間需要行列	$AX_2 = AX_j - AX_1$	$AX_2 = ADX_2 + ANX_2$
最終需要行列	$F_2 = F_j - F_1 = (FN_2 + FD_2)$	
付加価値ベクトル	$V_2 = V_j - V_1$	
生産ベクトル	$X_2 = X_j - X_1$	

全国の産業連関表から得られる情報は以下の通りである。

中間投入行列	$AX_j = (ADX_1 + AXN_1 + ANX_2 + ADX_2)$
最終需要行列	$F_j = (FD_1 + FN_1 + FN_2 + FD_2)$
輸出ベクトル	$E_j = (E_1 + E_2)$
輸入ベクトル	$M_j = (M_1 + M_2)$
付加価値行列	$V_j = (V_1 + V_2)$

各地域の移入係数（NN_1、NN_2）を以下のように定義する。なお、i_x は AX_1、AX_2 の行を集計するベクトルであり、i_f は F_1、F_2 の行を集計するベクトルである。

各地域の移入係数

$$NN_1 = delta(N_1) \times delta(ADX_1 \times i_x + F_1 \times i_f)^{-1}$$
$$NN_2 = delta(N_2) \times delta(ADX_2 \times i_x + F_2 \times i_f)^{-1}$$

この輸入係数を用いて、地域別の中間需要と最終需要をそれぞれの域内需要と移入需要で分割する。

$$AXN_1 = NN_1 + AX_1 \qquad FN_1 = NN_1 + F_1$$
$$ANX_2 = NN_2 \times AX_2 \qquad FN_2 = NN_2 + F_2$$
$$ADX_1 = (I - NN_1) \times AX_1 \qquad FD_1 = (I - NN_1) \times F_1$$
$$ADX_2 = (I - NN_2) \times AX_2 \qquad FD_2 = (I - NN_2) \times F_2$$

4.4.4 環境の排出係数を用いた分析方法

ここでは、環境の排出係数、つまり環境負荷原単位を産業連関分析モデルに以下のように推計する。ここでは、部門 $i=1 \cdots k \cdots n$ の総生産額 x_i は中間需要である部門 $j=1 \cdots k \cdots n$ の部門 i に対する需要 x_{ij} と最終需要 f_i との和である。

$$x_i = \sum_{j=1}^{n} x_{ij} + f_i \qquad (1)$$

部門 j の単位あたり必要とする部門 i の投入額を示す投入係数 a_{ij} とし、式(1)に代入すると式(3)となる。

$$a_{ij} = x_{ij} / x_j \qquad (2)$$

$$x_i = \sum_{j=1}^{n} a_{ij} x_j + f_i \qquad (3)$$

各部門の生産額を要素とする生産額ベクトルなどで表すと式(3)は以下のようになる。

$$X = AX + F \qquad (4)$$

これを X で解くと、以下の式になる。I は単位行列である。

$$X = (I - (I - M)A)^{-1} F \qquad (5)$$

上記の式(1)より得られる部門 i の生産額 x_i に部門 i の単位生産額あたりに部門 i で直接発生する環境負荷量 d_i（CO_2 であれば $t\text{-}CO_2$/百万円、SO_X ならば $t\text{-}SO_X$/百万円）を乗じることで、最終需要額 F が起点となり部門 i で発生する環境負荷量を $d_i x_i$（CO_2 であれば $t\text{-}CO_2$、SO_X ならば $t\text{-}SO_X$）として計

算できる。したがって、最終需要額 f により全ての部門 $i=1\cdots k\cdots n$ で発生した環境負荷量の合計 E は、式(6)となる。なお、本研究では、南斉(2012)と同様に d_i を単位あたりの直接環境負荷量と呼び、式(7)のように部門 i から直接発生する年間の環境負荷量 d_i を総生産額 x_i で除して定める。各部門の直接環境負荷量 d_i を要素とするベクトル $d=(d_i)$ を定義すると、式(6)は式(5)を用いて式(8)と書ける。ただし、上付き添え字 ' はベクトルの転置を意味する。

$$E = \sum_{i=1}^{n} d_i x_i \tag{6}$$

$$d_i = D_i / x_i \tag{7}$$

$$E = d'X = d'(I-(I-M)A)^{-1}F \tag{8}$$

産業連関分析による部門 k の環境負荷原単位 e_k は、部門 k に対して一単位の最終需要を与えた場合に各部門で発生する環境負荷量の合計である。最終需要ベクトル F の部門 k に関する要素 F_k のみを1とし、それ以外の要素を0とする最終需要ベクトル F_k を定義し、式(8)の F に代入することで、式(9)より e_k が計算できる。環境負荷原単位ベクトルを $e=e_i$ とすると式(10)になる。

$$e_k = d'(I-A)^{-1} \begin{pmatrix} f_1=0 \\ \vdots \\ f_k=1 \\ \vdots \\ f_k=0 \end{pmatrix} = d'(I-A)^{-1} F_k \tag{9}$$

$$e' = d'(I-A)^{-1} \tag{10}$$

全ての部門 $i=1\cdots k\cdots n$ の環境負荷原単位を一度に計算するには、部門 i への最終需要のみを1とするベクトルを要素とする行列(単位行列 I となる)を定義する。式(8)の F と置き換えて式(11)式から計算される環境負荷原単

位 e_i は、式(6)の部門 j の中間需要額 x_{ij}（百万円）を投入係数 a_{ij} から輸入品を除くことで、国内生産に投入する企業のみから発生する環境負荷量だけを対象とした環境負荷原単位 e_i を算出することができる。各部門における部門 i からの投入額のうち、輸入の占める割合が M である。

$$e' = d(I-A)^{-1} = d'(I-(I-M)A)^{-1} \tag{11}$$

4.5 硫黄酸化物の環境負荷原単位の利用と2地域産業連関表を用いた分析事例

4.5.1 四日市公害に関する研究

　四日市公害においては、三重大学医学部公衆衛生学教室に所属していた吉田克巳教授などの医学や環境の専門家が、原因不明の喘息などの疾患の原因について学術調査を行い、四日市公害の因果関係を研究結果として公表した。四日市公害の背景を含め、環境改善についてとりまとめたものとして吉田(2002)、財団法人国際環境技術移転研究センター（1992）がある。

　また、三重県、四日市市、ICETTからの委託研究として、1994年〜1997年にかけて「開発と環境の経済評価に関する調査」を四日市大学教員の研究グループが経済開発と環境政策に関する調査研究を行っている。ここでは、四日市公害の実態に関する資料収集とアンケート調査、拡散シミュレーションや四日市地域環境・経済モデルの開発、そしてこのモデルを利用して分析をしている。その結果は、鬼頭他（1998）にまとめられている。次に、この研究グループでは、四日市公害克服の様々な要因を、中国の天津市にあてはめ検討し、中国の硫黄酸化物排出抑制を検討した研究として、「脱硫副産物の有効利用に関する調査研究」を1997年〜2000年で行った。そこでは、天津市における大気汚染の実態や企業の環境保全の取り組みを調査した後、排煙脱硫装置設置の研究と排煙脱硫装置設置を誘導する排煙脱硫副産物の研究の2つによって環境分析が行われている。なお、上記の四日市公害の研究にお

いて、域外への影響および域外生産から環境分析は行われていない。

4.5.2 分析の概要

1975年の三重県産業連関表と同年の全国の産業連関表を用いて2地域間産業連関表を作成し、自地域と他地域の交易をもとにした環境影響を検討する。四日市市の石油化学コンビナート企業における調査データ等はすでに既存研究[10]で用いたものがあることからそれらを用いる。その他産業については、昭和51年に通商産業大臣官房調査統計部で作成した昭和48年産業公害分析用産業連関表の SO_x の排出量がある。硫黄酸化物の排出係数はこのデータを用いる。昭和48年産業公害分析用産業連関表は、30部門表であるため、本研究で用いる2地域間産業連関表も30部門表を用いている。1975年の全国表61部門、三重県産業連関表1975年30部門を用いて、最終的に30部門の2地域間産業連関表を作成した。

4.5.3 環境データ

本研究では、四日市地域における石油化学産業の使用燃料、硫黄酸化物排出量、除去費用などは鬼頭他（1998）で調査され、得られている。しかし、石油化学産業以外の産業とその他地域について全産業については1971年に出された通商産業大臣官房調査統計部の「昭和48年産業公害分析用産業連関表－硫黄酸化物、水質汚濁、および産業廃棄物に関する分析－作成および分析結果報告書」のデータを用いている。この報告書には硫黄酸化物、水質汚濁、産業廃棄物について、公害除去活動、生産活動としての純生産、さらには公害除去活動を除いた純生産が25部門で表示されている。それらの1部をとりまとめたものが表4－4であり、三重県とその他全国の2地域間産業連関表の30部門に合わせるために、表4－4も30部門にまとめている。本研究では、この硫黄酸化物の排出係数（生産100万円あたりの硫黄酸化物排出量）を用いて分析を行っている。

図4－1は1964年から1992年までの四日市の石油化学生産額あたりの SO_x

表4-4 硫黄酸化物の排出係数

(単位：t、金額は100万円)

		SO_x 公害因子			純生産額(除去投資を除く)	純生産額(除去投資含む)	生産100万円あたりのSO_x排出量
		SO_x 発生量	SO_x 除去量	SO_x 排出量			
1	耕種農業	77083	0	77083	9263977	9264302	0.0083
2	畜産	-	-	-	-	-	-
3	林業	-	-	-	-	-	-
4	漁業	-	-	-	-	-	-
5	鉱産品	8350		8350	105957	107205	0.0779
6	食料品	152455	8864	143591	13387769	13428596	0.0107
7	繊維製品	205653	14464	191189	9958118	9982274	0.0192
8	化学製品	594810	53481	541329	7760396	7826120	0.0692
9	石油製品	222418	15424	206994	4779167	4792769	0.0432
10	窯業土石製品	487135	1344	485791	4045751	4059111	0.1197
11	鉄鋼金属製品	512326	26800	485526	15379266	15458106	0.0314
12	一般機械	49672	0	49672	10877029	10883630	0.0046
13	電気機械	31757	0	31757	10379855	10393423	0.0031
14	輸送機械	13712	2672	11040	13536013	13558746	0.0008
15	その他の製造業	398663	90991	307672	10701731	10701731	0.0287
16	建築	28989	0	28989	32776647	32776840	0.0009
17	土木	0	0	0	0	0	0.0000
18	電力	145101	101600	134941	3769531	3819820	0.0353
19	都市ガス	0	0	0	0	0	0.0000
20	水道	0	0	0	0	0	0.0000
21	商業	152248	0	152248	23119397	23119796	0.0066
22	金融・保険	259622	0	259622	49388427	49394490	0.0053
23	不動産	0	0	0	0	0	0.0000
24	運輸	158162	0	158162	8530360	843050	0.1876
25	通信	-	-	-	-	-	-
26	公務	-	-	-	-	-	-
27	教育	-	-	-	-	-	-
28	保健・社会保障	-	-	-	-	-	-
29	その他のサービス	-	-	-	-	-	-
30	その他	72593	0	72593	6040586	6040586	0.0120
31	中間投入計	5122850	325672	4797178	251211720	226450595	0.0212

注：表中の0は通商産業大臣官房調査統計部（1971）に表示されている部門であり、-は三重県とその他全国の2地域間産業連関表の30部門に合わせて増やした部門である。そのため、環境データはない。

図4-1　四日市の石油化学生産額あたりの SO$_x$ 排出量の推移

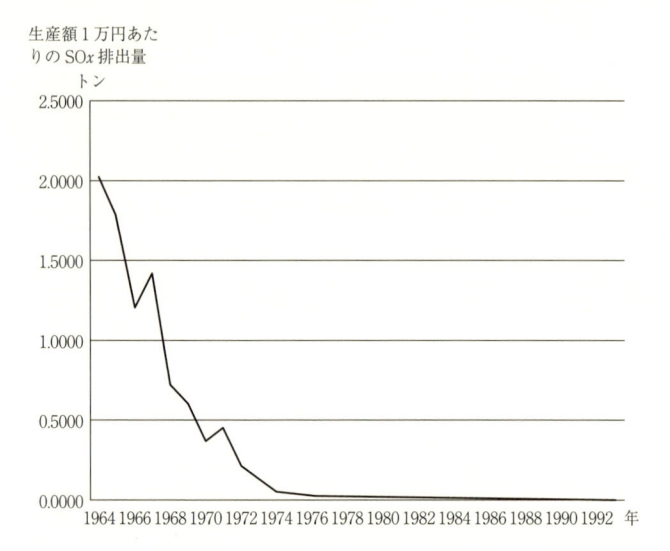

図4-2　産業連関ベースの化学、石油の四日市生産額の推移

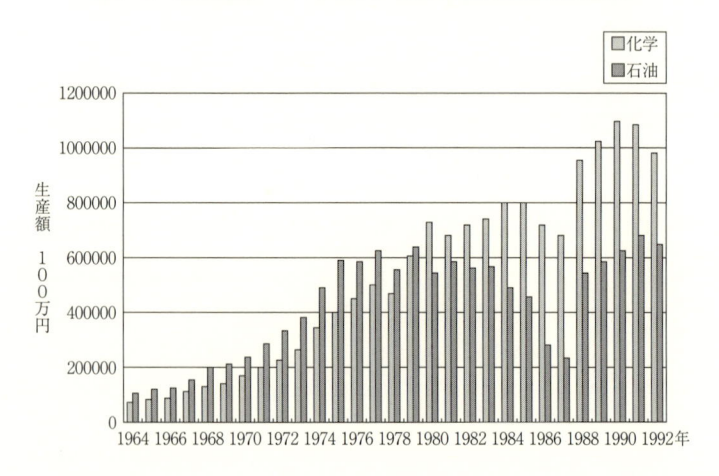

排出量の推移を示したものである。四日市のSo$_x$排出係数はこの数値を用いている。これを見ると、1964年から1975年にかけて急激に減少している。これは、燃料に含まれる硫黄の濃度について低濃度燃料の使用や、総量規制にともなう排煙脱硫装置の設置などの効果によるものである。図4－2は産業連関ベースの化学、石油の四日市生産額の推移である。化学と石油で生産額の大きな変化があり、1980年には化学が石油を上回る生産額となっている。

4.5.4 分析のイメージ

2地域間産業連関表の各部門に対応する硫黄酸化物の排出係数、つまり硫黄酸化物の環境負荷原単位は三重県については、石油化学産業の90％が四日市であることから、四日市のコンビナート企業向けの調査結果により得られたものを用いる。また、その他は通商産業大臣官房調査統計部の「昭和48年産業公開分析用産業連関表－硫黄酸化物、水質汚濁、および産業廃棄物」のデータを用いている。

図4－3は三重県からの移出によって日本国内に財が供給され、生産財として用いられたイメージ図である。もちろん、一部は輸出によって海外の生産財になっている。ただし、ここでは海外に輸出した財については分析対象としていない。

図4-3 研究のイメージ図

4.5.5 試算結果―四日市市の石油化学産業の生産効果―

1975年時点では、四日市地域の化学製品は4,049億28百万円、石油製品は5,873億13百万円の生産がある。三重県の化学製品は4,185億73百万円、石油製品6,071億04百万円であり、四日市が三重県生産額に占める割合が9割を超えている。そのため、本研究では、四日市地域を含む三重県の産業連関表を用いて、2地域間産業連関表を作成して分析に用いている。

その結果、四日市地域の化学製品と石油製品の生産額と三重県の化学製品と石油製品の生産額の効果をそれぞれに算出した。

四日市の化学、石油製品の生産額9,922億円は三重県内では12,885億円の波及効果がある。三重県外の他地域は4,070億円であり、三重県内の波及効果が大きい。この三重県の生産額とその他地域の生産額の構成比は75％、25％である。全体の生産誘発係数は1.7であり、三重県では1.2となっている。

硫黄酸化物の排出量では、三重県内では63,632t、県外が17,301tである。これは、部門別で硫黄酸化物原単位が異なることが原因である。四日市では、硫黄酸化物原単位が大きい化学製品と石油製品の財を生産し、その影響として他地域はむしろ化学製品や石油製品の生産をせずに、利用できることから他地域の硫黄酸化物排出量も少なくなっている。その比率は三重県内では78％に対して、その他地域は21％となっている。次に、三重県の化学製品、石油製品全体では、三重県内が13,319億円、その他地域が4,207億円の波及効果がある。三重県内の排出量は全体の76％、その他地域が24％である。部門別にみると、生産効果は化学製品、石油製品が多くなっている。表4－5は各部門のデータを示している。

4.5.6 四日市地域へ他産業、他地域の生産が与えた環境負荷

次に、石油化学産業以外の産業や他地域の産業が四日市で生産した財を用いて生産することによってどの程度四日市に環境負荷を与えたかについて検討する。

三重県の各産業、他地域の各産業の需要が1億円増加した際、三重県地域

表4-5 四日市市の効果と硫黄酸化物の排出量

(単位：生産額は百万円、排出量はt)

	三重県 生産額	四日市 生産額	三重県 So_x排出量	四日市 So_x排出量
耕種農業	890	861	7	7
畜産	90	87	1	1
林業	1679	1624	14	14
漁業	413	400	3	3
鉱産品	27457	26562	2164	2093
食料品	2392	2314	257	248
繊維製品	1120	1083	22	21
化学製品	474893	459412	33126	32046
石油製品	636077	615342	27550	26652
窯業土石製品	1054	1020	127	122
鉄鋼金属製品	4472	4326	141	137
一般機材	3916	3789	18	17
電気機械	2506	2424	8	7
輸送機械	2790	2699	2	2
その他の製造業	18160	17568	522	505
建築	3622	3504	3	3
土木	0	0	0	0
電力	23429	22665	839	811
都市ガス	308	298	0	0
水道	3168	3065	0	0
商業	12100	11706	80	77
金融・保険	28941	27997	152	147
不動産	9618	9305	0	0
運輸	25273	24449	469	453
通信	6408	6199	0	0
公務	0	0	0	0
教育	231	223	0	0
保健・社会保障	94	91	0	0
その他のサービス	18063	17474	0	0
その他	22761	22019	274	265

表4-6　三重県の化学製品、石油製品の硫黄酸化物排出量に対する
　　　他産業1億円需要増の効果

(単位：t)

	三重県		その他地域	
	化学製品	石油製品	化学製品	石油製品
耕種農業	0.19	0.04	0.02	0.01
畜産	0.08	0.04	0.01	0.01
林業	0.02	0.03	0.00	0.00
漁業	0.03	0.23	0.00	0.02
鉱産品	0.00	0.02	0.00	0.00
食料品	0.08	0.06	0.01	0.01
繊維製品	0.26	0.06	0.03	0.01
化学製品	7.84	0.31	0.09	0.03
石油製品	0.02	4.33	0.00	0.02
窯業土石製品	0.07	0.22	0.01	0.03
鉄鋼金属製品	0.07	0.08	0.01	0.03
一般機材	0.03	0.04	0.00	0.01
電気機械	0.07	0.04	0.01	0.01
輸送機械	0.08	0.04	0.01	0.01
その他の製造業	0.38	0.07	0.02	0.01
建築	0.07	0.06	0.01	0.01
土木	0.04	0.06	0.00	0.02
電力	0.02	0.60	0.00	0.06
都市ガス	0.13	0.15	0.01	−0.01
水道	0.05	0.09	0.00	0.01
商業	0.01	0.04	0.00	0.01
金融 保険	0.01	0.02	0.00	0.00
不動産	0.01	0.01	0.00	0.00
運輸	0.02	0.51	0.00	0.05
通信	0.02	0.03	0.00	0.00
公務	0.02	0.05	0.00	0.01
教育	0.02	0.03	0.00	0.00
保健・社会保障	0.59	0.06	0.05	0.01
その他のサービス	0.05	0.05	0.01	0.01
その他	0.14	0.13	0.01	0.02

の化学製品、石油製品の硫黄酸化物排出効果どのくらいあるかを示したものが、表4－6である。金額が一律であれば、三重県の他産業が化学製品、石油製品の硫黄酸化物排出量に影響する数値はその他地域より高いが、その他地域における生産の方が三重県よりもはるかに多いことを考えるとその他地域の需要増が三重県の四日市公害に与えた影響が存在するといえる。特に、三重県の化学製品において環境負荷の影響があるその他地域の部門では、化学製品、保険・社会保障が高い。石油製品において環境負荷の影響が最もあるその他地域の産業は電力であり、次が運輸、窯業土石製品、鉄鋼金属製品と続いている。また、三重県内の化学製品に対しては、化学製品が多いものの保険・社会保障、その他製造業、繊維製品が比較的高い数値である。石油製品については電力や運輸が排出量に影響するものと考えられる。

4.6 結論と今後の課題

　高度経済成長期に起きた四日市地域の石油化学コンビナートの生産活動は硫黄酸化物排出といった外部不経済を引き起こし、局所的なエリア内に深刻な影響を与えた。本章の分析事例では、生産増加による硫黄酸化物排出する環境負荷を部門別と、三重県、三重県以外の他地域の観点から分析したものである。

　分析の結果は以下の通りである。1975年の四日市の化学、石油製品の生産額9,922億円は三重県内では12,885億円の波及効果があり、三重県外の他地域は4,070億円であることから、三重県内の波及効果が大きい。この三重県の生産額とその他地域の生産額の構成比は75％、25％である。日本全体の生産誘発係数は1.7であり、三重県では1.2である。

　硫黄酸化物の排出量では、三重県内では63,632t、県外では17,301tが排出される。次に三重県の各産業、他地域の各産業の需要が1億円増加した際、三重県地域の化学製品と石油製品の硫黄酸化物排出効果への影響を試算した。三重県の他産業が化学製品、石油製品の硫黄酸化物排出量に影響する数

値はその他地域より1億円あたり（単位あたり）では高いが、その他地域における生産の方が三重県よりもはるかに多いことを考えると、その他地域の需要増が三重県の四日市公害、硫黄酸化物排出に与えた影響が比較的高い水準であったといえる。

本研究では、環境汚染問題を引き起こした対象地域だけでなく、それ以外の影響も調べるとともに、そこに関わる主体について問題の本質を検討する必要があることを示した。これが、今後の地域環境政策評価の重要な課題になるであろう。

環境政策が深刻な公害の状況から次第に厳しくなる規制が取られたものの、それによって、三重県からの化学製品や石油製品の移出の変化を検討することができなかった。これは、1965年から1975年にかけての移出データの推計に必要な情報がないためである。

地域公共政策の評価には、様々な角度から精緻な分析や調査を行い、常に政策そのものの検証を行うことで政策だけでなく評価方法そのものの精度も高まっていく。

注

1） 宮本憲一（2002）のp. 11、9行目〜12行目に示されている。
2） 環境と開発に関するリオ宣言（平成4年（1992年））では、環境を保護するため、深刻な、あるいは不可逆的な被害の恐れがある場合、完全な科学的確実性の欠如が、環境悪化を防止するための費用対効果の大きな対策を延期する理由として使われてはならないとされ、公害のように人間の健康被害および死亡や人間社会に必要な自然の再生産条件の復旧不能な破壊、復元不可能な文化財や街並みや景観の損傷は、絶対的不可逆的損失になる場合もある。絶対的不可逆的損失については宮本憲一（2002）p. 16に示されている。
3） 小田勇樹（2013）p. 252に示されている。
4） 1部はhttp://www.soumu.go.jp/main_content/000152602.pdf#search=PDCA+政策評価＋総務省＋政策評価ガイドラインを参考にしている。
5） 朝日幸代（2013）p. 28−29に示されている。
6） 下田充・渡邊隆俊・叶作義・藤川清史（2009）p. 41には環太平洋地域を対象にした類似研究が紹介されている。
7） 白井大地・武田史郎・落合勝沼（2013）p. 13には日本の類似研究が紹介されている。
8） Asahi and Yakita（2011, 2012）のp. 2を引用している。

9） 朝日幸代（2013）p. 29-39に示されている。
10） 朝日・鬼頭・西垣・岡（1997）、鬼頭・朝日・西垣・岡・武本・飯島（1998）における研究の調査である。

参考文献

朝日幸代（2003a）「平成7年名古屋市産業連関表の作成と名古屋市の経済構造」『地域産業連関表の推計と活用の方法に関する研究』（研究課題番号12630030）平成12年度～平成14年度科学研究費補助金（基盤研究(c)(2)研究成果報告書研究代表者山田光男。

朝日幸代（2003b）「平成7年名古屋市産業連関表の作成と名古屋市の経済構造」Discussion Paper No. 0210, 中京大学経済研究所。

朝日幸代（2013）「生産活動が四日市公害に与える影響分析」『国際地域経済研究』2013、第14号、p. 27-p. 42、名古屋市立大学大学院経済学研究科附属経済研究所年報。

朝日・鬼頭・西垣・岡（1997）「硫黄酸化物排出に対する総量規制の経済評価－四日市コンビナートにおけるSox総量規制－」理論・計量経済学会1997年度大会報告論文、1997年9月13日、早稲田大学。

朝日・鬼頭・西垣・岡（1998）「地域開発と環境評価に関する計量分析－四日市コンビナート開発と環境政策のシミュレーション」四日市大学環境情報論集第1巻第1、2合併号、p. 103-121。

鬼頭・朝日・西垣・岡・武本・飯島（1998）『環境に配慮した開発政策の有効性―四日市公害の計量経済モデル分析（四日市大学教育研究叢書）』合同出版。

国際環境技術移転研究センター編（1992）「四日市公害・環境改善の歩み」。

下田充・渡邊隆俊・叶作義・藤川清史（2009）「第2章東アジアの環境負荷の相互依存－CO_2の帰属排出量・水と土地の間接使用量－」『東アジアの経済発展と環境政策』森晶寿編著、p. 40-57、ミネルヴァ書房。

白井大地・武田史郎・落合勝沼（2013）「温室効果ガス排出規制の地域間CGE分析」『環境経済・政策研究』Vol. 6, No. 2 p. 12-25、岩波書店。

城山英明・吉澤剛・秋吉貴雄・田原敬一郎（2009）「第1章本研究の視座」『政策及び政策分析研究報告書－科学技術基本計画の策定プロセスにおける知識利用－』平成20年3月財団法人政策科学研究所 www.esri.go.jp/jp/workshop/080313/03shiroyama_01.pdf

武本・飯島・西垣・朝日（1995）「第3章四日市公害から学んだ環境保全対策の有効性」『自然科学と人文・社会科学とのパートナーシップ 科学技術は地球を救えるか』橋爪・新田編著、pp. 61-90、富士通経営研究所。

地球環境経済研究所（1991）「日本の公害経験」合同出版。

通商産業大臣官房調査統計部（1971）「昭和48年産業公害分析用産業連関表―硫黄酸化物、水質汚濁、および産業廃棄物に関する分析―作成および分析結果報告書」。

土居・浅利・中野（1996）『はじめよう地域産業連関分析』日本評論社。

南斉規介（2012）「2005年産業連関表に基づく部門別エネルギー消費量および温室効果ガス排出量の推計方法」独立行政法人国立環境研究所, 産業連関表を用いた環境負荷原単位データブック（3EID）。

西垣・岡・鬼頭・片岡・朝日（1995）「開発と環境の経済評価に関する計量分析－四日市地域のグリーンGDPの計測－」日本経済政策学会中部部会報告論文。

三重県保険環境部環境局環境政策課（1971〜1993）「三重県環境白書」。
(財) 三重社会経済研究センター（1979）『三重県長期経済・財政モデル開発調査報告書』昭和54年3月。
三井情報開発株式会社総合研究所（1994）「環境政策と市場経済に関する調査・研究報告書−神奈川県地域環境経済モデルの開発」、神奈川県自治総合研究センター委託調査。
宮本憲一（2002）「第1章　環境問題と社会経済システム」『第1巻　環境の経済理論』岩波講座　環境経済・政策学、佐和隆光・植田和弘編、岩波書店。
山田光男（1994）「「祝祭博」の経済効果−三重県内外・地域間産業連関表による分析−」Discussion Paper No.9401 三重大学人文学部。
山田光男（1996）「三重県内外2地域間産業連関表の推計とその利用」『法経論業』第13巻第2号、p. 175-189、三重大学社会科学学会。
吉田克己（1984）「四日市地域における大気汚染とその経緯」三重大学環境科学研究紀要第9号。
吉田克己（2002）『四日市公害—その教訓と21世紀への課題』柏書房　2002年2月
四日市市環境部環境保全課編（1964〜1994）「四日市市の環境保全」（ただし、1964〜1987年は「四日市における公害の概況」）。
Andreoni, J. and Levinson, A. (2001) "The simple analysis of the environmental Kuznets curve," *Journal of Public Economics*, 80, 269-286.
Ang, B. W. (1987) "Structural changes and energy-demand forecasting in industry with applications to two newly industrialized countries," *Energy*, 12, 101-110.
Ang, B. W., Lee, S. Y. (1994) "Decomposition of industrial energy consumption: some methodological and application issues," *Energy Economics*, 16, 83-92.
Arrow, K. J., Bolin, B., Costanza, R., Dasgupta, P., Folke, C., Holling, C. S., Jansson, B. O., Levin, S., Maler, K. G., Perrings, C., Pimental, D. (1995) "Economic growth, carrying capacity, and the environment," *Science*, 268, 520-521.
Asahi, Sachiyo, Akira Yakita (2011) "SOx emissions reduction policy and environmental kuznets curve: Yokkaich experience," *The journal of International and Regional Economics*, No.12. April, 2011 p. 1-23, Institute of Economic Research Graduate School of Economics, Nagoya City University.
Asahi, Sachiyo, Akira Yakita (2012) "SOx Emissions Reduction Policy and Economic Development: A Case of Yokkaichi," *Modern Economy*, 2012, 3, 23-31, Scientific Research.
Brock, W. A., Taylor, A. M. (2010) "The green Solow model," *Journal of Economic Growth*, 15, 127-153.
Brunnermeier, Smita, and Arik Levinson (2004) "Examining the evidence on environmental regulations and industry location," *Journal of the Environment and Development*, 13 (1): 6-41.
Carson, R.T. (2019) "The environmental Kuznets curve: Seeking empirical regularity and theoretical structure," *Review of Environmental Economics and Policy*, 4, 3-23.
Copeland, B. R., Taylor, M. S. (2003) *Trade and the environment: Theory and evidence*, Princeton University Press, Princeton, NJ.

Cropper, M., Griffiths, C. (1994) "The interaction of population growth and environmental quality," *American Economic Review*, 84, 250-254.
De Bruyn, S. M. (1997) "Explaining the environmental Kuznets curve: structural change and international agreements in reducing sulphur emissions," *Environment and Development Economics*, 2, 485-503.
Ederington, Josh. (2010) "Should trade agreements include environmental policy?" *Review of Environmental Economics and Policy*, 10. 1093/reep/rep022.
Ederington, Josh, Arik Levinson, and Jenny Minier (2004) "Trade liberalization and pollution havens," *Advances in Economic Policy and Analysis*, 4(2): Article 6.
Ederington, Josh, and Jenny Minier (2003) "Is environmental policy a secondary trade barrier? An empirical analysis," *Canadian Journal of Economics*, 36 (1): 137-54.
Fischer, Carolyn (2010) "Does trade help or hinder the conservation of natural resources?" *Review of Environmental Economics and Policy*, 10. 1093/reep/rep023.
Fischer, Carolyn & Salant, Stephen (2012) "Alternative Climate Policies and Intertemporal Emissions Leakage: Quantifying the Green Paradox," Discussion Papers dp-12-16, Resources For the Future.
Fischer C, Springborn M. (2011) "Emissions targets and the real business cycle: Intensity targets versus caps or taxes," *J. Environ. Econ. Manag*, 62: 352-366.
Gamper-Rabindran, S. (2006) "NAFTA and the environment: What can the data tell us?" *Economic Development and Cultural Change*, 54: 605-33.
Garth Heutel & Carolyn Fischer (2013) "Environmental Macroeconomics: Environmental Policy, Business Cycles, and Directed Technical Change," *NBER Working Papers*, 18794, National Bureau of Economic Research, Inc.
Golosov, M., Hassler, J., Krusell, P., Tsyvinski, A. (2011) "Optimal taxes on fossil fuel in general equilibrium," Work. Pap., NBER.
Greenstone, M., List, J., Syverson, C. (2012) "The effects of environmental regulation on the competitiveness of U.S. manufacturing," Work. Pap., NBER
Grossman, G. M., Krueger, A. (1991) "Environmental impacts of a north American free trade agreement," NBER Working Paper Series No. 3914.
Grossman, Gene M. and Alan B. Krueger (1993) "Environmental Impacts of a North American Free Trade Agreement." in *The Mexico-U.S. Free Trade Agreement*, Peter M Garber, ed. Cambridge, MA: MIT Press.
Grossman, G. M., Krueger, A. B. (1995) "Economic growth and the environment," *Quarterly Journal of Economics*, 110, 353-377.
Harbaugh, W. T., Levinson, A, Wilson, D. M. (2002) "Reexamining the empirical evidence for an environmental Kuznets curve," *Review of Economics and Statistics*, 84, 541-551.
Heutel G. (2012) "How should environmental policy respond to business cycles? Optimal policy under persistent productivity shocks," *Rev. Econ. Dynamics*, 15: 244-264.
Hoel, M. (2011a) "The Supply Side of CO_2 with Country Heterogeneity," *Scandinavian Journal of Economics*, 113(4), 846-865.
Hoel, M. (2011b) "The Green Paradox and Greenhouse Gas Reducing Investments,"

International Review of Environmental and Resource Economics, 5, 353-379.
Holtz-Eakin, D., Selden, T. M. (1995) "Stoking the fire? CO_2 emissions and economic growth," *Journal of Public Economics*, 57, 85-101.
Huang, J. (1993) "Industry energy use and structural change: a case study of The People's Republic of China," *Energy Economics*, 15, 131-136.
ILO (2011) Economic transition following an emission tax in a RBC model with endogenous growth, International Institute for Labour Studies, EC-IILS Joint Discussion Paper Series No. 17, 16 November 2011.
John, A., Pecchenino, R. (1994) "An overlapping generations model of growth and the environment," *Economic Journal*, 104, 1393-1410.
Jones, L. E., Manuelli, R. E. (1995) "A positive model of growth and pollution controls," NBER Working Paper Series No. 5205.
Kelly, D. L. (2003) "On environmental Kuznets curves arising from stock externalities," *Journal of Economic Dynamics and Control*, 27, 1367-1390.
Koesler, Simon. (2010) "Pollution externalities in a schumpeterian growth model," Zew discussion paper no 10-055.
Koo, Anthony Y.C. (1974) "Environmental Repercussions and Trade Theory," *Review of Economics and Statistics*, 56(2): 235-244.
Levinson, A. (2009) "Technology, International Trade, and Pollution from U.S. Manufacturing," *American Economic Review*, forthcoming.
Levinson, A. (2010) "Offshoring pollution: Is the United States increasingly importing polluting goods?" *Review of Environmental Economics and Policy*, 4, 63-83.
Levinson, Arik and M. Scott Taylor (2008) "Unmasking the Pollution Haven Effect," *International Economic Review*, 49(1): 223-254.
Levinson, Arik (2009, 2010) "Offshoring pollution: Is the U.S. increasingly importing polluting goods?" Symposium: International Trade and the Environment, January 30, 2009
López, R. (1994) "The environment as a factor of production: the effects of growth and the trade liberalization," *Journal of Environmental Economics and Management*, 27, 163-184.
Low, Patrick (1992) "Trade Measures and Environmental Quality: The Implications for Mexico's Exports" in Patrick Low, ed. *International Trade and the Environment*, Washington, DC: The World Bank, 1992. 35
Miller, Ronald E., and Peter D. Blair (1985) *Input-Output Analysis: Foundations and Extensions*, Englewood Cliffs, NJ: Prentice-Hall.
Murdoch, J. C., Sndler, T., Sargent, K. (1997) "A tale of two collectives: sulphur versus nitrogen oxides emission reduction in Europe," *Economica*, 64, 281-301.
Pashigian, Peter (1985) "Environmental regulation: Whose self-interests are being protected?" *Economic Inquiry*, 23(4): 551-84.
Peltzman, Sam, and T. Nicholaus Tideman (1972) "Local versus National Pollution Control: Note," *American Economic Review*, December.

Porter, M. E., van der Linde, C. (1995) "Toward a new conception of the environment-competitiveness relationship," *Journal of Economic Perspective*, 9, 97-118.

Rezai, Armon, Foley, Duncan, & Taylor, Lance (2011) "Global warming and economic externalities," *Economic theory*, 39(1), 1-31.

Robison, H. David (1988) "Industrial Pollution Abatement: The Impact on the Balance of Trade," *Canadian Journal of Economics*, Vol. 21, No. 1.

Selden, T. M., Song, D. (1994) "Environmental quality and development: is there a Kuznets curve for air pollution emissions?" *Journal of Environmental Economics and Management*, 27, 147-162.

Selden, T. M., Song, D. (1995) "Neoclassical growth, the J curve for abatement, and the inverted U curve for pollution," *Journal of Environmental Economics and Management*, 29, 162-168.

Shafik, N. (1994) "Economic development and environmental quality: an economic analysis," *Oxford Economic Papers*, 46, 757-773.

Stern, D. J., Common, M. S., Barbier, E. B. (1996) "Economic growth and environmental degradation: the environmental Kuznets curve and sustainable development," *World Development*, 24, 1151-1160.

Stern, D. J., Common, M. S. (2001) "Is there an environmental Kuznets curve for sulfur?" *Journal of Environmental Economics and Management*, 41, 162-178.

Stokey, N. L. (1998) "Are there limits to growth?" *International Economic Review*, 39, 1-31.

Thompson, P., Strohm, L. (1996) "Trade and environmental quality: a review of evidence," *Journal of Environment and Development*, 5, 363-385.

Walter, Ingo (1973) "The pollution content of American trade," *Economic Inquiry*, 11(1), 61-70.

Weber, Christopher L., and H. Scott Matthews. (2008) "Quantifying the global and distributional aspects of American household carbon footprint," *Ecological Economics*, 68: 379-391.

第5章　負の公共財としてのNIMBY問題

仲林真子
朝日幸代[1]

はじめに

　本章ではNIMBY (Not In My Back Yard) 問題について分析する。NIMBYとは社会にとってどうしても必要であることはわかっているが、自分の家の裏庭にはあってほしくない施設、あるいはその施設建設に対する反対運動 (NIMBYシンドローム) などを指し、迷惑施設などと訳される。一つの国や社会としてどうしても必要であることはわかっていながらも、何かしらの迷惑や危険等を伴う施設が自分の家の庭先にできたら、誰にとっても迷惑なものである。例えば発電所、軍事施設、ごみ処理施設、霊園などである。特に、日本ではエネルギーの約30％を原子力発電で賄っており、国内には17の原子力発電所（もんじゅを含む）がある[2] が、原発施設建設に際しては必ずと言っていいほど、近隣住民による強い反対運動がおこる。さらに稼働し始めてからも近隣住民は常に事故の危険性を考える生活を強いられる。経済学的にとらえれば、原発施設が建設されれば、国から補助金が給付され、地元に雇用が生まれ固定資産税収が入り、道路などの社会資本が整備され……というようなプラスの効果もあると予想される。日本の場合、原発施設が都市部ではなく、地方の過疎地域、特に立地の条件等で望ましいとされる入江の漁村に建設されるケースが多いことを考慮すれば、地方自治体にとってはこれらの施設を誘致することは魅力的でもあるかもしれない。では実際に人々はNIMBY施設に対してどのような意識を持っているのであろうか、

さらにどれくらいの支払意志を持っているのであろうか。言い換えるとどれほどの補助金を受け取れば、NIMBY 施設を受け入れることが可能となるのであろうか。

本章では NIMBY 問題について学術的に分析した先行研究をサーベイし、NIMBY 施設を経済学でいうところの負の公共財としてとらえ、最適な供給の在り方について理論的な議論を整理する。そしてその際に生じるフリーライダー問題について概観し、NIMBY 施設に対する WTA（受取意志額）と WTP（支払意志額）に関するアンケート調査の結果を考察する。

5.1 NIMBY 研究の潮流

5.1.1 NIMBY 問題の整理

NIMBY に関する研究にはいくつかの流れがある。そもそも NIMBY という概念自体、その定義や成立過程があいまいで、多くの分野で都合よく使われ過ぎたために、その全体像の学問的な把握が困難になっている。LULU（Locally Unwanted Land Use）との厳密な違いも明らかではない。NIMBY に関する研究には、問題となる迷惑施設そのものについての研究と、その施設建設に対する反対運動についての研究の両方が含まれ、研究分野も社会学、心理学、経済学など多様である。

この点について、鈴木（2011, 2012）は以下のように、非常にわかりやすく整理している。（以下鈴木（2011, 2012）にしたがう。）

①スティグマ論からのアプローチ

NIMBY に関する研究の第一の流れは、社会学者アービング・ゴッフマン（Goffman,E、1963）のスティグマ論が理論的支柱をなすものである。

何らかの負のインパクトが加わることに対する、近隣住民や個人の拒否反応に着目し、NIMBY の生み出される社会的・心理的過程やメカニズムを明らかにしようとする研究で、傷痕、肥満などの外的な徴、アルコール依存や

薬物中毒による社会からの逸脱、民族や宗教の差異などによって、社会的弱者の立場におかれた人々に対してその社会が何らかの烙印を押し、そのことによってその社会の成員にそれを抑制させる機能を持っているとしている。

このようなスティグマ論をベースにした NIMBY 研究の代表的な論文として、Hubbard（1998）がある。そこではイギリスの性風俗地区の都市化に伴う変容過程を調査している。再開発によって格安の賃貸物件が多数建設されたことによって街娼のインドア化が起き、そのことに対する周辺住民の反対運動と取締りの強化が、結果的に他地域への街娼の流出を引き起こしたという事例を引いて、本質的問題解決から目をそらしたまま、逸脱者として排除しようとする社会のメカニズム、権力構造を明らかにしている。

Hubbard（1998）に代表されるように、NIMBY 問題に関するスティグマ論からのアプローチは社会的弱者に対する排除のメカニズムを暴こうとするものが多い。

② マネジメントの分野からのアプローチ

NIMBY 研究に関する第二の流れは、環境・福祉政策・地域計画などのマネジメント関連の諸分野と関わる研究からのアプローチである。現象として起こった NIMBY 問題をとらえ、政策的側面からその克服や軽減のために処方箋を提示しようとするものである。

これらの研究では、いわゆる迷惑施設としての NIMBY の最適あるいは公正な立地・配分の問題を扱っており、NIMBY 施設に対する住民の反対運動を、一種のただ乗り行動とみなし、社会全体の利益のために迷惑施設立地を、限られた地域の NIMBY とどう折り合いながら達成するかに主眼が置かれる。

マネジメント分野から NIMBY 問題が論じられるようになった背景には、1、環境問題に関する意識の高まりと、2、障害者の社会復帰政策がある。

1の環境問題に関して議論している先行研究には Munton（1996）、Qush and Tan（2002）などがある。また Lesbirel（1998）は日本の電源開発にともなう NIMBY 問題を幅広く取り上げて分析している。また Wolsink（2000）

は風力発電立地に関する反対派と賛成派の意見の相関を検討している。

2の障害者の社会復帰政策に関しては、世界的な人権意識の高まりの中、それまでは施設に隔離されていた人々が脱施設化することによって、NIMBY現象が生じることに対する議論である。これはNIMBY施設だけでなく、そこに収容される人々へのNIMBY問題も含むため、スティグマ論と類似している。

5.1.2 経済学におけるNIMBY問題

NIMBY問題の第二の流れ②マネジメントの分野からのアプローチの1の環境問題に関する議論には、社会工学や政策学、地理学の分野において、NIMBY施設の建設を受け入れるまでの合意形成過程やリスクコミュニケーションについて議論したものなどもある。日本における研究も多く、藤井他（2002）、築山（2004）、福井（2005）、馬場（2008）、櫻井（2010）などがそれである。また都市政策、地理学の分野では最適立地や空間配置の観点から分析したものもある（安藤他（2004））。

経済学において環境問題は負の外部性をともなう財であり、市場の失敗の代表例である。環境問題を発生させている財についての私的限界費用と社会的限界費用とのかい離が負の外部性の費用であり、その費用を解消するために、ピグー課税・補助金を用いたり、当事者間の交渉で解決が図られたりする（コースの定理）。

負の外部性をともなう公共財に関する分析はさらに3つに分類できる（さらに細かく分類することもできるかもしれない。あるいはすべてが関連した問題であることから、厳密には分類すべきではないかもしれない。しかしながら、ここでは整理のためにあえて3つに分類する）。(1)公共財の最適供給のフレームワークでの分析、(2)公共財におけるフリーライダー問題としてとらえた分析、(3)最適供給水準やフリーライダーについてゲーム論や実験経済学からアプローチした分析である（図5-1参照）。

公共財の供給にあたり、いわゆるサミュエルソン・ルール（Samuelson

(1954))が満たされるように供給されることが可能ならば、パレート最適は達成される。しかし、公共財の非排除性のために対価を負担せずして消費する（フリーライダー）ことが可能であるためサミュエルソン・ルールは満たされず、現実には多くの場合、公共財は最適な水準で供給されない。

公共財が国や地方の政府によって公的に供給される場合、リンダール・メカニズムを採用することによって最適供給水準は達成できるかもしれない。しかし、政府は人々の公共財の需要量を正確に把握する手段を持たず、したがって需要量は自己申告に頼らざるを得ず、人々はしばしば過少に申告する

図5-1　経済学における NIMBY 問題のとらえ方と先行研究

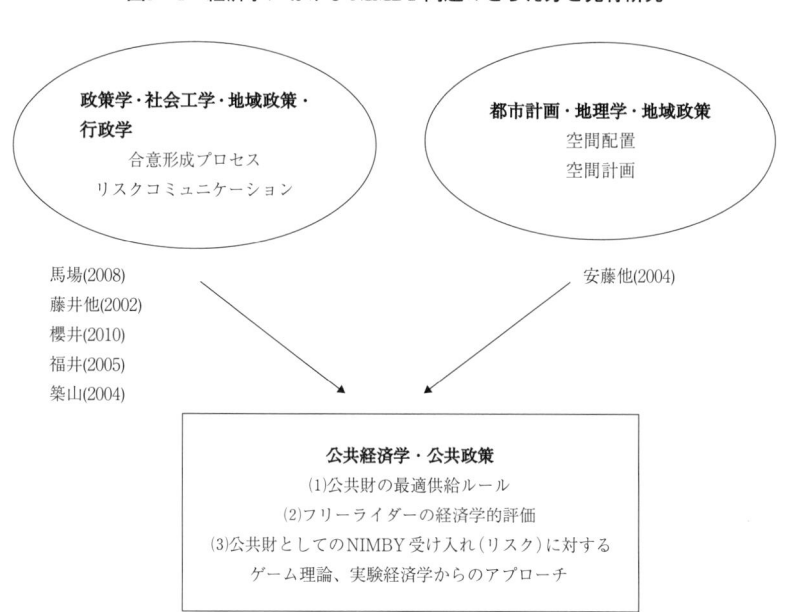

政策学・社会工学・地域政策・行政学
合意形成プロセス
リスクコミュニケーション

都市計画・地理学・地域政策
空間配置
空間計画

馬場(2008)
藤井他(2002)
櫻井(2010)
福井(2005)
築山(2004)

安藤他(2004)

公共経済学・公共政策
(1)公共財の最適供給ルール
(2)フリーライダーの経済学的評価
(3)公共財としての NIMBY 受け入れ（リスク）に対する
　　ゲーム理論、実験経済学からのアプローチ

Laurent-Lucchetti and Leroux(2010)
Saijo and Yamato(1997)、Saijo and Yamato(1999)
二本杉・西条（2008）

ため、公共財は最適な水準より過少に供給されることになる。従来、理論分析においてはこのように結論つけられてきたが、実験経済学の分野では、この公共財の供給に関する実験で、公共財供給に関して、実は自発的に貢献する人が多いことが確認されている。しかもその理由は、Saijo and Yamato (1997)、Saijo and Yamato (1999)、二本杉・西条 (2008) によれば、自分だけがただ乗りすることによって、他人からいじわるをされ（スパイト行動）自分の利得が大幅に減ってしまうからであるとしている。

5.2 地方公共財に関する理論的分析

公共財は、消費者の限界代替率の和が限界変形率に等しくなるように供給するという、いわゆるサミュエルソン・ルールが成立するように供給されるのが望ましい。このことは、限界代替率の和を社会全体の限界便益ととらえ、限界変形率をその公共財が供給されるための限界費用ととらえると、費用と便益が等しくなるように供給されるべきであると、言い換えることもできる。すなわち、

$$\Sigma MRS = MRT \text{（限界便益の和＝限界費用）}$$

である。

しかし現実には、公共財の供給に関しては非排除性と非競合性、さらには外部性をともなうことが多く、フリーライダー問題が生じるため、限界費用より限界便益のほうが大きくなり、結果として公共財は最適な水準より過少に供給されることになる。すなわち、

$$\Sigma MRS > MRT \text{（限界便益の和＞限界費用）}$$

である。また供給される公共財がNIMBY施設である場合には、負の外部性が生じる可能性があり、フリーライダー問題やスピルオーバー効果によってもたらされる問題は、より一層深刻なものとなる。

本節では、地方公共財に関してスピルオーバー効果を考慮に入れた土居 (2002) のモデル[3] を用いてNIMBY問題の考察を試みる。土居 (2002) の

モデルは地方公共財に関する分析においてしばしば引用、応用されており、シンプルで分かりやすく大変優れたモデルである（以下土居（2002）にしたがう）。

政府が、パレート最適を実現するように各家計の私的財消費量や公共財供給量、各地域の人口を操作できるとする。

地域1と地域2という2つの地域を考える。この2つの地域は必ずしも対象的である必要はない。経済全体の人口（家計の数）はNで一定とし、地域1の人口をn_1地域2の人口をn_2と表すと、人口制約は

$$n_1 + n_2 = N \tag{1}$$

と表せる。また各地域には生産に用いられるL_i単位（$i=1,2$）の土地があり、各地域の土地の量は既に決まっていて変化しないとする。

家計は、私的財と居住する地域の地方公共財、他地域の地方公共財を消費して効用を得るとする。ここでは全家計が同じ選好（効用関数）を持つと仮定する。すると効用関数は

$$U(x_i, G_i, G_j) \tag{2}$$

と表すことができる。ここで、x_iは地域iに住む家計の私的財消費量、G_i、G_jは地域iおよび地域jの公共財供給量（＝消費量）である。また私的財と公共財はともに上級財であるとする。ここで地域iの家計について、私的財の限界効用をMU_{xi}、地方公共財の限界効用をMU_{Gi}、地域jで供給される地方公共財の限界効用をMU_{Gji}と表す。さらに私的財と地域iで供給される地方公共財の限界代替率を$MRS_i (\equiv \frac{MU_{Gi}}{MU_{xi}})$、私的財と地域$j$で供給される地方公共財の限界代替率を$MRS_{ji} (\equiv \frac{MU_{Gji}}{MU_{xi}})$と表す。ここでは地方公共財の便益はスピルオーバー効果を持つと仮定しているので、地域iの公共財はいったん供給されると地域jの住民も等量消費することができる。

各家計は居住している地域で1単位の労働を非弾力的に供給するものとする。各地域ではその地域の労働者n_i人と土地L_i単位を要素として、1種類の私的財（価格は両地域で1とする）を生産し、生産関数が（地域によって

生産関数(生産構造)が異なりうる)、

$$F_i(n_i, L_i) \tag{3}$$

と表せるとする。ただし私的財の生産関数(3)は全要素について規模に関して収穫一定とする。このことは、私的財市場と要素市場が完全競争市場であれば、生産による利潤はすべて支払いに充てられ、企業の手元に残る利潤がゼロになることを意味している。

土地の量は変化しないが、労働投入量は人口によって変わる。地域iの労働の限界生産性をMP_iと表し、限界生産性は逓減すると仮定する。また両地域とも地方公共財は私的財P単位を投入することによって、地方公共財1単位が生産されるとする。つまり私的財と地方公共財の限界変形率はPであると仮定する。

したがって、経済全体での財の生産と消費の関係は各地域での労働力と土地を用いて、私的財が$F_i(n_i, L_i)$単位(i=1,2)生産され、それを各地域の同質的な住民が私的財を1人当たりx_i単位ずつ消費するだけでなく、限界変形率Pで各地域の地方公共財をG_i単位供給するために用いられる。

この経済全体の生産と支出の関係(実行可能性制約)を表すと、次のようになる。

$$F_1(n_1, L_1) + F_2(n_2, L_2) = n_1 x_1 + n_2 x_2 + PG_1 + PG_2 \tag{4}$$

(4)をマクロ的に見れば、左辺はGDPに対応し、右辺第1項と第2項は民間消費、右辺第3項と第4項は政府支出にそれぞれ対応している。

最大化問題は以下のようになる。

$$\text{Max.} \quad U(x_1, G_1, G_2) \tag{2}$$
$$\{x_1, x_2, G_1, G_2, n_1\}$$
$$\text{s.t.} \quad n_1 + n_2 = N \tag{1}$$
$$F_1(n_1, L_1) + F_2(n_2, L_2) = n_1 x_1 + n_2 x_2 + PG_1 + PG_2 \tag{4}$$
$$U(x_1, G_1, G_2) = U(x_2, G_2, G_1) \tag{5}$$

この最大化問題を解いて、

$$n_1 MRS_1 + n_2 MRS_{12} = P \tag{6-1}$$

$$n_1 MRS_{21} + n_2 MRS_2 = P \tag{6-2}$$

$$MP_1 - x_1 = MP_2 - x_2 \tag{7}$$

を得る[4]。(6-1)、(6-2)はサミュエルソン・ルール、(7)は最適人口分布[5]の条件である。(6-1)、(6-2)はスピルオーバー効果があるため他地域の住民の限界代替率が加わっていることがわかる。

　ここで、このモデルによって供給される公共財がNIMBY施設であると仮定してみる。するとスピルオーバー効果はマイナスになるかもしれない。例えば地域1にNIMBY施設が建設されたとしよう。地域1の住民は正の便益を得るかもしれないが、同時に負の便益（損害）も被るかもしれない。地域1と地域2のごみを処理するための施設が地域1に建設されたようなケースでは、地域1の住民は自分たちのごみを処理してもらうという公共サービスを消費することから効用を得る一方で、悪臭や騒音といった被害を被るかもしれない。他方の地域2の住民は自分たちのごみを処理してもらうという公共サービスを消費することから便益を得るだけでなんらの損害も被らない。あるいは極端なケースでは地域1の住民が一切便益を得ないこともあるかもしれない。都市部の電力を供給するための原子力発電所がしばしば東北や北陸地方に建設されるようなケースである。その場合には雇用の創出や社会資本整備、補助金受給など間接的な正の効果はあるかもしれないが電力を消費するということから便益を得るという直接の効果はない。その場合には地域1の住民の便益は負になる。このことは、

$$n_1 MRS_1 + n_2 MRS_{12} = P$$

において $n_1 MRS_1 < 0$ であることを意味している。その場合には、$n_1 MRS_1$ が受け入れのための費用と考えられることから、最適供給条件は

$$n_2 MRS_{12} = P + n_1 MRS_1$$

と書き変えるとより適切かもしれない。この場合の $n_1 MRS_1$ に当たるものが、補償金、あるいは迷惑やリスクの対価と捉えることができる。または相応のリスクを負わないという意味で、地域2の住民のフリーライダーの費用と捉えることもできる。

5.3 NIMBY 施設のフリーライダー問題

　NIMBY 施設ではない公共財と同様に、NIMBY 施設の供給に関しては、本来負担すべき対価を支払っていない人をその消費から排除できないというフリーライダー問題が生じる。それに加えて前節で示したように、受け入れ地域の損害に対する補償金のようなものも、本来負担すべき費用に参入されるとすれば、フリーライダー問題はさらに大きなものとなる。本節では、NIMBY 施設の消費から得られる便益と費用が、対象となる2つの地域で非対称的であることに注目し、その調整方法としてリンダール価格メカニズムを応用して、コストシェアの方法を明確にすることで、NIMBY 施設の受け入れとフリーライダー問題の解決の可能性について考察した Laurent-Iucchetti and Leroux（2010）の議論を紹介する。

　前節でも示した通り、従来の議論では NIMBY 施設ではない公共財にはスピルオーバー効果があるために、どちらの地域住民も同時に等量消費することができる（非競合性）ことからその建設は歓迎されてきたのに対して、NIMBY 施設の存在（建設）は、しばしば地域住民からの反対に直面してきた。（いわゆる NIMBY シンドローム）NIMBY 施設においては個々の地域の負担が非対称的になるためである。すなわち（2つの地域を含む）地域全体としてはそれらの存在から便益を受けるのだが、その NIMBY 施設が存在する受け入れ地域だけは負の地域外部性を負担しなければならない。その負の外部性とは、Laurent-Iucchetti and Leroux（2010）によれば、財産の価値におけるロス、生活の質に関するロス、健康への負の影響に対する不安などである。そもそも経済学的には、迷惑施設建設場所として選定された受け入れ地域は、最も低い受け入れ費用を提示する地域でなければならないが、フリーライダー問題があるために、この費用を正確に知ることは非常に困難である。このことに関して、Kunreuther and Kleindorfer（1986）は、各地域がそれらの費用を誠実に明らかにするために、オークションの手続きを提

案している。また O'Sullivan（1993）、Minehart and Neeman（2002）、Perez-Castrillo and Wettstein（2002）も同様のメカニズムを提案している。彼らはリンダール価格メカニズムにおいて虚偽の費用申告がされるという問題点を、オークションの手続きを用いることで解決しようとしているのである。一方、Ye and Yezer（1997）は空間的な要素を導入することによって問題点を議論している。

　しかしながら、Laurent-lucchetti and Leroux（2010）は、より重要な問題は、費用を最小にすることではなく、受け入れ地域の負の外部性よって生じた費用の分割（コストシェア）の仕方に関わることであると指摘している。費用の再分配の問題を考慮に入れることで、NIMBY 問題解決のプロセスが容易になるとしている。実際、NIMBY 問題解決に当たっては、注意深く調整を進めなければ、コストシェアや補償の在り方が、その建設プロジェクトの拒否という結果をもたらしかねないことが Easterling（1992）、Frey et al.（1996）で指摘されている。損害を被る地域と便益だけを享受する地域で、費用のとらえ方が異なるのは当然であり、受け入れ地域の負担を小さく見積もったり、その地域にだけ負担を押し付けたために、その NIMBY 施設の受け入れそのものが頓挫する事態になることもあるのである。NIMBY 施設受け入れのために、戦略的な特質に焦点を絞っている従来のアプローチは、コストの再分配の問題に関しては解答を示していない。

　一方、Laurent-Lucchetti and Leroux（2010）では NIMBY 施設の受け入れ地域を選定するシンプルなメカニズムを示している。その場所とは、施設受け入れの誘因を持ち、個々に合理的な（理にかなった）コストシェアを満たしていような地域である。さらに、Laurent-lucchetti and Leroux（2010）では、各地域が公共財の存在から得る便益と各地域の受け入れコストという 2 つのパラメータを用いて、両地域の便益の和が最も低いコストを超える場合に、その公共財が建設されるべきであることを明示し、そしてそれがコストシェアに反映されて設置されるべきであることを示している。

　現実には、低い不効用をもつ住民は受け入れ地域へ移住するかもしれない。

なぜなら補償金によって、公共のインフラが改良されたり、より低い住宅価格やその他の利点がもたらされるからである。一方、高い不効用を被る住民は受け入れ地域から出ていくことを選ぶ可能性もある。

前節では、NIMBY 施設を受け入れる地域が被る負の外部性を費用として捉えることができることを示したが、本節ではその費用負担に関するフリーライダーとコストシェアの在り方を示している点で、さらに議論が明確になった。実際、費用が明らかになってもそれを誰がどのような割合で負担するかが明確にならなければ、安易に NIMBY 施設を受け入れることにはならないであろう。

5.4 NIMBY についてのアンケート調査結果

2節、3節で論じてきたように、NIMBY 施設の供給の在り方は正の公共財の最適供給ルールとは解釈が異なる。具体的には、NIMBY 施設の受け入れ地域の住民のみが負の外部性を被るケースが多いためにそれ以外の地域住民はフリーライダーとなり、便益と費用が乖離してしまうのである。

そこで本節では、フリーライダーの大きさ、すなわち本来支払うべきであるにもかかわらず、支払われていない負担金の金額を知るために行ったアンケート調査の結果を紹介する。これは2節で示した理論モデルの $(P+n_1 MRS_1)$ に対応するものと解釈できる。また Laurent-lucchetti and Leroux（2010）の地域公共財の存在から得る便益と各地域の受け入れ費用に対応するものでもある。本節では、NIMBY 施設と言われる負の公共財の便益と費用についてアンケート調査をもとに、実際の金額を調査し、理論と現実の隔たりを埋める方法を提案することを試みる。

この調査は2011年1月に近畿大学と山口大学の学生270名をモニターとして行ったものである。性別の構成は男性179名（66％）、女性89名（33％）、不明1名（1％）であり、大学別の内訳は、近畿大学生91名、山口大学生179名、不明1名、合計270名である。表5－1は調査対象者の出身都道府県

表5-1　調査対象者の出身都道府県

都道府県	度数	構成比	都道府県	度数	構成比
三重	2	1%	徳島	1	0%
滋賀	1	0%	高知	1	0%
大阪	44	16%	愛媛	3	1%
京都	4	1%	福岡	18	7%
奈良	8	3%	佐賀	3	1%
和歌山	5	2%	長崎	3	1%
兵庫	13	5%	熊本	1	0%
鳥取	2	1%	大分	3	1%
島根	9	3%	宮崎	2	1%
岡山	11	4%	鹿児島	4	1%
広島	12	4%	沖縄	0	0%
山口	103	38%	その他	6	2%
香川	2	1%	不明	9	3%
			計	270	100%

であり、特定の県の出身者が多い問題がある。ただし、調査実施の2011年1月は東日本大震災前であり、原子力発電所の危険性が深刻でなかったことから地域差によるモニターの思考は東日本大震災後のように大きな影響を受けない可能性があること、そして本調査が本章の議論を検討する準備のためのプレテスト[6]である。このことから調査方法と結果を示すことにしている。

5.4.1　対象となる地方公共財が NIMBY 施設と言えるかどうかの検証

　NIMBY 施設の WTA と WTP の調査に先立って、まず以下の11の NIMBY（と思われる）施設について、NIMBY 施設と言えるかどうかの検証を行った。自分が居住する地域（自地域）と国内のどこか他の地域（他地域）に対するそれぞれの必要性に関する質問をし、その必要性のレベルに乖離があるかどうかを調べた。クロス集計結果から χ^2 統計量を検証した。質問は以下の通りである。

　質問1　あなたは原子力発電所が自分の地域に必要だと思いますか。
　質問2　あなたは原子力発電所が国内のどこかの地域に必要だと思います

か。

　日本国内のどこか他地域の必要性のレベルと自地域の必要性のレベルについての独立性の検定をした[7]。この検定の帰無仮説 H_0、対立仮説 H_1 は、以下のとおりである。

　H_0：施設が自地域で必要であることと、日本国内で必要であることは独立である。

　H_1：施設が自地域で必要であることと、日本国内で必要であることは独立でない（関係がある）。

　なお、施設は11施設それぞれを指す。

　独立性の検定は先の帰無仮説が成立する時、検定統計量が自由度の χ^2 分布に従う。この場合、有意水準1％で χ^2 検定をすると、自由度25の χ^2 分布の上側1％が44.314、有意水準5％で検定すると、自由度25の χ^2 分布の上側5％は37.652になる。各施設の検定統計量は表5-3に示している。

　「日本国内の必要レベルと自地域の必要レベルが独立である」という帰無仮説は棄却され、関係があるという対立仮説が採択される。したがって、日本国内の必要レベルと自地域の必要レベルは関係がある。この結果は他の施設でも同様である。

　次に、日本国内の必要性のレベルと自地域の必要レベルの相関分析を行った。Peter A.Groothuis 他（2008）では、技術の有用性とその有害性の相関関係が負の関係である場合、潜在的 NINBY 効果があると示されている。本研究の相関分析の結果は、以下の表5-4になった。自地域に反対と日本国内の必要性、自地域の必要性のレベルは負の相関になった。従ってNIMBY（と思われる）施設には負の相関があるため潜在的 NINBY 効果があるといえる。

5.4.2　NIMBY 施設の受取意志額（WTA）と支払意志額（WTP）の検証

　次に、それぞれの施設について受取意志額（WTA）と支払意志額（WTP）の検証を行った。アンケート調査では、各NIMBY施設を受け入れる、ある

第5章 負の公共財としてのNIMBY問題　131

表5-2　日本国内の必要性のレベルと自地域の必要レベルのクロス集計結果

原子力発電所		自地域　必要レベル					
		①とても必要	②やや必要	③普通	④あまり必要でない	⑤必要でない	計
日本国内必要レベル	①とても必要	14	15	18	18	17	82
	②やや必要	2	13	35	33	27	110
	③普通	0	3	15	19	8	45
	④あまり必要でない	0	0	2	3	10	15
	⑤必要でない	1	1	0	1	8	11
	計	17	32	70	74	70	263

火力発電所		自地域　必要レベル					
		①とても必要	②やや必要	③普通	④あまり必要でない	⑤必要でない	計
日本国内必要レベル	①とても必要	10	12	18	12	17	69
	②やや必要	4	20	34	17	6	81
	③普通	2	2	44	29	14	91
	④あまり必要でない	0	0	3	9	8	20
	⑤必要でない	0	0	1	0	5	6
	計	16	34	100	67	50	267

水力発電所		自地域　必要レベル					
		①とても必要	②やや必要	③普通	④あまり必要でない	⑤必要でない	計
日本国内必要レベル	①とても必要	24	18	26	7	10	85
	②やや必要	0	22	35	17	10	84
	③普通	4	4	30	32	10	80
	④あまり必要でない	0	1	5	6	2	14
	⑤必要でない	0	0	0	0	5	5
	計	28	45	96	62	37	268

132　第1部　地方分権と公共政策の効率性

風力発電所		自地域　必要レベル					
		①とても必要	②やや必要	③普通	④あまり必要でない	⑤必要でない	計
日本国内必要レベル	①とても必要	32	23	35	6	5	101
	②やや必要	1	25	27	14	9	76
	③普通	4	6	27	22	8	67
	④あまり必要でない	0	1	1	11	5	18
	⑤必要でない	0	0	0	0	6	6
	計	37	55	90	53	33	268

廃棄物置き場		自地域　必要レベル					
		①とても必要	②やや必要	③普通	④あまり必要でない	⑤必要でない	計
日本国内必要レベル	①とても必要	9	14	14	20	11	68
	②やや必要	4	24	48	27	22	125
	③普通	3	2	31	9	11	56
	④あまり必要でない	0	4	1	7	2	14
	⑤必要でない	0	0	0	2	3	5
	計	16	44	94	65	49	268

ゴミ焼却施設		自地域　必要レベル					
		①とても必要	②やや必要	③普通	④あまり必要でない	⑤必要でない	計
日本国内必要レベル	①とても必要	22	19	19	17	14	91
	②やや必要	11	27	44	13	14	109
	③普通	1	7	27	18	4	57
	④あまり必要でない	0	1	1	2	4	8
	⑤必要でない	0	0	0	0	3	3
	計	34	54	91	50	39	268

第5章 負の公共財としてのNIMBY問題

米軍基地 (キャンプ)		自地域 必要レベル					
		①とても必要	②やや必要	③普通	④あまり必要でない	⑤必要でない	計
日本国内 必要レベル	①とても必要	1	6	6	6	12	31
	②やや必要	2	3	11	12	25	53
	③普通	0	2	14	15	33	64
	④あまり必要でない	0	0	7	20	47	74
	⑤必要でない	0	2	1	2	41	46
	計	3	13	39	55	158	268

日本自衛隊基地		自地域 必要レベル					
		①とても必要	②やや必要	③普通	④あまり必要でない	⑤必要でない	計
日本国内 必要レベル	①とても必要	2	9	12	8	18	49
	②やや必要	1	7	15	15	25	63
	③普通	1	4	33	28	37	103
	④あまり必要でない	0	0	2	13	22	37
	⑤必要でない	0	0	1	2	11	14
	計	4	20	63	66	113	266

動物園		自地域 必要レベル					
		①とても必要	②やや必要	③普通	④あまり必要でない	⑤必要でない	計
日本国内 必要レベル	①とても必要	20	14	3	3	6	46
	②やや必要	4	18	24	12	10	68
	③普通	4	7	54	23	20	108
	④あまり必要でない	3	2	4	8	15	32
	⑤必要でない	0	0	1	0	10	11
	計	31	41	86	46	61	265

134　第1部　地方分権と公共政策の効率性

<table>
<tr><th rowspan="2">墓地</th><th colspan="6">自地域　必要レベル</th></tr>
<tr><th>①とても必要</th><th>②やや必要</th><th>③普通</th><th>④あまり必要でない</th><th>⑤必要でない</th><th>計</th></tr>
<tr><td rowspan="6">日本国内　必要レベル</td></tr>
<tr><td>①とても必要</td><td>32</td><td>19</td><td>20</td><td>4</td><td>6</td><td>81</td></tr>
<tr><td>②やや必要</td><td>5</td><td>31</td><td>25</td><td>8</td><td>6</td><td>75</td></tr>
<tr><td>③普通</td><td>1</td><td>7</td><td>58</td><td>12</td><td>6</td><td>84</td></tr>
<tr><td>④あまり必要でない</td><td>2</td><td>3</td><td>4</td><td>8</td><td>3</td><td>20</td></tr>
<tr><td>⑤必要でない</td><td>0</td><td>0</td><td>1</td><td>0</td><td>7</td><td>8</td></tr>
<tr><td>計</td><td>40</td><td>60</td><td>108</td><td>32</td><td>28</td><td>268</td></tr>
</table>

<table>
<tr><th rowspan="2">火葬場</th><th colspan="6">自地域　必要レベル</th></tr>
<tr><th>①とても必要</th><th>②やや必要</th><th>③普通</th><th>④あまり必要でない</th><th>⑤必要でない</th><th>計</th></tr>
<tr><td rowspan="6">日本国内　必要レベル</td></tr>
<tr><td>①とても必要</td><td>33</td><td>21</td><td>19</td><td>7</td><td>6</td><td>86</td></tr>
<tr><td>②やや必要</td><td>4</td><td>24</td><td>31</td><td>10</td><td>8</td><td>77</td></tr>
<tr><td>③普通</td><td>1</td><td>3</td><td>55</td><td>23</td><td>4</td><td>86</td></tr>
<tr><td>④あまり必要でない</td><td>0</td><td>1</td><td>2</td><td>9</td><td>3</td><td>15</td></tr>
<tr><td>⑤必要でない</td><td>1</td><td>0</td><td>0</td><td>0</td><td>3</td><td>4</td></tr>
<tr><td>計</td><td>39</td><td>49</td><td>107</td><td>49</td><td>24</td><td>268</td></tr>
</table>

いは受け入れてもらう場合に

　質問1　自地域にNIMBY施設を建設することに賛成した人に対して、「他地域の人から補助金を受け取るとしたらいくらほしいですか」[8]

　質問2　自地域にNIMBY施設を建設することに反対した人に対して、「他地域に受け入れてもらうために負担金を支払うとしたらいくら支払いますか」[9]

という2通りの質問をし、同じ公共財（NIMBY施設）を対象に、便益を受ける場合の金額と費用を負担する場合の金額を別々に調査した。質問した結果をまとめたものが表5－5および図5－2、図5－3である。

　以上の結果より、同じNIMBY施設に対するWTAとWTPには大きな差があることが分かる。特に電力施設に関してはWTAがWTPを大きく上回

表5-3 検定統計量

施設名	統計量
原子力発電所	62.7
火力発電所	76.5
水力発電所	93.7
風力発電所	121.9
廃棄物置き場	44.7
ゴミ焼却施設	58.4
米軍基地（キャンプ）	230.6
日本自衛隊基地	48.6
動物園	142.8
墓地	152.2
火葬場	136.9

自由度 16、有意水準1％＝32.00、5％＝26.30であるためすべての施設について独立でない、つまり関係があることになる。

表5-4 日本国内の他地域の必要性のレベルと自地域の必要レベルの相関分析

	自地域賛成					
	原子力発電所	火力発電所	水力発電所	風力発電所	廃棄物置き場	ゴミ焼却施設
日本国内必要性レベル	0.196	0.236	0.270	0.261	0.142	0.100
自地域必要性レベル	0.308	0.312	0.256	0.225	0.294	0.322

	自地域賛成				
	米軍基地	日本自衛隊基地	動物園	墓地	火葬場
日本国内必要性レベル	0.275	0.312	0.299	0.193	0.166
自地域必要性レベル	0.368	0.351	0.389	0.293	0.323

	自地域反対					
	原子力発電所	火力発電所	水力発電所	風力発電所	廃棄物置き場	ゴミ焼却施設
日本国内必要性レベル	−0.187	−0.220	−0.244	−0.244	−0.136	−0.076
自地域必要性レベル	−0.265	−0.290	−0.238	−0.214	−0.291	−0.303

	自地域反対				
	米軍基地	日本自衛隊基地	動物園	墓地	火葬場
日本国内必要性レベル	−0.221	−0.289	−0.288	−0.188	−0.139
自地域必要性レベル	−0.329	−0.341	−0.378	−0.301	−0.304

表5-5 それぞれの施設について WTA（受取意志額）と WTP（支払意志額）[11]

	他地域から受け入れる価格 WTA ①	他地域へ支払う価格 WTP ②	WTA/WTA	③ WTA-WTP	③/②	③/①
原子力発電所[5]	1,254,005	208,976	6.00	1045029	5.0	0.8
火力発電所	822,483	54,783	15.01	767700	14.0	0.9
水力発電所	253,717	40,723	6.23	212994	5.2	0.8
風力発電所	241,804	31,954	7.57	209850	6.6	0.9
廃棄物置き場	40,492	146,210	0.28	-105718	-0.7	-2.6
ゴミ焼却施設	38,065	254,685	0.15	-216620	-0.9	-5.7
米軍基地	587,200	657,313	0.89	-70113	-0.1	-0.1
日本自衛隊基地	256,052	114,071	2.24	141981	1.2	0.6
動物園	197,161	141,119	1.40	56042	0.4	0.3
墓地	226,005	31,793	7.11	194212	6.1	0.9
火葬場	238,267	45,844	5.20	192424	4.2	0.8

＊異常値と考えられる5モニターを含めている。　　　　　　　　　単位：円

図5-2 受入意志額に対する受取意志額と支払意志額の乖離額の比

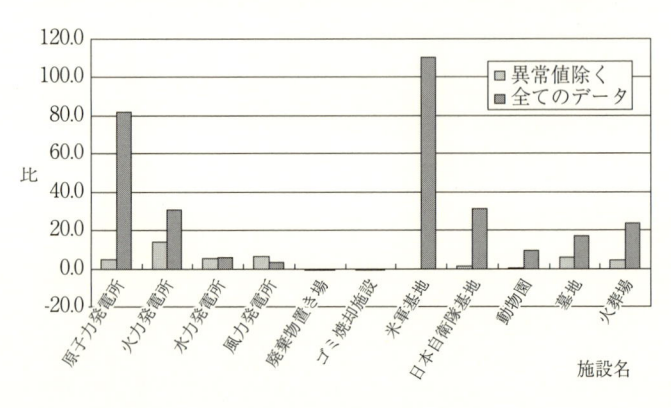

っている。Kahneman, D., Knetsch, J.L. and Thaler, R.H (1991) によれば、私有物に対する WTA と WTP の比は2倍程度であることが示されている。また鈴木 (2005)[10] によれば公共財（NIMBY 施設ではない）に対する比はこれより高く10倍を超えるケースもあるとしているが、ここで調査した

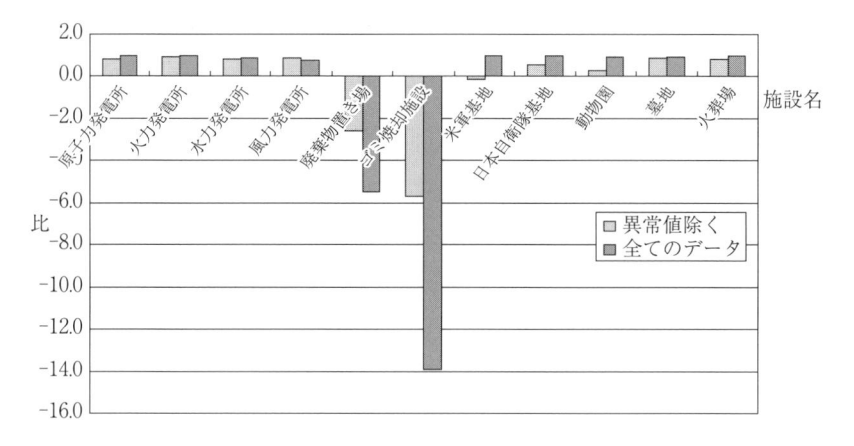

図5-3 支払意志額に対する受取意志額と支払意志額の乖離額の比

NIMBY施設の比も先行研究を裏付けるものである。

一方、廃棄物置き場、ごみ焼却施設、米軍基地ではWTPがWTAを上回っている。廃棄物置き場、ごみ焼却施設、米軍基地などについて、人々は他地域に受け入れてもらうことに対する申し訳ない気持ちをより強く持っているのだろうか？今回NIMBY施設として取り上げた11の施設の中でも、迷惑と考える度合い、種類がそれぞれ異なるのかもしれない。

5.4.3 それぞれの施設についての説明変数の検証

次にそれぞれの施設について、賛成と反対の質的な二値データを被説明変数として解析するロジットモデルを用いて説明変数の検証を行った。

上記の分析で示した国内の他地域と自地域の必要レベルと「施設へ行ったことがあるかどうか」、「自地域に存在しているかどうか」を説明変数として、各施設に関して有意な説明変数を検証した。推計結果を示したものが表5－6、それらをまとめた一覧表が表5－7である。日本国内に必要もしくは自地域に必要は施設に賛成することにプラスの係数になっている。施設へ経験と自地域の存在の説明力は全体的に低い施設が多い。施設への経験がプラスの係数で少なくとも5％で有意な施設は自衛隊と墓地である。自地域の存在

表5-6 ロジットモデル推計結果

Logit Model	原子力発電所			
Parameter	Estimate	Error	t-statistic	P-value
切片	-4.92332	0.930365	-5.29181	[.000]
日本国内必要レベル	0.444812	0.212925	2.08906	[.037]
自地域必要レベル	0.622604	0.157698	3.94808	[.000]
施設への経験	-0.522075	0.558685	-0.93447	[.350]
自地域に存在	-0.607158	0.679842	-0.89309	[.372]
R-squared =	0.14836			
Log likelihood =	-104.012			
Number of observations =	257			

Logit Model	火力発電所			
Parameter	Estimate	Error	t-statistic	P-value
切片	-3.73971	0.677314	-5.52139	[.000]
日本国内必要レベル	0.428352	0.156046	2.74504	[.006]
自地域必要レベル	0.48954	0.137044	3.57214	[.000]
施設への経験	0.262435	0.41467	0.632876	[.527]
自地域に存在	1.14862	0.474383	2.42129	[.015]
R-squared =	0.143564			
Log likelihood =	-151.093			
Number of observations =	266			

Logit Model	水力発電所			
Parameter	Estimate	Error	t-statistic	P-value
切片	-2.17426	0.574643	-3.78367	[.000]
日本国内必要レベル	0.435752	0.147927	2.94572	[.003]
自地域必要レベル	0.336345	0.130802	2.57141	[.010]
施設への経験	0.887826	0.518583	1.71202	[.087]
自地域に存在	-0.212963	0.596922	-0.35677	[.721]
R-squared =	0.119614			
Log likelihood =	-160.724			
Number of observations =	264			

Logit Model	風力発電所			
Parameter	Estimate	Error	t-statistic	P-value
切片	-1.18144	0.542787	-2.17662	[.030]
日本国内必要レベル	0.412057	0.157985	2.60821	[.009]
自地域必要レベル	0.229603	0.149512	1.53568	[.125]
施設への経験	0.79271	0.573495	1.38224	[.167]
自地域に存在	1.07115	0.826043	1.29672	[.195]
R-squared =	0.108339			
Log likelihood =	-132.721			
Number of observations =	266			

Logit Model	廃棄物置き場			
Parameter	Estimate	Error	t-statistic	P-value
切片	-5.04504	0.965563	-5.22497	[.000]
日本国内必要レベル	0.380396	0.208565	1.82387	[.068]
自地域必要レベル	0.647181	0.162351	3.98631	[.000]
施設への経験	0.595017	0.388801	1.53039	[.126]
自地域に存在	0.22297	0.408954	0.545219	[.586]
R-squared =	0.135216			
Log likelihood =	-114.577			
Number of observations =	264			

Logit Model	ゴミ焼却施設			
Parameter	Estimate	Error	t-statistic	P-value
切片	-2.62156	0.704706	-3.72008	[.000]
日本国内必要レベル	0.040718	0.160962	0.252966	[.800]
自地域必要レベル	0.495433	0.124773	3.97068	[.000]
施設への経験	0.349148	0.286303	1.21951	[.223]
自地域に存在	0.766473	0.289157	2.65072	[.008]
R-squared =	0.149654			
Log likelihood =	-160.084			
Number of observations =	264			

Logit Model	米軍基地（キャンプ）			
Parameter	Estimate	Error	t-statistic	P-value
切片	-6.96992	1.09543	-6.36269	[.000]
日本国内必要レベル	0.725607	0.248636	2.91835	[.004]
自地域必要レベル	0.938771	0.238498	3.93618	[.000]
施設への経験	0.319766	0.662664	0.482547	[.629]
自地域に存在	-1.02972	1.33807	-0.76956	[.442]
R-squared =	0.217364			
Log likelihood =	-53.5878			
Number of observations =	264			

Logit Model	自衛隊基地			
Parameter	Estimate	Error	t-statistic	P-value
切片	-5.87253	0.837093	-7.01539	[.000]
日本国内必要レベル	0.770813	0.18946	4.06848	[.000]
自地域必要レベル	0.678098	0.163111	4.15727	[.000]
施設への経験	0.983543	0.404583	2.431	[.015]
自地域に存在	0.266906	0.479524	0.556606	[.578]
R-squared =	0.302651			
Log likelihood =	-103.867			
Number of observations =	260			

Logit Model	動物園			
Parameter	Estimate	Error	t-statistic	P-value
切片	-3.27012	0.730022	-4.47948	[.000]
日本国内必要レベル	0.370466	0.152079	2.43601	[.015]
自地域必要レベル	0.568735	0.1271	4.47472	[.000]
施設への経験	0.854622	0.512478	1.66763	[.095]
自地域に存在	0.591871	0.321164	1.8429	[.065]
R-squared =	0.19994			
Log likelihood =	-150.458			
Number of observations =	265			

第5章　負の公共財としてのNIMBY問題　141

Logit Model	墓地			
Parameter	Estimate	Error	t-statistic	P-value
切片	-3.49794	0.757696	-4.61656	[.000]
日本国内必要レベル	0.041104	0.157009	0.261791	[.793]
自地域必要レベル	0.630504	0.159034	3.96458	[.000]
施設への経験	2.29187	0.528998	4.33247	[.000]
自地域に存在	0.618467	0.400306	1.54499	[.122]
R-squared =	0.226369			
Log likelihood =	-123.221			
Number of observations =	264			

Logit Model	火葬場			
Parameter	Estimate	Error	t-statistic	P-value
切片	-1.79261	0.606822	-2.9541	[.003]
日本国内必要レベル	0.054216	0.152094	0.356462	[.721]
自地域必要レベル	0.547123	0.146535	3.73374	[.000]
施設への経験	0.412824	0.327481	1.26061	[.207]
自地域に存在	0.562975	0.294159	1.91385	[.056]
R-squared =	0.130483			
Log likelihood =	-153.601			
Number of observations =	266			

表5-7　有意な説明変数一覧（＊＊は係数についてt検定1％水準で有意を示し、＊はt検定は5％水準で有意を示している）

	原子力発電所	火力発電所	水力発電所	風力発電所	廃棄物置き場	ゴミ焼却施設	米軍基地	日本自衛隊基地	動物園	墓地	火葬場
日本国内必要レベル	＊	＊＊	＊＊	＊＊			＊＊	＊＊	＊		
自地域必要レベル	＊＊	＊＊	＊＊		＊＊	＊＊	＊＊	＊＊	＊＊	＊＊	＊＊
施設への経験			＊				＊			＊＊	
自地域に存在		＊			＊＊						

は、プラスの係数で5％有意水準で有意であり、ごみ焼却施設はプラスの係数で1％有意水準で有意である。

おわりに

　本章では、負の公共財としてのNIMBY施設について分析した。社会にとってどうしても必要であることはわかっているが、自分の家の裏庭にはあってほしくない負の公共財ともいうべき迷惑施設は、理論的には他の公共財と同様に最適供給ルールが満たされるように供給されるべきであるが、現実にはフリーライダー問題や、負の外部性などがあるために、その供給の在り方を決定するのは困難である。このことについて、2節でまずNIMBY問題を整理し、3節で土居（2002）にしたがってスピルオーバー効果がある最適供給ルールを示し、その公共財が何らかの損害をもたらす場合の便益と費用について分析した。さらに4節でLaurent-lucchetti and Leroux（2010）にしたがって、フリーライダーを考慮したうえでの各地域の負の外部性に関するコストシェアの在り方を示した。そして5節では、理論モデルで示した便益と費用について、実際のWTPとWTAについて質問したアンケート調査を紹介した。

　今後は、アンケート調査をもとに、理論モデルを検証し、NIMBY施設に関するフリーライダー問題の解決策を提示することを課題としたい。

注
1) 5-4のみ共同執筆である。
2) 2013年9月滋賀県の大飯原発4号機が定期点検に入ったため、10月現在、国内のすべての原子炉は稼働していない。
3) 詳しくは土居丈朗著『地方財政の政治経済学』（2000）、『入門公共経済学』（2002）を参照されたい。
4) スピルオーバー効果がないケースの最大化問題は、
　　Max.　$U(x_i, G_i)$
　　s.t.　$n_1+n_2=N$
　　　　　$F_1(n_1, L_1)+ F_2(n_2, L_2)=n_1 x_1+n_2 x_2+PG_1+PG_2$

$U(x_1, G_1) = U(x_2, G_2)$ と表すことができる。これを解くと、
$n_1 MRS_1 = P$, $n_2 MRS_2 = P$, $MP_1 - x_1 = MP_2 - x_2$ を得る。

　以上より、地方公共財について限界代替率の和が限界変形率に等しいという最適供給条件が各地域において成立し、また、私的財の追加的な生産量増加（減少）と消費量増加（減少）の差である労働の社会的限界純生産性が両地域で等しくなることがわかる。

5）最適人口分布条件の詳細については土居（2002）を参照されたい。
6）仲林、朝日はこのプレテストを参考に5か国の調査を実施している。
7）表内には期待値が5未満の値などがある。票の組み換えが必要であるが、ここではそのまま分析することにしている。
8）他地域の人から1年間に一人当たり支払ってもらう希望の最大金額を聞いている。ただし補助金は施設が存在する限り毎年発生するものとする。
9）他地域へ1年間に一人当たり支払ってもよいと思う最大金額を聞いている。ただし負担金は施設が存在する限り毎年発生するものとする。
10）鈴木（2005）ではごみ処理施設のWTAとWTPの比について実験経済学の手法を用いて検証しており、その結果WTAとWTPの比は5～16倍となることを示している。
11）原発補助金に関する試算

	（福島県双葉郡双葉町）	（福島県双葉郡大熊町）
原発関連税収（固定資産税を含む）（一般会計に占める割合26.3%）	12億4117万円（2007年）	26億4000万円（2007年）（同31.9%）
人口	6932人	11511人
町民一人当たり補助金	179049円／年　14920円／月	229345円／年　19112円／月
財政力指数	0.77	1.63

参考文献

安藤朝夫ほか（2004）「空間計画におけるグローバル・ローカル問題に関する基礎的研究」、科研研究成果報告書。

櫻井仁（2010）「NIMBYと合意形成～国際資源循環の進展下での展望～」、『季刊　政策・経営研究』vol. 3。

鈴木晃志郎（2011）「NIMBY研究の動向と課題」、日本観光研究学会第26回全国大会論文集17-20。

鈴木晃志郎（2012）「ただ乗りしているやつは誰だ？」第16回進化経済学会大阪大会。

鈴木修司（2005）「WTA/WTP比の相違と評価手段に関する実験的研究」、北海学園大学経営論集、2(4)、111-121。

築山秀夫（2004）「リスク社会における「地元」のNIMBY施設需要課程」、*Journal of Nagano Prefectural College*, No. 59。

土居丈朗（2000）『地方財政の政治経済学』、東洋経済新報社。

土居丈朗（2002）『入門公共経済学』、日本評論社。

二本杉剛・西條辰義（2008）「親切な脳と意地悪な脳—親切行動といじわる行動の心理的過程と神経的基盤—」、実験社会科学ワーキングペーパー。

馬場健司（2008）「地方自治体におけるエネルギー政策プロセスに関する研究」、筑波大学大学院システム情報工学研究科博士論文。
福井弘道（2005）「リスク対応型社会における市民の役割―地域情報とリスクリテラシーの醸成に向けて」、『季刊家計経済研究』No. 68。
藤井聡、竹村和久、吉川肇子（2002）「「決め方」と合意形成：社会的ジレンマにおける利己的動機の抑制に向けて」、『土木学会論文集』、No. 709。
Easterling, D. (1992) "Fair Rules for Siting a High-Level Nuclear Waste Repos-itory," *Journal of Policy Analysis and Management*, 11, 442-475.
Frey, B. S., Oberholzer-Gee, F. and R. Eichenberger (1996) "The Old Lady Visits Your Backyard: A Tale of Morals and Mar," *The Journal of Political Economy*, 104, 1297-1313.
Goffman, E. (1963) *STIGMA; Notes on the management of spoiled identity*, Englewood Cliffs,New Jersey:Prentice Hall Inc.
Hubbard (1998) "Sexuality, immorality and the city: red-light districts and the marginalization of female street prostitutes," *Gender, place and Culture*, 5(1): 55-72.
Kahneman, D., Knetsch, J. L, and Thaler, R. H (1991) "The endowment effect, loss aversion,and status quo bias," *Journal of Economics Perspective*, 5(1), 193-206.
Khun, R.G., Ballard, K.R., (1998) "Canadian innovations in siting hazardous waste management facilities," *Environmental Management*, 22, 533-545.
Kunreuther, H. and P. Kleindorfer (1986) "A sealed-bid auction mechanism forsiting noxious facilities," *The American Economic Review*, 76, 295-299.
Laurent-lucchetti Jeremy and Leroux Justin (2010) "Lindahl prices solve the NIMBY problem," *Economics Bulletin*, Vol. 30, Issue3.
Lesbirel (1998) *NIMBY politics in Japan*, Cornell University Press.
Minehart, D. and Z. Neeman (2002) "Effective siting of waste treatment facilities," *Journal of Environmental Economics and Management*, 43, 303-324. 7.
Munton (1996) *Hazardous waste siting and demographic choice*, Washington R. C.: Georgetown University Press.
O'Sullivan (1993) "Voluntary Auctions for Noxious Facilities: Incentives to Participate and the Efficiency of Siting Decisions," *Journal of Environmental Economics and Management*, Elsevier, vol. 25(1), pages S12-S26, July.
Perez-Castrillo, D. and D. Wettstein (2002) "Choosing wisely: A multibidding approach," *The American Economic Review*, 92, 1577-1587.
Peter A. Groothuis 他 (2008) "Green vs. green: Measuring the compensation required to site eleetrical generation windmills in a view shed," *Energy Policy*, 36, 1545-1550.
Qush and Tan (2002) *Siting envirironmentally unwanted facilities*, Cheltenham: Edward Elgar.
Saijo, T. and T. Yamato (1997) "Fundamental Difficulties in the Provision of Public Goods: 'A Solution to the Free-Rider Problem' Twenty Years After," Osaka University, Institute of Social and Economic Research Discussion Paper No. 445, June.
Saijo, T. and T. Yamato (1999) "A Voluntary Participation Game with a Non-Excludable

Public Good," *Journal of Economic Theory*, 84, 227-242.
Sakai, T. (2008) "Fair waste pricing: An axiomatic analysis to the NIMBY problem," mimeo, Yokohama National University.
Samuelson, P. A. (1954) "The Pure Theory of Public Expenditure," *Review of Economics and Statistics*, 36, 387-389.
Wolsink (2000) "Windpower and the NIMBY-myth: institutional capacity and the limited significance of public support," *Renewable Energy*, 21(1): 49-64.
Ye and A. M. J. Yezer (1997) "Where will we put the garbage? Economic efficiency versus collective choice," *Regional Science and Urban Economics*, 27, 47-65.

第 2 部　電子政府推進とその政策的意義

第6章　e-Japan 計画と我が国の電子政府展開

矢杉直也
劉　長鈺
西本秀樹

6.1　e-Japan 計画と我が国の電子政府展開

6.1.1　政府における情報発信の意義

　政府が国民に対して提供する「公共財」は、道路や橋などといった有形の社会インフラの印象が強いが、無形の情報も当てはめることができる。公共財の定義は、以下の2点のいずれかを満たすものとされている。
・非競合性
　一つのサービスを同時に複数の人が消費することができ、受けられるサービスの量が変化しない
・排除不可能性
　誰でも利用することができ、費用を負担しない場合でも排除することができない
　これらの定義を参照すると、政府の提供する情報は、双方とも満たしている。公共サービスを提供するために、国民に対して周知する情報も、公共財の一部と捉えることができる。
　情報化社会の進展に併せて、政府の提供する情報という公共財は、多様化とともに量の拡大を続けており、同時に情報提供にかかるコストの増大も懸念される。近年、政府の委員会や地方自治体など、様々な公共領域において、自治体等の遂行する事業についての評価や事業仕分けなど、その効果を測定

するための取組が行われているが、情報提供の領域については、測定方法も確立されていないため、評価の対象とされていない。情報提供の取組は、重要性の認識度合いも、具体的な取組内容も、自治体によって千差万別であり、公共サービスとしての質も多様で比較し難いのが実態である。

　インターネットが国民の間に普及し、政府の各機関や地方自治体がホームページを開設し始めた頃は、情報をホームページに掲載さえしていれば政府としての責任を果たすことはできた。しかし、今は情報の内容の多様化と量の増大により、サービスを必要としている人に情報が適切に届きにくくなってきたため、確実に必要としている人へ届ける工夫が求められている。

　情報は、必要としている人に届いてこそ、初めて価値を持つ。必要としない人にとっては、ただのノイズに過ぎない。政府が発表する情報が増加を続ける中で、的確に国民に情報を届けることが、公共サービスの取組全体を充実させ、国民の満足度を向上させるとともに、政府活動の価値を高めることにつながる。

　公共財としての情報が、より効率的、効果的に活用されることが、国民の生活を豊かにするという観点から、国民に対して提供する情報がどのように受け止められているのか、それが政府としてのパフォーマンス評価にどのようにつながるのかという点を中心に、政府全体の電子化について俯瞰しながら論じていく。

6.1.2　政府における電子化の意義

　政府が国民に対して行う主な公共サービスは、適切に配分された予算によって直接的なサービスを提供するものであるが、そのサービスについての情報を効率的に、かつ的確に必要とする国民へ届けて、サービスの意義、メリットを伝えることも重要な政府の活動の一つである。

　いま一度、政府が情報化、電子化される以前の公共サービスについて考えてみる。政府の内部文書は書類によって管理され、政府から国民に向けた広報も、主にリーフレットや掲示板のポスターなど紙媒体によって発信されて

いた。手続に必要な書類や情報は、窓口に行って初めて手に入れられるのが当たり前であった。国民は情報を取得するために、仕事や生活の時間を削いて何度も公的機関等へ足を運んだ。国民と政府の間を、書類が往来しながら手続が進められていた。

　それが、インターネットによって、書類を必要としなくなった。国民はホームページからダウンロードしたファイルに必要事項を記載し、メールやフォームによって送信することができるようになった。政府機関へ出向くことなく、自宅にいながら、空いている時間を使って情報収集や申請書類を作成することができるようになったのである。電子的手段による情報提供は、政府の情報提供機能を実現するための重要なチャネルであることは、もはや疑う余地はない。政府の電子化は、政府と国民の間を媒介するツールとして、国民にメリットをもたらすものである。

　また、国民からは見えにくい部分ではあるが、政府内部における情報の電子化についても忘れてはならない。定例的な業務を電子化することは、大量の事務的なルーチン作業を自動的に確実に処理し、安定的な公共サービスを提供することへとつながる。また、書類で事務処理していたものを、ただ電子化することによって事務が効率化されて余剰時間が生まれることは容易に想像できるが、それよりも大きな効果は、公共サービスの質として現れることになる。

　業務処理の過程をシステムで管理するBPM（Business Process Management：業務プロセス管理）は、属人的な作業となりがちな政府の定型的な事務処理を可視化し、定義し直すことによって、不要な部分を削ぎ落とし、効率的な業務へと再構築させる。また、可視化することによって、職員間で共有することができるため、引き継ぎ等にも大きな役割を果たすことになる。

　定例的な事務作業をただ継続するだけの業務は、その運用自体が業務の目的となってしまいがちで、創造的なサービスや革新的な取組を生み出す芽を摘み取ってしまう。定例的な事務作業は情報システムに任せて、職員は創造

的な分野での活動を業務として捉え直すことができれば、その政府は常に新しい価値を生み出し、創造的な政策の実施により、日本の社会をリードしていくことができる。政府の創造性を高める意味でも、効果的な電子政府の構築は、政府にとって重要な要素で、それが国民の満足度を高め、政府や首長の信頼を獲得することにつながる。

6.1.3 電子政府の発展段階

それでは、電子政府として求められる姿は、どのようなものだろうか。国際連合では、電子政府におけるオンラインサービスの発展段階には、4つのステージがあるとしている。

ステージ1：政府ウェブサイトが公共政策、ガバナンス、法律、規制、関連する文書、提供される政府サービスの種類に関する情報を提供する。そのサイトには、省、部局、他の政府部門へのリンクがある。市民は容易に、国家政府や省の新しい出来事に関する情報を獲得でき、アーカイブ化された情報へのリンクを見つけることができる。

ステージ2：政府ウェブサイトは強化された一方向の、または政府・市民間の双方向の電子コミュニケーションだけを提供する。たとえば、政府サービスや申請のためのダウンロード可能な申込用紙などである。サイトは音声やビデオの機能があり、多言語に対応している。

ステージ3：政府ウェブサイトが、政府の政策、プログラム、規制などに対する意見を求め、受け取ることを含む、市民との双方向コミュニケーションに従事している。市民の身分証明の電子認証サービスは、やりとりを成功させることを求められる。政府ウェブサイトは、非金銭的取引を処理する。たとえば、電子選挙、申込用紙のダウンロードとアップロード、オンラインでの税申告や身分証明、免許、許可書の申込みなどである。また金銭的取引、

つまり、安全なネットワークで政府にお金を移動することも処理する。

ステージ4：政府ウェブサイトは政府が市民とコミュニケーションする方法を変える。これらのサイトは、Web2.0や他のインタラクティブツールを使って、市民から情報と意見を求めることに積極的である。電子サービスと電子ソリューションが、シームレスに部局と省を横断する。情報、データ、知識は統一された申請フォームを通して政府機関から送られる。政府は政府中心のアプローチから市民中心のアプローチへ移行する。後者では適切なサービスを提供するため、ライフサイクルイベントを通じて市民に、また分類されたグループに、電子サービスは向けられている。政府は、市民が、意志決定時に意見を持つために政府の活動により参加することを促す環境を創っている。

日本における地方自治体の電子政府化の現状を上記のステージに当てはめてみると、ステージ1およびステージ2の段階にあるのが75.8％、ステージ2に限れば76.2％に達している。また、ステージ3は32.4％、ステージ4は16.0％となっている。また、ステージ4を実現している自治体のうち、約半数がステージ3を実現していないとしており、パブリックコメントの募集や

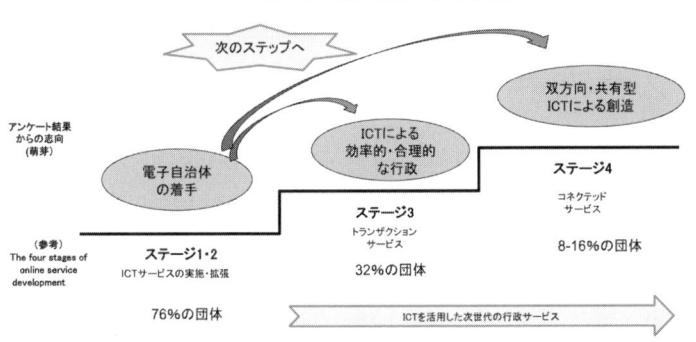

図6-1　電子政府の発展段階

（出典）総務省「地域におけるICT利活用の現状等に関する調査研究」（平成25年）

回答公開などにウェブサイトを利用している自治体であっても、オンライン手続は実施していない自治体が多いことがわかる。

これらの発展段階を向上させるには、どのような要素が必要か。日本の電子政府の歩みを振り返りながら、現状を整理するとともに、今後必要となるサービスについて検討を進めていきたい。

6.2 行政の情報化と社会環境の変化

6.2.1 「電算処理」から「電子政府」へ

我が国で、行政において大型汎用機を導入した「電算処理」は、1950年代後半の気象庁および総理府（現在の内閣府）統計局での大量のデータ処理が最初であった。その後、社会保険オンラインシステム、登記情報システムや特許庁システムなど、利用範囲が拡大し、中央と出先機関の間で通信を行い、瞬時に情報共有することのできるオンラインシステムの利用が進められていった。

地方自治体としては、1960年の大阪市を皮切りに、その翌年には京都市が、都道府県では1963年に東京都および神奈川県が電子計算機を導入した。その後、日本の急激な経済成長とともに行政需要も飛躍的に増大し、大都市だけでなく、地方自治体において、電子計算機が積極的に活用されるようになり、全国的に導入が進んだ。1970年代には、財政悪化にともない、行政事務の効率化、合理化が求められ、それまで中心だった税務、給与などといった大量・定型業務の集中処理から、少量・多種・非定型業務へと適用範囲が拡大していった。内部事務の効率化にとどまらず、住民に対するサービスに直接利用されるようになったのは、1980年前後のことになる。

我が国における「電子政府」としての取組は、インターネット普及以前に遡る。1994年に閣議決定され、行政の情報化への取組方針を明記した「行政情報化推進基本計画」で広報資料および国民生活に必要な各種の行政情報をホームページに掲載し始めたことが契機である。2003年の「電子政府構築計

図6-2　電子政府取り組みの経過

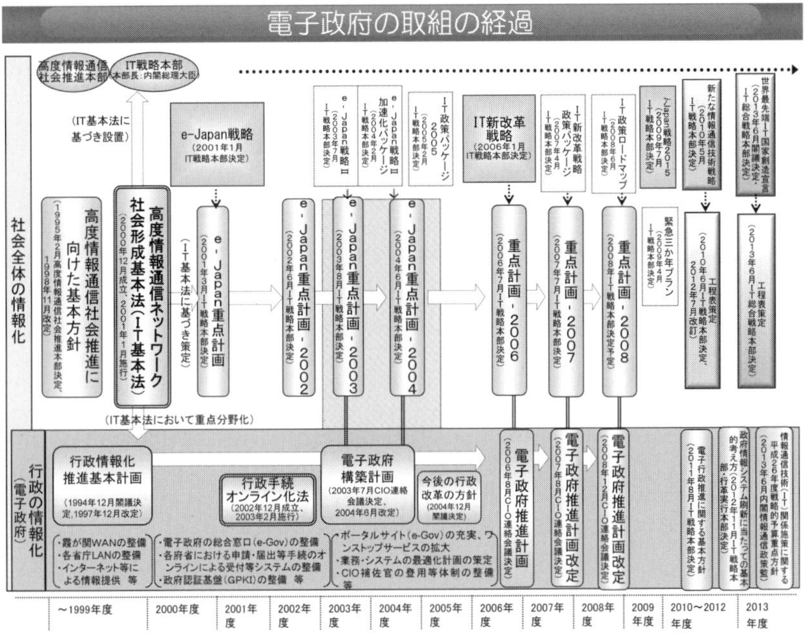

出所：http://www.e-gov.go.jp/doc/pdf/progress.pdf

画」で「電子政府」を2005年までに構築することを目標として掲げた。この政策により、24時間365日いつでも国民が各府省の所管手続をオンラインで行えるシステムや、電子的な申請・届出等に必要となる認証基盤が確立された。さらに、2006年の「電子政府推進計画」では、2度の改定を経ながら2010年までの行動計画として、計画通りに進まなかったオンライン利用の拡大やワンストップサービスの実現など、それまでの課題を克服しながらその推進・強化を行ってきた。その後、2013年「世界最先端IT国家創造宣言」の中で、「より便利で利用者負担の少ない行政サービス」、「徹底したコストカットと効率的な行政運営」、「災害やセキュリティに強い行政基盤」という3つのビジョンを実現するための施策を立案し、「国民が本当にメリットを感じられる電子政府の構築」を目指している。

1990年代後半以降に急速な変化を遂げているIT環境とともに、これらの政府の取組がどのように進歩してきたのか、また、進歩しなかった部分はどのような点に課題があったのかを振り返りながら、日本の電子政府の発展過程を追っていく。

6.2.2 インターネット黎明期の行政情報化

政府では、「行政情報化推進基本計画」を定めることにより、国で所管する事務・事業における情報の紙からネットワークを使った電子情報による管理への移行を推進することを定めた。その理念の中に、「情報通信技術の成果の普遍的な活用とこれに併せた旧来の制度・慣行の見直しにより、国民サービスの飛躍的向上と行政運営の質的向上」を図るとしている。その具体的な内容としては、日々公表される報道発表や国民生活に必要な各種の行政情報の提供手段としてインターネットを活用することが第一に挙げられている。その他、白書や統計情報の電子的手段・媒体による提供、地理情報システム（GIS）の利用促進なども含まれている。今、私たちが当たり前に閲覧している政府の情報は、当時の取組によって実現されたのである。そして、それらに続いて行政情報の社会的活用のためのクリアリング（所在案内）システムの整備が挙げられている。政府では様々な情報が管理されているものの、どの情報がどこの誰によってどのように管理されているかは、担当者でなければわからないのが実態である。紙媒体の情報を電子化し、誰もがアクセスできるようにするためには、情報の所在を明らかにし、管理するという基本的なことから始めなければならなかったのである。

次に、申請・届出等手続の電子化が挙げられている。これも今となっては、公共サービスとして当たり前のものとして定着している部分もあるが、本人確認等の課題により、今もなお実現できていない部分もある。

また、国民生活および企業活動において、手続の案内から申請とその受付、結果の交付までを包括的に行うことのできる「ワンストップサービス」の実現は、各府省や機関、自治体等との連携などが課題となり、当時から順調に

進んでいなかった。本計画の理念に掲げた「旧来の制度・慣行の見直し」なくしては実現できないものであるが、政府の職員にこの理念が十分に浸透しておらず、大きな障壁となっていることがわかる。

一方、政府職員の業務プロセスにおいても、申請のオンライン化やワンストップ化に対応するために、電子化・ネットワーク化による省庁内および省庁間での情報共有などの合理化を進めながら事務処理手順の見直し等も同時に行い、事務処理の効率化が図られた。また、個人情報保護対策の実施などといった環境整備を充実させる方針が明記された。

この政府計画が閣議決定された直後の1995年は「インターネット元年」と言われ、国民の間でインターネットの利用が本格的に始まった年である。当時、まだブロードバンド回線などは存在せず、情報通信に主に用いられていたISDN回線（64kbpsが主流）の回線数はまだ40万回線程度であった。国民の主な通信手段は電話で、情報通信を行う国民もまだ一部の人に限定されていた。同年に発売されたパソコン用OSのWindows95は、パソコンの大衆化を進め、企業や国民の間で爆発的に普及するきっかけとなった。政府機関において、急速にパソコンの利用が促進され始めたのは、2000年を過ぎてからのことで、国民や企業の視点からすると、遅れていると言わざるを得ない状況であった。

6.2.3　IT革命とともに始まった「e-Japan戦略」

日本政府が電子政府の構築へ本格的に動き出したのは、21世紀に入ってからである。2001年1月に高度情報通信ネットワーク社会形成基本法（IT基本法）が施行され、内閣総理大臣を本部長とするIT戦略本部が立ち上げられたことに始まり、同時に「e-Japan戦略」も本部決定され、実施段階へと進められた。「e-Japan戦略」の中で、「IT革命」を産業革命に匹敵する歴史的大転換ととらえ、工業社会から知識創発型社会へ移行することで、人と組織の関係、人と社会の関係を一変させるという認識から、「ITによって新しい国家基盤を築くことの必要性」が唱えられた。

この頃、日本はすでにIT化の点では先進諸国の取組から大きな遅れをとっており、インターネットの普及率は主要国の中でも最低レベル、アジア・太平洋地域においても先進的とはいえない状況であった。そこで、政府がまず促進したのは、インフラとなる高速インターネット通信基盤の整備である。また、政府における利用の妨げとなっていた制度を見直し、国家戦略としてインターネットの利用を進めていくことで、国際競争力の向上に取り組んだ。その結果、2000年に4,700万世帯（人口普及率：約37％）だったインターネットの利用人口は、2006年には約8,800万世帯（同：68.5％）となり、インターネットは大衆技術として一般家庭にまで概ね普及した状態となった。とりわけ、2000年に約86万世帯だったブロードバンド契約者数は、2006年には2,600万世帯となり、多くの世帯で快適なインターネット環境が構築できるようになった。

　また、政府がもっとも力を入れていた施策の一つが、政府と国民の接点となる申請の受付業務の電子化である。2003年2月には「行政手続オンライン化法」が施行され、電子政府の総合窓口（e-Gov）の整備や各府省における申請・届出等手続のオンラインによる受付システム等が整備された。さらに同年7月、「e-Japan戦略Ⅱ」が決定される。「e-Japan戦略」がIT基盤整備に重点が置かれていたのに対し、「e-Japan戦略Ⅱ」では、様々な分野でのITの利活用を推進した。医療、食、生活、中小企業金融、知、就労・労働、行政サービスの7分野で実現したい具体的な事柄とそのための方策、課題と対応策、その目標達成の評価指標などが明記された。行政サービス分野については、やはり「電子政府の総合窓口」があげられており、24時間365日ワンストップで行政サービスを提供することを主要項目として挙げ、それ以外にも「政策立案過程、実施状況、事後評価等行政運営に関する情報を国民が知ることができ、国民の行政への参画を容易にすること」を目標として掲げている。

　その他には、次世代情報通信基盤、安全・安心な利用環境、次世代の和を生み出す研究開発の推進、人材育成・学習振興、ITを軸とした新しい国際

関係等の新しいIT社会基盤の整備などを重点分野としている。

　「e-Japan戦略Ⅱ」の決定と同時に、各府省情報化統括責任者（CIO）連絡会議により、「電子政府構築計画」が策定された。20の各府省が業務の実態に合わせた形で電子政府の構築に資する取組を定めた。その原則としては、(1)国民にとって使いやすくわかりやすい、高度な行政サービスの提供(2)政策に関する透明性の確保、説明責任の履行及び国民参加の拡大(3)ユニバーサル・デザインの確保など8項目に則り、2006年度末までに実施する内容を具体的に定め、その進捗状況を厳格に管理、評価するとともに、毎年度計画の見直しをプロセスに組み込むことにより、着実な実施を目指した。その主な取組内容としては、電子政府の総合窓口（e-Gov）を活用したワンストップサービスによる申請作業の簡便化が第一に挙げられている。年間申請件数が10万件以上の手続を重点的に、「業務の効率化による実費の手数料への適切な反映、添付書類を含む手続そのものの簡素化・合理化により、業務処理の短縮化を図る」とした。また、厚生労働省や経済産業省など申請作業が特に多様で煩雑な部署については、必要性の乏しい手続きの廃止等も併せて行い、業務全体の見直しに繋がっている。

　その他、アナログ業務の電子化による効率化やレガシーシステムの見直しによる歳出削減について、各府省で具体的な行動計画を定めた。旧来のシステムの更新とともに新たなシステムを構築するにあたり、ビジョンを明確にする必要性に迫られ、それまで漠然としていた「電子政府」の構築が、具体的な形になり始めた。しかし、いまだなお構造改革・業務改革などと呼べるような内容ではなく、これまでの事務処理の延長線上に過ぎなかった。各部門で開発し、個別に稼働させてきた非効率なシステムの見直しは行っているものの、政府の新しい共通基盤を構築するまでには到底及ばない。

　他方、地方自治体においても、ホームページや庁内LANの構築、総合行政ネットワーク（LGWAN）や住民基本台帳ネットワーク、公的個人認証などの全国的な電子自治体の基盤が整備されるとともに、CIO（Chief Information Officer：最高情報統括責任者）の任命や電子自治体推進計画等

の策定などの庁内推進体制が強化されてきた。また、多くの自治体で電子申請、電子入札などのオンライン化が実現された。

6.2.4　Web技術の成熟と「u-Japan政策」

これまで、「IT基本法」の制定や「e-Japan戦略」および「e-Japan戦略Ⅱ」などによって、情報通信の基盤となる高速インターネットの接続環境を整備するとともに電子政府化を推進してきた。しかし、電子申請率低迷の課題は解消されないままであった。また、国際連合の電子政府ランキングにおいても、2005年は14位に留まり、国際的な評価も伸び悩んでいた。

そこで、IT戦略本部は2006年に「IT新改革戦略」を策定した。その理念として、「構造改革による飛躍」、「利用者・生活者重視」および「国際貢献・国際競争力強化」が3つの柱として掲げられた。本戦略冒頭においても、「改革には抵抗が伴う。その抵抗にひるむことなく」改革を推進していくことの必要性が明記されていることから、様々な抵抗主体がこのITによる改革の妨げとなってきたと読み取ることができる。それらの課題を乗り越えて、本戦略に掲げられた「世界一便利で効率的な電子行政」を実現するため、「電子政府推進計画」および新たな「IT推進ロードマップ」が策定された。これまでの取組の中で、あまり国民や企業の利用が進まなかったことや業務改革が不十分であるのは、目標を着実に実施する体制が確立できていないことや行財政改革としての位置づけが弱かったことが要因として指摘されていた。このことから、各種施策をPDCA（Plan-Do-Check-Act：計画-実施-評価-改善）といったプロセスを踏襲することも明記された。

そこで、この推進計画では、内閣官房情報通信技術（IT）担当電子政府推進管理室（GPMO：e-Government Promotion and Management Office）や各府庁において全体管理組織（PMO：Program Management Office）が設置されるなど、推進体制の強化が図られた。そして、各府省のPMOは、各業務・システムの最適化計画の実施状況について、客観的な調査・分析を行ったうえで、総合評価を行うという厳しいチェック体制を持つようになっ

た。

　一方、国民生活に関わるネットワークインフラの構築においては、「e-Japan 戦略」および「e-Japan 戦略Ⅱ」で目標の一つに掲げていた国民の高速インターネット回線の普及は、当初の高速回線（DSL）および超高速回線（FTTH）を併せて4,000万世帯という目標に対して、実際は8,000万世帯以上となり、目標を大幅に上回る結果となった。そこで、2006年からは「u-Japan（Ubiquitous-Japan）政策」が策定された。「e-Japan 戦略」がインフラの構築、「e-Japan Ⅱ戦略」がその利活用に主眼が置かれていたのに対し、「u-Japan 政策」は、それらを活かした「価値創発」であった。草の根のように生活の隅々まで ICT が溶け込み、創意ある利活用で新しい価値が生み出されることがビジョンとして掲げられた。これまでの有線回線だけでなく、「有線ネットワークと無線ネットワークをシームレスに繋ぎ、自宅やオフィス、街角など日常の様々な場面で、繋ぎたいときに繋がる環境」をつくり、それを「社会基盤として国民が新たな創造性を発揮」することを狙っている。「価値創発」の具体的な動きとして、大きな新潮流である「Web2.0」技術を基盤としたブログやソーシャルネットワーキングサービス（SNS）等の活用による新たな知識創造やサービスが開発され始めていた。そして、もう一つの新潮流として、「オープン志向」による情報の積極的な公開による他者との協業の創造である。これらが「多様なネットワーク、技術、財・サービスや産業などの連携、融合を促進し、その潜在能力を発揮させることで経済システムの枠組を進化させること」の重要性を指摘している。

　このように、情報通信環境が整備される中で、課題とされている電子政府の総合窓口でのオンライン申請件数については、2007年時点で20％程度に留まっている利用率を2010年度までにオンライン利用率を50％以上とするという目標を掲げた。手数料の引き下げ等のインセンティブ措置の導入や、添付書類の原則省略、本人確認方法の簡略化、システムのユーザビリティの向上などにより、利用率を向上させる措置を集中的に講じた。それでも、2011年度の実績では、オンラインで利用可能な手続は約14,000件に上っているが、

図6-3 u-Japan 政策の基本思想：「e」から「u」への進化

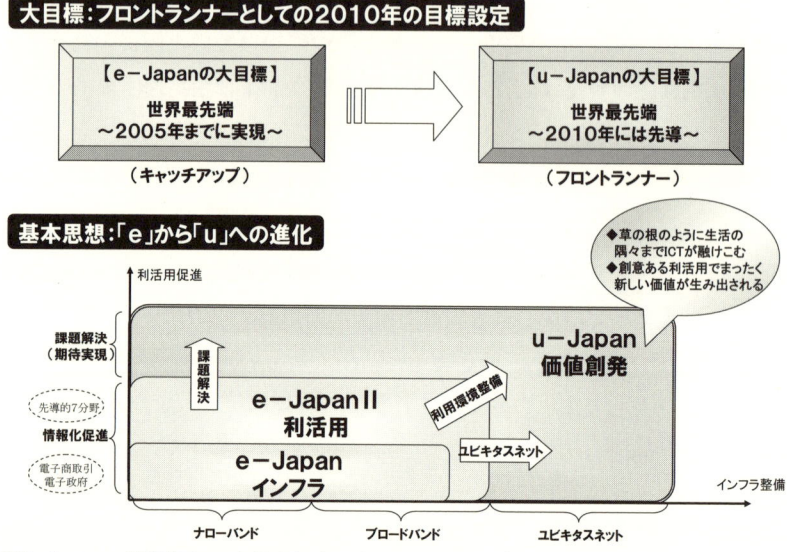

出所：「u-Japan 推進計画2006」総務省（2006）より

全申請・届出等件数4億4千万件のうち、オンライン利用件数は1億7,000万件で、オンライン利用率は38.5％に留まっている。

6.2.5 SNSの台頭と「i-Japan 戦略」

「u-Japan 戦略」の終了を受けて、2010年には2015年までのデジタル戦略を示した「i-Japan2015戦略」を策定した。ここでいう「i」は、「Towards Digital inclusion & innovation」の「Inclusion（包摂）」および「Innovation（革新）」を指している。i-Japanでは、「デジタル技術が空気や水のように抵抗なく受け入れられ、経済社会全体を包摂する存在となる（Digital Inclusion）ことにより、安心・安全に必要な情報を得ることができ、人とのつながりを感じられる豊かな社会となること」を目指している。また、デジタル技術・情報が経済社会全体を改革して新しい活力を生みだし（Digital Innovation）、個人・社会経済が「新たな価値の創造・革新に自発的に取り

組むことにより、環境・資源制約と持続的経済成長の両立や国際社会との協調」等を実現すること。これが2015年の我が国のビジョンである。

その三大重点分野の筆頭に、「電子政府・電子自治体」が筆頭にあげられている（ちなみに、他の2点は「医療・健康」および「教育・人財」である。）。その具体的な内容としては、最初の項目が行政窓口改革である。テレビやパソコン、携帯電話などから電子政府・電子自治体に参加できるようにすることができることを挙げている。また、自宅やコンビニ等において24時間、必要な証明書等が手に入るようにするとしている。これらは、いずれも韓国の電子政府ではすでに実現していることであるが、それを日本の目標に掲げ、電子政府として世界最先端をゆく韓国に追随しようとしている。サービスの対象としては行政情報だけでなく、金融や医療、教育等の分野をはじめ、民間サービスと行政サービスがシームレスにつながるようにすることも視野に入れており、かなりチャレンジングな目標を据えている。さらに、第二の項目としては、行政におけるデータ連係により、国民電子私書箱を普及・定着させることとしている。これは、国民が電子空間上で自分の年金記録等の閲覧や、決済サービスを利用できる環境を整えることである。社会保障分野のみならず幅広い分野で行政サービスを提供するとしている。

「i-Japan 戦略」が始まった2010年には、iPad が登場した。またたく間にタブレット端末は普及し、2012年末には保有率は15.3％に、また、スマートフォンは49.5％にまで及んでいる。これらは、従来の携帯電話やパソコンによる情報取得に加えて、新たなデバイスを持つことで、利用する機会を拡大するものとして期待されている。しかし、それに対応する電子政府の取組が立ち後れており、これらのデバイスを十分に活かしたサービスが行われているとは言いがたい状況である。

一方、地方自治体については、2010年に公表された「新たな情報通信技術戦略」では、「国民本位の電子行政の実現」が一つの柱とされ、その具体的な取組として、自治体クラウドによる情報システムの統合・集約化が位置づけられた。自治体によるクラウド環境の利用により、これまで個別に開発し

てきた地方公共団体システムを共有化し、運用コストを削減することからサービスの向上につなげるとしている。また、災害対策として、被災した場合でも遠隔地にデータを保管することで業務の継続性を確保することなどの狙いがある。総務省は、自治体クラウドの利用を促進することで、自治体の情報化を後押ししようとしているが、自治体の既存システムからの移行やセキュリティへの懸念などから、あまり利用が進んでいるとは言えない。

　現在、すべての地方自治体がホームページを持ち、自治体によるホームページでの情報発信はもはや前提となっており、内容の充実度が問われている。都道府県ではすべてが、市区町村では約94％の自治体が申請・届出等の様式をダウンロードできるようになっており、書類の電子化は進んできているといえる。また、一歩進んだ情報発信手段として、都道府県ではすべての自治体が動画を配信している。約98％がパブリックコメントの募集を行い、約45％がホームページの評価を実施しているなど、双方向のコミュニケーション手段として活用している事例も増えている。

　ここで、もう一つ注目すべき技術として、2010年頃から急速にその利用が進んでいるソーシャルネットワーキングサービス（SNS）がある。スマートフォンやタブレット端末の普及に伴い、国民の利用も増えている。その中で、自治体が国民とのコミュニケーションツールとして活用し始め、特に、2011年の東日本大震災以降、住民への直接の緊急情報の提供や、電話やメールがつながりにくいときでも利用できるという有用性が認められ、多くの政府機関および自治体等で取り入れられている。しかし、自治体独自で設置した電子掲示板による住民との交流サイト（地域SNS）を設置している例は、それぞれ20％程度に留まっており、今後の活用策については課題が残っている。ほとんどの政府機関および地方自治体がツイッターやフェイスブックなどの一般SNSサービスを利用している。従前の自治体が設置した電子掲示板上での情報交換は、情報を掲載するために庁内の決裁等で時間がかかることや、内容が市民の期待するものではないなどの課題があり、あまり市民の注目を集めることができず、利用が進まなかった。

しかし、一般のSNSの活用については、自治体による新しい情報提供のあり方が模索されている。地方自治体におけるソーシャルメディア活用の主な目的としては、「地域内の市民・企業向け情報提供（86.5%）」、「地域外向け情報提供（72.7%）」、「災害時の情報発信手段（58.0%）」といった内容が多く、政策情報などの開示ではなく、住民にとって身近な地域情報の提供という立場をとっている。だが、地方自治体からの一方的な情報提供での利用が多く、SNSの特徴である相互のコミュニケーションツールとしての利点を活かした「市民・地域の企業等による情報共有・コミュニティの活性化（26.8%）」や「意見等の収集・行政への参画促進（24.5%）」といった利用については、低調である。また、行政への提案などについても、コミュニケーションの齟齬によって、対話が成立しなくなる「炎上」という現象を懸念して、なかなか広がらないのが現状である。

しかし、前節で見た「電子政府の発展段階」のステージ別に見ると、進んだステージにいる自治体ほど、SNSを積極的に活用し、双方向のコミュニケーションを実現している。SNSの活用は、電子政府の成熟とともに自治体職員の意識を変え、市民と自治体の新しいコミュニケーションのあり方につながっているといえるだろう。

6.3　今後の電子政府ビジョン

6.3.1　世界最先端IT国家の創造

それでは、これまでの電子政府の発展状況と技術動向を踏まえて、政府はどのような情報政策を推進していくのだろうか。それが、2013年に発表された「世界最先端IT国家創造宣言」において、目指すべき社会・姿として描かれている。その主要項目として、以下の3点を挙げている。

・革新的な新産業・新サービスの創出及び全産業の成長を促進する社会
・健康で安心して快適に生活できる、世界一安全で災害に強い社会

・公共サービスがワンストップで誰でもどこでもいつでも受けられる社会

それらを実現するために、以下の3点に取り組んでいくとしている。

・利便性の高い電子行政サービスの提供
・国・地方を通じた行政情報システムの改革
・政府におけるITガバナンスの強化

　行政サービスの電子化・ワンストップ化の障壁になってきた原因は、多くはアナログ時代のルール・やり方を踏襲した取組に加え、「省庁、あるいは省庁組織内の縦割りの構造である」と指摘している。そして、それに対する打開策として、クラウドサービスの徹底活用により、ワンストップで誰でもどこでもいつでもどんな端末でも行政サービスを受けることができる「便利なくらし」を実現するとしている。これまでの課題をクラウドサービスの利用によって乗り越えようとしているが、果たして、従来の課題を克服する手段としてクラウドサービスが機能するかどうかは、今後の検証課題としたい。

　個々の取組について詳しく検討したい。まず、「利便性の高い電子行政サービスの提供」については、従来政府が担っていたサービスの提供機能を民間にも開放し、民間の活力を活かしながら、「より利便性の高い公共サービスを創造する」としている。そのために、「国際標準に適合した文字情報基盤を活用して、データ・フォーマットや用語等の共通化とともに、アプリケーション・インタフェース（API）の公開等により、利便性の向上を図る」としている。今後、政府がどの程度まで情報やシステムのオープン化を進め、民間が参入するメリットを感じられるようなデータやAPIを提供できるかが鍵となってくる。

　また、オンライン手続きの利便性向上のため、ウェブサイトの見直しも行い、さらに、個人番号の利用による個人向けサービスを展開する。いわゆる行政のコンシェルジュサービスといえるワンストップ・プッシュ型サービス

等利便性の高いオンラインサービスをパソコンや携帯端末など多様なチャネルで利用可能とする「マイガバメント」を実現するとしている。これは、「i-Japan 政策」で「国民電子私書箱」と呼んでいたものが名称を変えたもののようである。

次に、「国・地方を通じた行政情報システムの改革」としては、サービス向上や行政運営の効率化・スリム化に必要な法整備等も含めた業務・システム改革を行うとともに、クラウドの徹底活用によってシームレスにシステム間連携し、コスト削減を実現するとしている。これらにより、2018年度までに2012年度現在1,500ある情報システムの数を約半数まで削減するほか、「特別なものを除き、2021年度を目途に原則すべての政府情報システムをクラウド化し、運用コスト3割減を目指す」としている。

最後に、「政府におけるITガバナンスの強化」としては、2014年度予算編成から、政府CIOの下、政府情報システム改革の着実な実施のために、各府省庁のIT投資の状況等を国民が確認できる仕組みを構築することにより、IT資源調達における透明性を高める。また、IT人材の育成のため、研修プログラムの見直し、充実を図るとともに、プロジェクトの担当職員が適切な節目までそのポストに留まるよう人事ローテーションを工夫する。

その他、適切な技術力を持つベンダーを評価する仕組みを見直すとコスト高の原因の一つである「ベンダーロックインを解消し、政府全体としてのスケールメリットをいかした調達等を実施する」としている。

6.3.2 マイナンバー制度

これまで、行政の情報化推進にあたり、必ず重要項目としてあげられながらも、十分に実現できていない施策の一つが、窓口のワンストップサービスである。マイナンバー制度は、それを実現するうえでの鍵を握っている。

日本における国民の番号制度としては、1999年に改正された「住民基本台帳法」に基づいて各市区町村において利用可能な「住民基本台帳カード」が挙げられる。当時、世間を騒がせて導入されたものの、2011年3月末時点で、

累計560万枚程度のカードしか配布されていない。つまり国民の約5％しか持たないものとなっている。すべての自治体で利用可能となっており、住基以外多目的に用いることができるにもかかわらず、利用している市区町村は182市区町村（2011年4月1日現在）で、全自治体の1割程度に留まっており、積極的な利用が進んでいるとは言いがたい。一部の自治体（71自治体、2013年7月現在）では、コンビニエンスストアで証明書等の交付や、2012年7月からは、市区町村を跨いで引っ越しをしても住基カードが使えるといったサービスの拡充を図っているものの、国民に訴求するものではない。そもそも、「住民基本台帳カード」とは、住民票に記載された内容がICチップに格納されたカードで、住民票に代わるものとして利用することができるが、住民票のデータだけを電子化しただけで、多くの国民がメリットを感じられないのが実態である。

　そこで、マイナンバー制度によって、国民の持つ様々な番号に紐付けしていくことで、サービスを連携させ、窓口業務のワンストップ化を実現しようとしている。日本ではこれまで、納税者番号や年金番号、健康保険被保険者番号など、各行政サービスにおいて、個々に国民に対する番号を付与している。つまり、一人の国民はサービスごとに異なる番号を持ち、各行政サービスでデータは独立しているのである。一部のサービスでデータの連携が行われているものの、一貫したサービスを提供できるような状況ではないため、これが電子政府におけるワンストップサービスの普及を阻む大きな障害となっている。ちなみに、電子政府先進国として知られる隣国の韓国では、1960年代に国民番号制度の利用が始まっており、電子政府サービスの拡充が進んでいる。

　そこで、日本でもようやく2012年6月に政府決定された「社会保障・税番号大綱」に基づき、2013年2月にマイナンバーに関する法案を閣議決定し、同年5月に衆参両議院で可決したことで、本格的に動き出した。マイナンバー制度では、住基ネットで取得することのできた情報に加え、社会保障、税等の各分野で個人番号を一元化して国民自身が照会することができる。これ

までの住基カードでは、選挙や消防等44の法律に関する情報しか管理できなかったが、マイナンバー制度では、児童扶養や母子保健、身体障害者関係など142の法律に関する情報を管理することができるようになる。

　国民は、自分専用のポータルサイトにアクセスすることで、自分の年金や税に関する情報を一覧することができるようになるのはもちろんのこと、これまで市区町村の窓口に行かなければわからないような施策やサービスについても、「プッシュ型サービスとして情報提供を受けることができるようになる」としている。これにより、行政の効率化に加えて、手続き漏れによる損失を回避できるなどのメリットが国民にもたらされる。将来的には、年金手帳や健康保険証の機能などもマイナンバーをキーに集約することが検討されている。さらに、e-Taxなど行政機関等の手続に限られていた公的個人認証サービスが民間企業の様々なサービスで利用可能になるため、医療機関における診療履歴や検診結果、診断書申込や金融機関における送金等、また、ショッピングサイトでのオークション出品やポイント履歴参照等にも使用することができるようになる。マイナンバーを利用する場面が大幅に拡大し、国民生活の利便性が大幅に向上するとともに、新たな市場の活性化にもつながる。

　本稿執筆時点では、2016年1月からマイナンバーによる情報連携が始まる予定となっており、今後の電子政府を核とした市民生活向上の展開に期待が寄せられている。

6.3.3　オープンデータ

　「世界最先端IT国家創造宣言」に掲げられているとおり、政府は、「オープンデータ」という形で、公共データの活用を促進しようとしている。これまで、政府の情報公開は、限られた範囲の情報を広報発表するか、国民からの情報公開請求などの要請に応じて公開してきたものである。しかし、オープンデータでは、政府が持っている膨大な情報を積極的に提供し、国民の経済活動における利用を促進することにより、経済の活性化や情報サービスの

質を向上させようというものである。これは、これまでの情報に対するスタンスとは、一線を画すものであり、政府の情報政策の大きな転換と捉えることができ、これまでにない積極的な公共サービスとして期待されている。

オープンデータの意義・目的は、「電子行政オープンデータ戦略（2012年7月IT総合戦略本部決定）」において、以下の3点を挙げている。

・透明性・信頼性の向上

　公共データが二次利用可能な形で提供されることにより、国民が自らまたは民間のサービスを通じて、政府の政策等に関して十分な分析、判断を行うことが可能となる。それにより、行政の透明性が高まり、行政への国民からの信頼を高めることができる。

・国民参加・官民協働の推進

　広範な主体による公共データの活用が進展し、官民の情報共有が図られることにより、官民の共同による公共サービスの提供、さらには行政が提供した情報による官民サービスの創出が促進される。これにより、創意工夫を活かした多様な公共サービスが迅速かつ効率的に提供され、厳しい財政状況、諸活動におけるニーズや価値観の多様化、情報通信技術の高度化等我が国を取り巻く諸状況にも適切に対応することができる。

・経済の活性化・行政の効率化

　公共データを二次利用可能な形で提供することにより、市場における編集、加工、分析等の各段階を通じて、様々な新ビジネスの創出や企業活動の効率化等が促進され、我が国全体の経済活性化が図られる。また、国や地方自治体においても、政策決定等において公共データを用いて分析等を行うことで、業務の効率化、高度化が図られる。

　オープンデータによって公開された情報を活用し、新しいビジネスやサー

図6-4 電子行政オープンデータ推進のためのロードマップ（工程表）

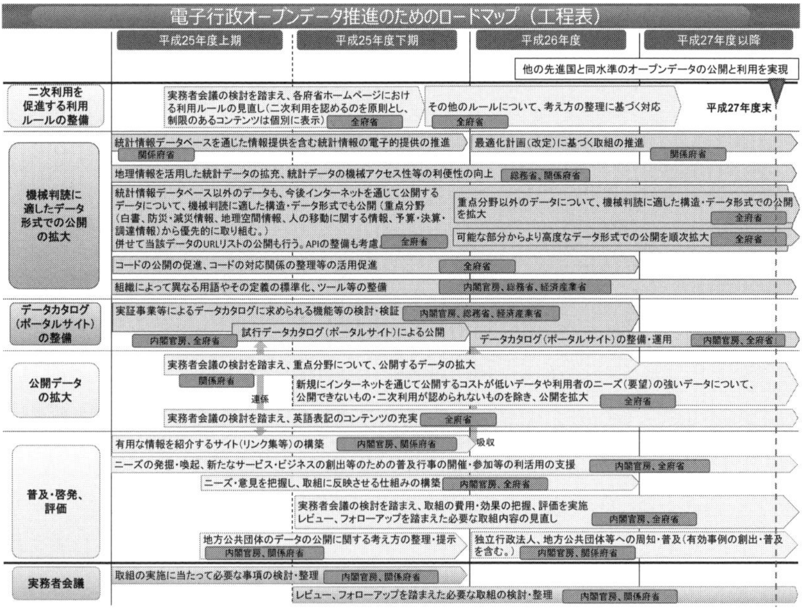

出所：高度情報通信ネットワーク社会推進戦略本部（2013）。

ビスを創出するため、政府ではまちづくり、公共交通、防災、医療、健康、エネルギーなど様々な分野でデータの公開を進めて行くと共に、それを利活用するためのAPIの充実により、オープンデータのプラットフォームづくりを進めている。また、それを利活用する人材の育成も急務である。オープンデータを解析し、利活用できるデータサイエンティストの育成も工程表には盛り込まれている。

6.3.4 課題

「世界最先端IT国家創造宣言工程表」では、2020年までに世界最高水準のIT利用環境を実現することを目標としている。そのために各省庁が目標を定め、工程表に定められたスケジュールで情報化に取り組み、その成果をチェックできる体制ができつつあることは、一定の評価ができる。しかし、

各省庁が定めたビジョンや目標は、いずれも具体性を欠くものである。目指すべき具体像なしに、「世界最先端」に到達することは困難であると言わざるを得ない。具体的なサービスの形とそれを実現するための課題についての検討が急務である。実際、マイナンバー制度を活用した電子政府の機能を充実させるためには、政府と地方自治体のシステムの連携が不可欠である。各地方公共団体は、個別にシステムを構築してきたシステムを、政府が構築する番号制度に則った仕様と一致させなければならない。標準化技術として「地域情報プラットフォーム」の仕様が定義されているが、現状は各地方自治体により、電算システム化されている業務も制度も異なる部分があるため、共通フォーマットでのデータ連携は、どこまで実現できるか不明である。

また一方で、システム開発にかかる費用の捻出に、中央政府だけでなく、地方公共団体も苦労を強いられることになる。社会保障やインフラ整備など、様々な分野での出費が増える中での膨大な予算を必要とするシステム開発は、地方公共団体の財政を大きく圧迫することは避けられない。これらの課題を乗り越えるためのシステムの共有化、効率的な開発手法の導入も期待される。

そして、システムが完成した後に、それを運用する職員に対する研修が必要である。今もなお書類ベースの事務処理が中心となっている現場においては、未だに情報システムへの抵抗感を持つ職員は少なくない。大幅に変わる業務への理解を進めるため、システム開発と同時に職員の意識改革が急務である。

参考文献

IT戦略本部（2003）「e-Japan戦略Ⅱ」。
IT戦略本部（2009）「i-Japan戦略2015」。
各府省情報化統括責任者（CIO）連絡会議（2003）「電子政府構築計画」。
各府省情報化統括責任者（CIO）連絡会議（2006）「電子政府推進計画」。
高度情報通信ネットワーク社会推進戦略本部（2001）「e-Japan戦略」。
首相官邸（2013a）「世界最先端IT国家創造宣言」。
　<http://www.kantei.go.jp/jp/singi/it2/kettei/pdf/20130614/siryou1.pdf>

首相官邸（2013b）「世界最先端 IT 国家創造宣言行程表」。
　<http://www.kantei.go.jp/jp/singi/it2/kettei/pdf/20130614/siryou4.pdf>
総務省（1994）「行政情報化推進基本計画」。
総務省（2006）「u-Japan 推進計画2006」。
総務省（2007）「情報通信白書2007」。
総務省（2008）「情報通信白書2008」。
総務省（2009）「情報通信白書2009」。
総務省（2010）「情報通信白書2010」。
総務省（2011）「情報通信白書2011」。
総務省（2012）「情報通信白書2012」。
総務省（2013a）「情報通信白書2013」。
総務省（2013b）「地方自治情報管理概要」。
総務省（2013c）「地方自治情報管理概要〜電子自治体の推進状況〜」。
　<http://www.soumu.go.jp/denshijiti/pdf/130227_1.pdf>
総務省（2013d）「マイナンバー制度の動向と個人番号カードについて」。
　<https://www.lasdec.or.jp/cms/resources/content/25173/05_somusyo.pdf>
総務省（2013e）「住民基本台帳カード 総合情報サイト」。
　<http://juki-card.com/about/index.html>

第7章　電子政府評価とその実例

Wong Seng Meng
西本秀樹

はじめに

　「電子政府」という用語は広く使われているが、その意味については十分なコンセンサスが得られていない局面もある（Jaeger and Thompson (2003)）。多くの文献が示すように電子政府の定義については多くのバージョンが存在し、技術的には「市民に行政情報やサービスを提供するため、インターネットやワールドワイドウェブ（WWW）を利用している」(UNPAN (2001))。eコマースの発想からは、「ネット上の支払いやドキュメントの提出を引き出すための国や地方自治体のアプリケーション」(Sharrard et al. (2000))。顧客関係駆動型のアプローチからは「市民、企業、政府の他の武器との関係を変革する能力を持っている情報技術の政府機関の活用」（World Bank (2002)）と見ることもできる。同様に、電子政府におけるカスタマー・リレーションシップ・マネージメント（CRM）の観点からは、実際の顧客へのサービスを再編成することで顧客との関係を「劇的に政府を向上させる能力」(Crook et al. (2003))と見ることもできる。電子政府の概念は、利用者からの要求を満たそうとする視点から技術に進化したものである。したがって、その目的は利用者側からみた政府との顧客関係を改善し、顧客満足度を高めることにある。さらに戦略的にリソースを割り当てることで電子政府サービスの利用が高まり、顧客満足度が高まることを示すのが本項の目的である。ユーザー視点から電子政府を重要性－パフォーマンス分析

(IPA）を用いて評価することの有用性について文献（Wong et al.（2011））を基に示したい。

7.1 電子政府進展の利点

　組織は、それが公的なものであれ商用的なものであれ、投資に対する高いリターン（ROI）を重視すべきであり、例えば民間企業では、製品開発や販売を通じて利益を増加させ、顧客からの収益を向上させる。一方政府は税の改善や手数料収入を通じてROIを向上させ、コストと効率の両面を改善させており（Osborne and Gaebler（1992））、これら双方に共通なのは、顧客満足である。

　Accentureの調査によると、電子政府におけるサービス提供者の93％はまだ発展途上であると指摘している（Crook et al.（2003））。さらに、調査回答者の83％は、電子政府の開発が非常に重要であることを強調している。したがって、顧客の要求を十分に理解することが重要であり、これらは直接的な利点と間接的な利点に分けることができる。

　市民の直接的な利点は、時間とコストによるもので、例えば次の通りである。

・手続き経費を節約する；
・手続きを迅速に処理する；
・すぐに処理に掛かれる；
・官公庁や窓口へ出向く時間を短縮すること；
・待ち時間を減少させる；
・対面処理を減少させる；
・燃料経費を節約する；
・駐車料金を節約する；
・文書やフォームへの迅速にアクセスできる；
・要求に迅速に対応する；

・郵送費を節約する
・官庁や窓口に出向く回数を減らす。

間接的な利点は、観察することは困難であるが例、次のような事項である。
・ユーザーにとって親しみやすい；
・情報を見つけることが簡単；
・利便性と可用性（1日24時間週7日）；
・個人情報や財務情報の保護の維持；
・プライベートやプライバシーの保護；
・個人に合わせた対応；
・最新情報の提供；
・積極的な参加の奨励；
・明確かつ平易な言葉でのコミュニケーション；
・迅速なサービスと有用な応答；
・信頼性と信頼性の高いサービス；
・担当者との対話；
・顧客へ思いやりと再訪の奨励；
・障害者への対応；
・説明責任を高める；

次節では、上記の市民の立場に立った利点を測定するための評価ツールについて言及する。

7.2 電子政府推進の評価方法

　顧客満足度に対する評価研究は様々なモデルが活用されているが、特に電子政府の調査は、市民とサービス提供側の2つのニーズを検討しながら、電子政府のウェブサイトの品質を検査するもの（Agimo（2006）、Crook et al.（2003）、Sharrard et al.（2000）、Shutter and Graffenreid（2000））、グ

表7-1 公的機関による評価ツール

プロジェクト名	メソッド	評価目的
The United Nations Network in Public Administration and Finance (Crook et al.(2003), Dexter and Parr(2003))	Ranks 191 United Nations (UN) members according to the quantitative index of readiness based on: (1) website evaluation; (2) telecommunication infrastructure; and (3) human resource endowment.	(1) To present objectively e-government facts and environment for the UN participating members. (2) To encourage UN members to come up with new innovative ideas in combating social exclusion through e-government.
Momentum Research Group(Cronin and Taylor(1994))	406 interviews were conducted from citizens and thebusiness sector.	(1) To benchmark the demand of e-government services and applications (2) To understand citizen and business needs and wants in e-government contexts and to maximise the government's ROI.
Deloitte and Touche (Eggers and Goldsmith(2004))	Use the *Citizen Advantage tool* to justify the direct and indirect savings.	(1) To illustratethe importance of compliance effects in the use of e-government.
Forrester Research(Agimo(2004))	Conducted 45 interviews in Federal, State, and Local Government; 15 interviews from each government level.	(1) To find out how the Federal, State and Local Governments market their e-government sites to the users. (2) To find out what the barriers are that hinder the e-government initiatives.
Accenture (Blose et al.(2005))	A series of 143 in-depth telephone interviews with customer service senior executives and directors across 15 central government agencies.	(1) To evaluate agencies' attitudes and action in making CRM a reality. (2) To identify areas of best practices in the CRM implementations.
Cap Gemini Ernst & Young (Donnelly et al.(1995))	Web-based survey method	(1) To benchmark programmes and assess the progress of eEurope. (2) To assess the percentage of e-services made available online in the 15 EU member countries.
Taylor Nelson Sofres Research (Eggers(2004))	Approximately 32,000 individuals from 32 countries were interviewed.	(1) To understand the Internet effect on citizens in the adoption of e-services globally and nationally
World Markets Research Centre (Ennew et al.(1993))	To evaluate 2,288 National Government websites from 196 countries	(1) To find the differences in national government websites and to offer ways to government to upgrade their e-government sites.

Australian government Information Management Organisation (Cronin and Taylor(1992))	5040 interviews were conducted. Also, four focus groups are conducted to explore the motivations and attitudes related to key findings in the survey.	(1) To understand the users' demographic, behaviours in using e-government services. (2) To identify e-government barriers. (3) To measure customer satisfaction

出所：Wong et al.（2011）

ループ活動に焦点をあてたもの（Agimo（2006））政府のウェブサイトを調査したものUNPAN（2005）、UNPAN（2012））、市民や政府関係者との対面や電話インタビューを含むもの（Wauters and Durme（2004））、アンケート調査に基づくもの（Dexter and Parr（2003））などがある。

調査プロジェクトの大半は供給側（政府・自治体）に焦点を当てており（Janssen et al.（2004），Reddick（2005）、調査も政府がオンライン提供するサービスの実現内容を調査したものがほとんどである（Goings et al.（2003），Norris and Moon（2005），Wong et al.（2010））。国際レベルでの調査はUNPAN（2005）、UNPAN（2012）に示されている。供給側からのベンチマークテストはBannister（2007）、Janssen（2010）、Ojo et al.（2005）で実施されているが、これらは電子政府の進捗状況を評価するためのバイアスがかかっているとの評価もある（Bannister（2007），Janssen et al.（2004））。一部の調査研究では、需要側からのアプローチで行われている（Momentum Research Group（2000），Reddick（2005））。一般的な評価ツールはSERVQUAL と SERVPERF、SERVQUAL（Parasuraman et al.（1988））であり、広くサービス品質の測定に使用されている（Donnelly et al.（1995），Orwig and Pearson（1997），Wisniewski and Donnelly（1996），Wisniewski（2001），Ingram and Daskalakis（1999），Milbourn（1998））。SERVQUALは、サービスウェブサイトの品質（Kuo（2003），Li et al.（2002））を測定するために使用されている。SERVQUALが広くサービス品質を測定するために使用されているにもかかわらず、いくつかの批判がある（Carman（1990），Cronin and Taylor（1992），Cronin and Taylor（1994），Philip and Hazlett

(1997), Van Dyke and Kappelman (1997))。SERVPERF は、サービス品質のパフォーマンスレベルを測定するものである (Carman (1990))。

7.3　ＩＰＡ評価モデル

　多くのサービス産業の研究者や実務家は、通常のみの満足度を測定するために、SERVQUAL (Parasuraman et al. (1985)) SERVPERF (Cronin and Taylor (1992)) を用いているがランキングの概念を含めることができていない。この問題に対処するために、IPA (重要性・パフォーマンス解析) は単純な評価ツールであるが、それらの改善のために顧客満足度と優先順位付け領域を把握するために使用することができる(Martilla and James(1977))。IPA は広く、旅行業や観光などのサービス産業で使用されており (Enright and Newton (2005), Fache (2000), Go and Zhang (1997))、また教育での事例 (Joseph and Joseph (1997), Nale et al. (2000))、病院での事例 (Hawes and Rao (1985), Yavas and Shemwell (2001)) がある。IPA は、各属性の重要性とパフォーマンスを使用してグラフにプロットすることから始める。
　IPA モデルは二次元の y 軸に重要度、x 軸に効率を取り、4つの象限に分割される。4つの象限はそれぞれ、「低優先度 (Low Priority)」、「このまま続ける (Keep Up the Good Work)」、「可能な限りやめる (Possible Overkill)」、「ここに集中せよ (Concentrate Here)」を示し、電子政府管理者のための提案を示唆する。
　Ⅰ象限 (高重要/低効率)「ここに集中せよ」という領域である。この象限に分類される属は最優先で改善される必要があることを示している。
　Ⅱ象限が (高重要/高効率)「このまま続ける」という領域である。この象限に分類されたすべての属性は組織的にうまくいっていることを示している。
　Ⅲ象限は (低重要/低効率)「低優先度」の領域である。この象限に分類属性のいずれかは重要ではない。

図7-1　IPA フレームワーク

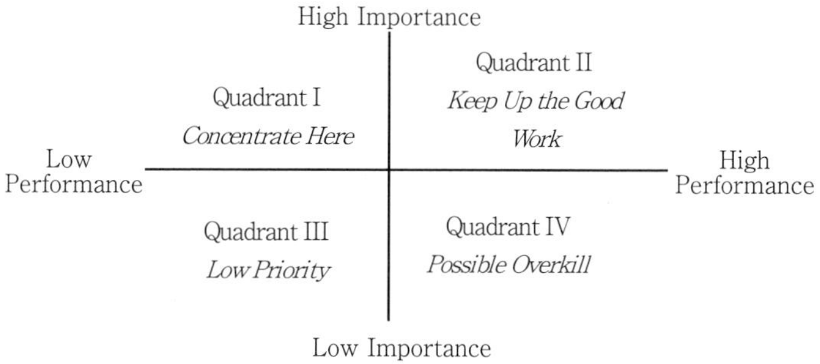

```
                    High Importance
                          │
                          │  Quadrant II
           Quadrant I     │  Keep Up the Good
        Concentrate Here  │      Work
  Low  ────────────────── ┼ ────────────────── High
Performance               │              Performance
           Quadrant III   │  Quadrant IV
           Low Priority   │  Possible Overkill
                          │
                    Low Importance
```

出所：Martilla and James (1977; pp. 77-79)

　IV象限は（低重要/高効率）「可能な限りやめる」ことを示唆する領域である。それは過度に強調されている属性を示しており、組織はこれに代わって他のリソースに資源を割り当てる必要がある。

　IPA グリッドの例が図7－1に示されている。

　IPA を用いた評価は、電子政府の利点を評価し、高い ROI（Wong et al.（2009））を最大化するための資源を割り当て、電子政府戦略を策定するための指標を提供することができる。

7.4　IPA による電子政府評価

　我が国の「電子政府」、「電子自治体」の取組みは、前章で示したように 2001年より政府によって提唱された e-Japan 重点計画およびその後の IT 政策パッケージに基づいて、官民協力の下に進められているが、それらの進行度は、例えば UNPAN（United Nations Online Network in Public Administration and Finance）2012（Dexter and V. Parr（2003））の報告によれば、日本の電子政府即応度（e-government readiness）において Develop Index は0.7152で、世界ランキングは18位である。東南アジアにおけるこの分野のリーダーシップは、すでに韓国やシンガポールが握っているといわれている。

本項では、電子政府利用者として龍谷大学生の保護者家族を対象に調査を実施し、重要度と効率を測定するために5点リッカート尺度を使用した（1＝非常に不満、5＝非常に満足）、（1＝まったく重要でない、5＝非常に重要）。

　効率を測定するために、文献より27の属性を選択した。データはメールなど電子的に収集し、107の回答を得ている。46が女性であり、61は男性であった。全体の回答者の45％が独身である。
　調査結果は3つの観点から示すことができる：
1. 日本の「電子政府サービス」に対する一般的な認識
2. 電子政府がもたらす利得分析
3. IPAグリッド上のプロッティング結果

日本の「電子政府サービス」に対する一般的な認識
　電子政府サービスの全体的なサービス品質に関する項目に、回答者は5点リッカート尺度を用い、「非常に良い」(5)、「良い」(4)、「どちらでもない」(3)、「悪い」(2)、「非常に悪い」(1)とのポイント評価をおこなっている。全体的なサービス品質に対する平均的な評価は2.72であった。さらに回答者は、各サービスに対しその重要度（再度同じサービスを受けたいと思うか、他人にそのサービスを進めたいと思うか）に対し、「まったくそうは思わない」(1)、「そうは思わない」(2)、「どちらともいえない」(3)、「そう思う」(4)、「まったくそう思う」(5)との尺度で回答している。
　電子政府サービスを使ってみた感想として、(1)基本的な事項、(2)公共サービスの向上、(3)公費の活用(4)市民と政府（自治体）との良い関係、(5)重要な十分情報に基づいた意思決定をする、についての結果では、興味深いことに回答者の46.7％が、電子政府サービスの利用は市民と行政の間のより良い関係を作るのを助けることはできないとしている。その他の回答者（58.9パーセント）の半分以上は、電子政府サービスの利用は、よく情報に基づいた意思決定を行うのを助けることができると感じている（表7－2）。

表7-2 電子政府サービスを使用した市民の感想

	Essential	Improving public services	Wasting public money	Creating better relationships between citizens and government	Important to make well-informed decisions
Yes	36.4%	32.7%	41.1%	8.4%	58.9%
No	22.4%	24.3%	28.0%	46.7%	14.0%
Do not know	41.1%	43.0%	30.8%	44.9%	27.1%

As a result of using e-government services, I am convinced that such services are:

出所：Wong et al. (2011)

表7-3 市民にとって重要と感じるトップ10

	Benefits	Mean Imp.	Rank Imp.	Mean Per.	Rank Per.
B14	Convenience and available at anytime (24 hours a day, 7 days a week)	4.46	1	3.74	1
B2	Processing transactions speedily	4.44	2	3.36	10
B4	Reduce customers' time spent travelling to the government office	4.37	3	3.60	3
B3	High speed accessibility	4.30	4	3.62	2
B9	Providing faster access to documents and forms	4.23	5	3.48	6
B13	Easy to find information	4.21	=6	3.50	4
B5	Decreased customer queuing time	4.21	=6	3.49	5
B18	Providing up-to-date information	4.21	=6	3.47	7
B16	Keeping customer data private (privacy)	4.17	7	3.16	14
B15	Keeping customer personal and financial information protected (security)	4.15	8	3.01	17
B1	Saving transaction costs	4.09	9	3.20	13
B10	Having a quicker response time to queries	3.96	10	3.05	15

出所：Wong et al. (2011)

図7-2　IPAグリッド（市民）

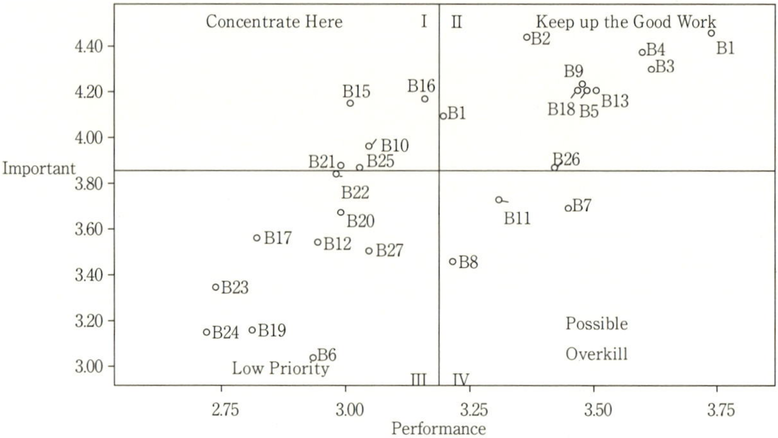

```
                    Concentrate Here    I │ II   Keep up the Good Work
          4.40                            │         ○B2
                                          │                    ○B4      ○B1
                                          │               B9        ○B3
          4.20              B15   B16     │             ○○○     B13
                             ○     ○      │         B18 B5
          4.00                            │○B1
                                  ○ B10   │
Important                    B21 ○ B25    │         B26
          3.80              ○  ○          │         ○
                                B22       │
                               ○          │          ○
          3.60            ○B17  ○B20      │         B11      ○B7
                              ○B12 ○B27   │
          3.40         ○B23               │         ○B8
                                          │
          3.20      ○B24  ○B19            │           Possible
                              ○B6         │           Overkill
          3.00             Low Priority   │
                                       III│ IV
                 2.75          3.00         3.25      3.50      3.75
                                       Performance
```

出所：Wong et al. (2011)

7.5　分析結果

　表7－3は、市民の観点からの重要度トップ10を示している。市民に対する利便性と可用性（1日24時間週7日（B14）、手続きを迅速に処理する（B2）、官公庁や窓口へ出向く時間を短縮すること（B4）要求への迅速な対応（B3）、文書やフォームへの迅速にアクセスできる（B9））と、すべてが速度と時間に関することである。

　IPAグリッド（図7－2）において、x軸とy軸の交点は重要度の平均3.86と、効率の平均3.19であり、それぞれの値が中央になるようグラフを配置する。各象限について意味をみていこう。

　Ⅰ象限（高重要/低効率）「ここに集中せよ」という領域であり、ここに分類される属は最優先で改善される必要があることを示しており、次の5つが配置されている。

・要求に迅速に対応する（B10）
・個人情報や財務情報の保護の維持（B15）

・プライベートやプライバシーの保護（B16）
・迅速なサービスと有用な応答（B21）
・障害者への対応（B25）

セキュリティやプライバシーの問題などの問題は重要であるにもかかわらず、市民は効率的に実現できているとは感じていない。適切な方法で信頼関係を気づいていかねばならないことが指摘されている（Momentum Research Group（2000），World Markets（2001））。

　II象限が（高重要 / 高効率）「このまま続ける」という領域である。この象限に分類されたすべての属性は組織的にうまくいっていることを示している。
　手続き経費を節約する（B1）、手続きを迅速に処理する（B2）、すぐに処理に掛かれる（B3）、官公庁や窓口へ出向く時間を短縮すること（B4）、顧客の待ち時間を減少させる（B9）、文書やフォームに迅速にアクセスできる（B13）、利便性と可用性（B14）などがこの分類となっている。

　III象限は（低重要 / 低効率）「低優先度」の領域である。この象限に分類属性のいずれかは重要ではない。
文字通り象限IIIに「低優先度」として分類されている利点のいくつかは、

・対面処理を減少させる（B6）
・ユーザーにとって親しみやすい（B12）
・個人に合わせた対応（B17）
・積極的な参加の奨励（B19）
・明確かつ平易な言葉でのコミュニケーション（B20）
・信頼性と信頼性の高いサービス（B22）
・担当者との対話（B23）
・顧客へ思いやりと再訪の奨励（B24）
・説明責任を高める（B27）

Ⅳ象限は（低重要／高効率）「可能な限りやめる」ことを示唆する領域である。それは過度に強調されている属性を示しており、組織はこれに代わって他のリソースに資源を割り当てる必要がある。この象限には、駐車料金を節約する（B8）、郵送費の節約（B11）燃料経費の節約（B7）などが分類されている。

7.6　本章の結論に代えて

本章ではIPA分析の電子政府評価について紹介し、その実際運用の一例を示した。提供者側の適切な資源配分のために、利用者（市民）が何を求めて、何が効果的時実現できていると感じているかを知ることは重要であり、簡便で視覚的なIPA分析は有用であると考えられよう。

また、サービス提供者（政府、自治体）側からのIPA分析、市民と提供者間の重要度重要性分析（IIA）、効率性対効率性分析（PPA）に拡張する計画がある。

付録：利用者の利便属性

	Benefits	Important	Performance
B1	Saving transaction costs	4.09	3.20
B2	Processing transaction speedily	4.44	3.36
B3	High speed accessibility	4.30	3.62
B4	Reducing customers' time spent traveling to the government offices	4.37	3.60
B5	Decrease customer queuing time	4.21	3.49
B6	Decrease face to face interaction	3.04	2.93
B7	Save petrol costs	3.69	3.45
B8	Save parking costs	3.46	3.21
B9	Provide faster access to documents and forms	4.23	3.48
B10	Having a quicker response time to queries	3.96	3.05
B11	Save postage costs	3.73	3.31
B12	Being user friendly and easy to use	3.54	2.94
B13	Easy to find information	4.21	3.50
B14	Convenience and availability (i.e. 24 hours a day, 7 days a week)	4.46	3.74
B15	Keeping customers' personal and financial information protected (Security)	4.15	3.01
B16	Keeping customers' data private (Privacy)	4.17	3.16
B17	Giving customers caring and individual attention (i.e., referral to a contact person)	3.56	2.82
B18	Providing up-to-date information	4.21	3.47
B19	Encouraging active participation from citizens (i.e., e-consultation)	3.16	2.81
B20	Communicating in clear and plain language	3.67	2.99
B21	Providing prompt service, and helpful response to customer requests	3.88	2.99
B22	Providing dependable and reliable services	3.84	2.98
B23	Making interaction with government less bureaucratic	3.35	2.74
B24	Increasing customer loyalty and encouraging repeat visits	3.15	2.72
B25	Being accessible for people with disabilities	3.87	3.03
B26	Reducing the number of customer visits to government offices	3.87	3.42
B27	Increasing government accountability to citizens	3.50	3.05
	Average	3.86	3.19

出所：Wong et al. (2011)

参考ウェブサイト

Site 1: Japan e-government portal
 http://www.e-gov.go.jp
Site 2: Internet World Stats
 http://www.internetworldstats.com

参考文献

Aamva (2001) "E-Government: A Cost Model to Compare the Marginal Costs of Traditional DMV Transaction Delivery to an E-Government Delivery System," AAMVA Electronic Government Working Group, America, [Online]. Available: http://www.aamva.org

Agimo (2004) "E-Government Benefits Study," Australian Government Information Management Office (AGIMO), [Online]. Available: http://www.agimo.gov.au

Agimo (2006) "E-Government Benefits Study," [Online]. Available: http://www.agimo.gov.au

Bannister, F. (2007) "The curse of the benchmark: an assessment of the validity and value of e-government comparisons," *International Review of Administrative Sciences*, vol. 73, no. 2, pp. 171-188.

Blose, J. E., W. B. Tankersley, and L. R. Flynn(2005) "Managing Service Quality Using Data Envelopment Analysis," *Quality Management Journal*, vol. 12, no. 2, pp. 7-24.

Carman, J. H. (1990) "Consumer perceptions of service quality: An assessment of the SERVQUAL dimensions," *Journal of Retailing*, vol. 66, no. 1, pp. 33-55.

Cronin, J. and S. A. Taylor (1992) "Measuring Service Quality: A Reexamination and Extension," *Journal of Marketing*, vol. 56, no. 3, pp. 55-67.

Cronin, J. and S. A. Taylor (1994) "SERVPERF versus SERVQUAL: Reconciling Performance-based and Perceptions. Minus. Expectations Measurement of Service Quality," *Journal of Marketing*, vol. 58, no. 1, pp. 125-131.

Crook, P., S. J. Rohleder, and A. Simmonds(2003) *CRM in Government: Bridging the Gaps*, Atlantic and Europe, Accenture.

Dexter, A. and V. Parr (2003) *Government Online Study*, Taylor Nelson Sofres.

Donnelly, M., M. Wisniewski, J. F. Dalrymple and A. C. Curry(1995) "Measuring service quality in local government: the SERVQUAL approach," *International Journal of Public Sector Management*, vol. 8, no. 7, pp. 15-21.

Eggers, W. D. (2004) *Citizen Advantage: Enhancing Economic Competitiveness Through E-Government*, Deloitte & Touche.

Eggers, W. and S. Goldsmith (2004) "Government by Network: The New Public Management Imperative," Deloitte Research and the Ash Institute for Democratic Governance and Innovation at the John F. Kennedy School of Government, Harvard University.

Ennew, C. T., G. V. Reed and M. R. Binks (1993) "Importance-Performance Analysis and the Measurement of Service Quality," *European Journal of Marketing,* vol. 27, no. 2, pp. 59-70.

Enright, M. J. and J. Newton (2005) "Determinants of Tourism Destination Competitiveness in Asia Pacific: Comprehensiveness and Universality," *Journal of Travel Research,* vol. 43, no. 4, pp. 339-350.

Fache, W. (2000) "Methodologies for innovation and improvement of services in tourism," *Managing Service Quality,* vol. 10, no. 6, pp. 356-366.

Forman, M. (2002) *E-Government Strategy: Simplified Delivery of Services to Citizens,* Whitehouse, Washington.

Go, F. and W. Zhang (1997) "Applying importance-performance analysis to Beijing as an international meeting destination," *Journal of Travel Research,* vol. 35, no. 4, pp. 42-49.

Goings, D. A., D. Young and S. H. Hendry (2003) "Critical Factors in the Delivery of e-Government Services: Perceptions of Technology Executives," *Communications of the International Information Management Association,* vol. 3, no. 3, pp. 2-15.

Hawes, J. M. and C. P. Rao (1985) "Using importance-performance analysis to develop health care marketing strategies," *Journal of Health Care Marketing,* vol. 5, no. 4, pp. 19-25.

Hutton, G. (2003) *Building a Business Case for E-Government Portals,* Anti-Terrorism Force, Protection Office, Vignette Corporation.

Information Society Commission (2003) *E-Government: More Than an Automation of Government Services,* Department of the Taoiseach, Dublin.

Ingram, H. and G. Daskalakis (1999) "Measuring quality gaps in hotels: the case of Crete," *International Journal of Contemporary Hospitality Management,* vol. 11, no. 1, pp. 24-31.

Jaeger, P. T. and K. M. Thompson (2003) "E-government around the world: Lessons, challenges and future directions," *Government Information Quarterly,* vol. 20, no. 4, pp. 389-394.

Janssen, M. (2010) "Measuring and Benchmarking the Back-end of E-Government: A Participative Self-assessment Approach," In: Wimmer et al. (eds), 9th IFIP WG 8.5 International Conference, EGOV 2010, Lausanne, Switzerland, pp. 156-167.

Janssen, D., S. Rotthier, and K. Snijkers (2004) "If You Measure It, They Will Score: An Assessment of International eGovernment Benchmarking," *Information Polity 9e,* vol. 9, no. 3-4, pp.121-130.

Joseph, M. and B. Joseph (1997) "Service quality in education: a student perspective," *Journal Quality Assurance in Education,* vol. 5, no. 1, pp. 15-21.

Kuo, Y. (2003) "A study on service quality of virtual community websites," *Total Quality Management & Business Excellence,* vol. 14, no. 4, pp. 461-474.

Li, Y. N., K. C. Tan and M. Xie (2002) "Measuring web-based service quality," *Total Quality Management,* vol. 13, no. 5, pp. 685-701.

Martilla, J. and J. James (1977) "Importance- Performance Analysis," *Journal of Marketing,* vol. 14, pp. 77-79.

Milbourn, JR. G. (1998) "Quality Service Makes Happy Customers and Greater Profits,"

Business Forum, vol. 23, no. 3, pp. 15-19.

Momentum Research Group (2000) "Benchmarking the eGovernment Revolution: Year 2000 Report on Citizen and Business Demand," Cunningham Communication Commissioned by NIC. [Online]. Available: www.egovernmentreport.com

Murakami, T. (1997) "The Impact of ICT on Economic Growth and the Productivity Paradox," Center for Knowledge Exchange & Creation, Nomura Research Institute. [Online]. Available: http://www.tcf.or.jp/data/19971011_Takeshi_Murakami_2.pdf

Nale, R. D., D. A. Rauch, and S. A. Wathen (2000) "An exploratory look at the use of importance performance analysis as a curricular assessment tool in a school of business," *Journal of Workplace Learning: Employee Counselling Today*, vol. 12, no. 4, pp. 139-145.

Norris, D. F. and M. J. Moon (2005) "Advancing E-Government at the Grassroots: Tortoise or Hare?" *Public Administration Review*, vol. 65, no. 1, pp. 64-75.

Ojo, A., T. Janowski, and E. Estevez (2005) "Determining Progress Towards E-Government: What are the Core Indicators?" in D. Remenyi (ed), 5th European Conference on E-Government, Antwerpen, pp. 313-322.

Orwig, R. A. and J. Pearson (1997) "An Empirical Investigation into the Validity of SERVQUAL in the Public Sector," *Public Administration Quarterly*, vol. 21, no. 1, pp. 54-69.

Osborne, D. and T. Gaebler (1992) *Reinventing Government: How the Entrepreneurial Spirit is Transforming the Public Sector*, Reading: Addison-Wesley.

Parasuraman, A., V.A. Zeithaml and L.L. Berry (1985) "A Conceptual Model of Service Quality and Its Implications for Future Research," *Journal of Marketing*, vol. 49, no. 4, pp. 41-50.

Parasuraman, A., V. A. Zeithaml and L. L. Berry (1988) "SERVQUAL: A Multiple-Item Scale for Measuring Consumer Perceptions of Service Quality," *Journal of Retailing*, vol. 64, no. 1, pp. 5-6.

Pathfinders (2002) "A Guide to Implementing CRM in Local Government," Office of the Deputy Prime Minister, UK. [Online]. Available: http://www.legsb.org/pf/crmguide.html

Peoplesoft (2002) "Creating a Constituent-Focused Government," PeopleSoft Inc. [Online]. Available: http://whitepapers.zdnet.co.uk

Philip, G. and S. A. Hazlett (1997) "The measurement of service quality (of information services): A proposed new P-C-P attributes model," *International Journal of Quality and Reliability Management*, vol. 14, no. 3, pp. 260-286.

PMA (2003) *Implementing the President's Management Agenda for E-Government*, Office of Management and Budget, Executive Office of the President of the United States.

Reddick, C. G. (2005) "Citizen Interaction with E-Government: From the Streets to Servers?" *Government Information Quarterly*, vol. 22, no. 1, pp. 38-57.

Sharrard, J., J.C. Mccarthy, M.J. Tavilla, J. Stanley (2000) "Sizing US eGovernment," The Forrester Report.

Shutter, J. and E. Graffenreid (2000) "Benchmarking e-Government," NIC publications, Momentum Research Group. [Online]. Available: http://www.nicusa.com/pdf/EGOV_Benchmark.pdf

Skok, W., A. Kophamel and I. Richardson (2001) "Diagnosing information systems success: importance - performance maps in the health club industry," *Information & Management*, vol. 38, no. 7, pp. 409-419.

Slack, N. (1994) "The importance-performance matrix as a determinant of improvement Priority," *International Journal of Operations & Production Management*, vol. 14, no. 5, pp. 59-75.

Souder, D. (2001) "CRM improves citizen service in Fairfax County," *Public Management*, vol. 83, no. 4, pp. 14.

Symonds, M. (2000) "Government and the Internet: Sign on the dot.com line," *The Economist*, vol. 355, no. 8176, pp. 27.

UNPAN (2001) "Benchmarking E-Government: A Global Perspective - Assessing the Progress of the UN Member," [Online]. Available: http://www.unpan.org/egovernment.asp

UNPAN (2005) "Global Readiness Report: From eGovernment to eInclusion," [Online]. Available: http://www.unpan.org/egovernment5.asp

UNPAN (2012) "Global E-Government Survey: E-Government for the People, 2012," [Online] from http://www2.unpan.org/egovkb/global_reports/12report.htm

Van Dyke, T. P. and L. A. Kappelman (1997) "Measuring information systems service quality: Concerns on the use of the SERVQUAL questionnaire," *MIS Quarterly*, vol. 21, no. 2, pp. 195-208.

Wauters, P. and P. V. Durme (2004) *Online Availability of Public Services: How Does Europe Progress? Web Based Survey on Electronic Public services*, Cap Gemini Ernst & Young.

Wisniewski, M. and M. Donnelly (1996) "Measuring Service quality in the Public Sector: The Potential for SERVQUAL," *Total Quality Management*, vol. 7, no. 4, pp. 357-367.

Wisniewski, M. (2001) "Assessing customer satisfaction with local authority services using SERVQUAL," *Total Quality Management*, vol. 12, no. 7, pp. 995-1003.

Wong, M. S. (2010) "Evaluating E-Government in Malaysia: The Use of ROI Vs ROR Matrix to Evaluate E-Filing Services," In: Chappelet et al. (eds), 9th IFIP WG 8.5 International Conference, EGOV 2010, Lausanne, Switzerland, pp. 114-124.

Wong, M. S., C. Fearon, and G. Philip (2009) "Evaluating E-Government in Malaysia: An Importance-Performance grid Analysis (IPA) of citizens and service providers," *International Journal of Electronic Business*, vol. 7, no. 2, pp. 105-129.

Wong, M. S., S. Jackson, G. Philip (2010) "Cultural issues in developing E-Government in Malaysia," *Behaviour and Information Technology*, vol. 29, no. 4, pp. 423-432.

Wong, Meng Seng, Nishimoto Hideki and Philip George (2011) "The Use of Importance-Performance Analysis (IPA) in Evaluating Japan's E-Government Services," *Journal of Theoretical and Applied Electronic Commerce Research*, VOL 6, No2, AUGUST.

World Bank (2002) *Electronic Government and Governance: Lessons for Argentina*, The World Bank Group. [Online]. Available: http://www-wds.worldbank.org

World Markets (2001) *World Markets Research Centre Global E-Government Survey 2001*, [Online]. Available: http://www.worldmarketsanalysis.com/e_gov_report.html

Yavas, U. and D. J. Shemwell (2001) "Modified importance-performance analysis: an application to hospitals," *International Journal of Health Care Quality Assurance*, vol. 14, no. 3, pp. 104-110.

第 8 章　電子政府と公共政策の有効性
——電子政府の新たな役割——

西垣泰幸
東　裕三

8.1　地方分権と公共選択の理論

8.1.1　ティブー均衡、足による投票と住民移動、公共選択の顕示選好理論

　すでに第一章において述べたように、公共財は、非排除性と非競合性という2つの性格から、誰かの負担によりひとたび公共財が供給されると大勢の個人がその公共財を同時に消費できるし、また、供給のための費用を負担しない個人も公共財の消費から排除されることはない。したがって、公共財は市場において供給できないか、あるいはできたとしても過小にしか供給されないという、いわゆる「市場の失敗」と呼ばれる現象が起こることが知られている。このような理由から、公共部門が課税により財源を得て、無償で公共財を供給することが必要となる。

　その際、政府が効率的に公共財供給を行うためには、各個人の公共財に対する選好を正しく知る必要がある。ところが、先に述べた公共財の性格が原因となり、各個人には公共財の選好を正直に表明するインセンティブが存在しない。たとえば、リンダール・メカニズムなどの選好の表明が租税負担とリンクしたような擬似市場的なメカニズムにおいては、各個人が自分の公共財に関する選好を仮称に申告する傾向があることが知られている。政府と個人の間の「情報の非対称性」を前提とする限り、政府が個人の選好に把握や、あるいは顕示選好の問題は、効率的な公共財供給にとって避けて通ることができない課題である。

ところが、第1章で述べたティブーの「足による投票」のメカニズムにおいては、多様な公共財を供給する多数の自治体の間を、住民が自分の公共財ニーズにしたがって自由に地域間移動を行う結果として、公共財に対する選好が顕示されることになる。地方政府は、地方公共財を当該地域の住民が払う地方税により供給するとし、さまざまな公共財と地方税の組み合わせを持つ多くの地域が存在することを想定する。このような地域間で、個人が自由に居住地を選択できるとすれば、それぞれの個人が自分の選好に合致した公共財と地方税の組み合わせを提示した地域に居住することになる。このようにして、居住地選択という個人の自発的な行動を通じて特定の地方公共財と税の組み合わせを選ぶことにより、個人の選好が顕示されるのである。

8.1.2 住民の地域間移動と公共財需要の顕示メカニズム

住民の足による投票は土地や住宅のなどの固定資産の価値を変化させる。たとえば、ある地域の公共サービスの増加により、その地域に居住することの便益が高まるのであれば、当該地域では住民の流入により人口が増加する。ところが、土地や住宅の供給量は短期的には硬直的で、すぐには増大しないので、これらの固定資産の地代を増大させることになる。このような動きは、地代の上昇による住民移動の沈静化や、長期的には住宅や住宅用地の供給が増えることによりやがて新たな均衡に向け調整されることになる。

すでに第1部第1章において述べたが、住民移動による「資本化仮説」とは、住民の移動を媒介として地方公共サービスの便益がその利用者ばかりではなく地代に帰着するという仮説である。このように、公共財便益の地代への資本化は、足による投票のいまひとつの帰結であり、そこにおいてどの程度地代が上昇するかは、地方政府が供給した公共財に対する住民の「足による投票を通じた」評価ともいえるものである。以下では、第1部で展開したティブーモデルに基づいて、公共財便益の資本化について検討する。

第1部では、多数地域からなる経済の効率性と地方公共財供給に関する最適条件を導出し、地方公共財の供給、企業数、人口、地域数などに関する必要条件を求めた。さらに、市場経済を基礎とする分権的な地方政府の活動が、

当該地域の生産活動、消費活動などに関する最適な資源配分、地方公共財の最適供給を実現することを検討した。加えて、公共財便益の資本化がどのように生じるのかを検討し、地方公共財の供給と地代総額に関する次のような関係を明らかにした[1]。

$$\frac{dr_i L_i}{dG_i} = L_i \left(\frac{dr_i}{dw_i}\right)\left(\frac{dw_i}{dG_i}\right) = N_i \frac{u_{iG}}{u_{ic}} \quad (1)$$

　この式の右辺は、公共財と私的財の限界代替率をすべての個人について合計したものであり、私的財の単位ではかった公共財の限界便益を示している。したがって、(1)式は公共財の追加的供給による地代総額の増加が、公共財の限界便益と一致することを示している。すなわち、ティブー的均衡においては、公共財の供給による便益がすべて地代に帰着（Capitalization）することがわかる。このような観点は、"キャピタライゼーション仮説"あるいは公共財に関する「ヘンリー・ジョージ定理」として議論されているものである。

地方公共財供給とヘンリー・ジョージ定理
　ヘンリー・ジョージ定理の経済的な意味は、次のように考えることが出来よう。ここで想定したように全ての地域が同一である場合には、地域の数を最適に選ぶ問題は、ある一つの地域において住民の数を、その地域の効用が最大となるように選択する問題と一致する。そこで、代表的な地域の効用を最大とする人口の選択を考えよう。人口を一人増加させると当該地域の生産は労働の限界生産力と等しいだけ増加するが、同時に私的財の消費も一人分だけ増加することになる。他方、地方公共財については、その仮定から共同消費が可能であるので、供給コストは上昇しない。このような状況で、公共財の供給量と私的財の一人当り消費量を一定の水準にとどめておくならば住民には以前と同じ効用水準が保証できるので、新しい住民のこの地域への「社会的貢献」が正である限り、人口の増加がこの地域の効用水準を増加させることが分かる。逆に、それが負となる場合には、その地域の人口を減少させ

ることにより効用を高めることができる[2]。

このようにして最適な人口数が達成された状況では、生産された財のうち、賃金相当部分が私的財消費と等しくなっており、残りの部分、すなわち地代相当分が公共財の供給に使用されることになる。したがって、地域の人口が最適な場合には、地代総額を徴収し公共財の供給財源とすれば財政収支の均衡が得られるとする、ヘンリー・ジョージの土地単一課税論が妥当することが分かる。

地方分権と情報の非対称性

先述のように、公共財の最適供給の議論において、消費者の公共財の選好に関する情報不足は大きな問題である。サミュエルソンによって正しく指摘されているように、消費者には公共財に対する限界評価を正しく表明するインセンティブが存在しないので、その費用負担において"フリーライダー"の問題が起きたり、公共財が過小供給に陥ったりするという問題が発生することが知られている。

地方公共財の場合には、多数の地方政府により多様な公共財が供給されることから、地方政府間の競争がおこり、住民の居住地域の選択により私的財における供給者間競争と類似の効果が期待される。しかしながら、地方公共財はその地域内では純粋公共財の特性を持つので、地域内ではフリーライダーの問題が発生する可能性がある。ところが、ここで想定したような状況では、公共財の便益が地代に帰着することから、地方政府が地代を評価関数として公共財を供給することにより、このような問題を回避する可能性が考えられよう。このように、分権的な地方政府による公共財供給には、中央政府によるそれにはないメリットが存在するものと考えられる。

資本化に関する実証分析

資本化仮説が地方政府の政策決定にどの程度の情報を与えうるかは、この仮説が現実の社会をどの程度描写するものであるかに依存している。資本化

仮説を実証する分析にはいくつかのものがあるが、それらは公共財供給が地価や不動産価値に影響を与えるという資本化仮説を基本に、地価関数を推計するものである。第1は、Oates (1969) に見られる、地方の財政変数が固定資産価値に与える影響を、回帰モデルを用いて検証する方法である。第2は、Brueckner (1982) により始められたもので、地代の最大化が公共サービスの最適性を示すとする命題を応用した実証分析である。第3の方法は、Roback (1982) によりはじめられたもので、公共財をはじめとする便益が作り出す快適性が地代に影響を与えるとするヘドニック地代の理論を基礎として、地価関数を実証するものである。

　これらの研究は、いずれも「地価関数」と呼ばれる、地代もしくは固定資産価格を被説明変数とし、研究対象となる公共サービスの指標や特定の税率などの財政変数を説明変数に含む回帰式を推計するものである。その中で、Oates (1969) では、固定資産価格は財産税（固定資産税）と有意に負の相関があり、また、生徒一人当たり教育支出と有意に正の相関があるとの結論を得ており、ティブー仮説と整合的な一定の資本化が起こっていることを結論付けている。他方、Brueckner (1982) では、一人当たり教育支出についても、また、その他の支出についても有意な相関係数を得られていない。したがって、これらの政府支出が地価に影響を与えるとはいえないことになる。この点について、彼は、他の自治体と同等の公共財をより低い税負担で提供できる場合には、当該自治体の財産価値は高くなるが、逆に、すべての自治体が等しく効率的で、当該地域の財産価値を最大化しているのであれば、税率差は公共財便益の差と等しくなり、この場合には財産価値と公共支出との間に体系的な関係性は存在しなくなると結論している。

8.1.3 住民移動とティブーソーティング

　足による投票の均衡を別の角度から評価すると、住民の地域選択結果として、所与の地域に同様の選好を有した個人が居住するといういわゆる"Tiebout Sorting"と呼ばれる状況を現出させることになる。これは、住民

が各自のニーズに合致した公共財を提供する地域を選んで居住することにより、同一地域内に居住する住民の選好が、互いに似通ったものになることを意味している。

住民の地域間移動と最適人口配分

住民の地域間移動に関して分析するためには、異なる公共財を供給する地域を想定するモデルを用いた分析をする必要がある。以下の分析では、地域の非対称性の問題に焦点を当て、住民の地域間移動と地方政府の分権的政府活動の効率性を検討する。地域間非対称性には、いくつかのものが考えられる。それらのうちの重要な一つとして、土地の供給量や生産関数が異なる場合など各地域の生産条件が異なる場合があげられる。ここでは、土地の供給量が地域ごとに異なる場合について分析を進めよう[3]。

非対称的地域モデル

第1章において検討した多地域モデルから、2つの地域を取り出して、これら2地域からなる経済を検討する。これらの地域は、土地の供給量が異なる点を除いては基本的に同じである。ただし、分析を簡単にするために、各地域には規模に関する収穫一定のもとで操業する、それぞれ1つの企業が存在すると考える。また、結果を明瞭な形で示すために、地方公共財は私的財と完全代替の関係にあり、その供給費用は1と仮定する。

以上のような仮定の下で、各地域が地方公共財の供給について最適化行動を取っている場合の分権的地域経済の均衡条件は次のように示される。

$$N_i \frac{u_{iG}}{u_{ic}} = 1 \qquad (i = 1,2) \qquad (2)$$

$$f(N_i, L_i) = N_i c_i + G_i \qquad (i = 1,2) \qquad (3)$$

$$u_1(c_1, G_1) = u_2(c_2, G_2) \qquad (4)$$

$$N_1 + N_2 = P \tag{5}$$

(2)式は、第1地域、第2地域の公共財供給におけるサミュエルソン条件に他ならない。(3)式は、各地域の資源制約条件である。また、(4)式は、ティブー的定住均衡の条件を2地域のケースについて示したものであり、地域間の効用均等化条件となっている。最後に、(5)式は人口制約を示している。

地域経済の均衡

(2)式から(5)式により示される分権的均衡条件が、効率的資源配分の条件を満たすものであるかどうかを検討しよう。まず、私的財と地方公共財の最適供給条件に関しては、(2)式は私的財と公共財の限界変形率が1という簡単化の仮定の下で、公共財の最適供給条件に一致することがわかる。また、生産の最適条件に関しては、各地域の生産関数を1次同次と仮定したことから、完全競争的な市場のもとで企業が利潤最大化を達成するならば、その最適条件が成立していることがわかる。残された問題は、完全な人口移動の下で成立する両地域の効用均等化条件(4)式が、人口の最適配分条件式、あるいは、ヘンリー・ジョージ定理(1)式を成立させるか否かである。

ティブー均衡と最適人口配分

ティブーモデルにおいて、各個人は、自分の効用が最大となる地域を選んで地域間移動することが想定されている。そこで、最適な人口移動が達成されれば、住民の効用に関する裁定行動の結果各地域の効用水準は均等化することが示される。ここでは、(2)式と(3)式を用いて、各地域の効用関数 $u_i=u_i(w_i,G_i)$ を書き換えることにより、その地域の住民数に依存する間接的効用関数を以下のように示す。

$$V_i(N_i) = u_i[\frac{f_N(N_i) - G_i^*}{N_i}, G_i^*(N_i)] \tag{6}$$

これを N_i に関して微分することにより、次の表現を得る。

$$V_{Ni}(N_i) = u_{ci}[\frac{f_N(N_i)-G_i^*}{N_i}, G_i^*(N_i)]\cdot[f_{Ni}(N_i)-c_i^*] \tag{7}$$

(7)式は、住民一人が第 i 地域に追加的に移住したとき当該地域に与える影響を示しており、「人口移動の社会的限界便益」と呼ばれている。各地域の効用が人口 N_i に関して最大化されているのであれば、(7)式はゼロとなる。その下では、次のような関係が成立している。

$$f_{Ni}(N_i)-c_i^* = 0 \tag{8}$$

(8)式第1項は、住民が一人増えたとき、労働者として1人が生産に参加することによる生産量の増加分を示し、第2項は、同様に消費者1人が増加することによる消費の増加分を示している。すなわち、(8)式は追加的住民の当該地域に対する限界的貢献がゼロとなるまで人口流入を要請するものであり、最適な人口の地域間配分条件式に他ならない。このように、地域間効用均等化条件と人口配分式とから決まる各地域の人口配分が、各地域の効用を最大化しているときにのみ、最適な人口配分に関する条件が満たされることがわかる。

また、このとき1次同次の生産関数から得られる $f(N_i, L_i) = f_{Ni}\cdot N_i + f_{Li}\cdot L_i$ と個人の予算制約式から次のような関係が得られる。

$$G_i = F_{Li}(N_i, L_i)\cdot L_i \tag{9}$$

この場合には、ヘンリー・ジョージ定理も同時に成立していることがわかる。

非対称地域間の住民移動と経済厚生

(6)式の間接的効用関数を代入した地域間効用均等化条件と、人口配分制約式(5)式とから決まる人口配分の効率性を検討しよう。先にみたように、地域間人口配分が(8)式を満たすものであれば、効率的な地域間資源配分が達成され、非対称的な複数地域経済における分権的均衡の効率性が保証される。これを検討するために、間接的効用関数と人口配分制約式とにより示さ

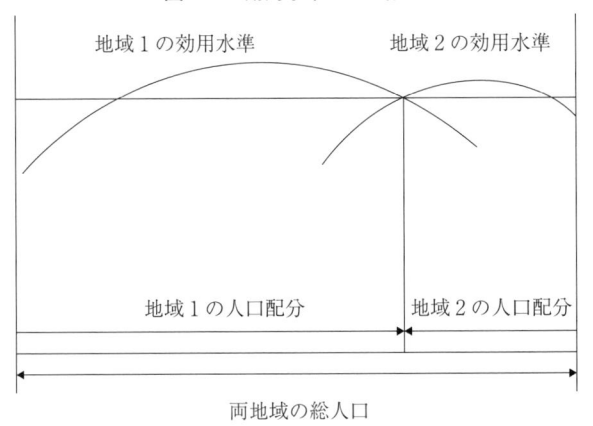

図8-1 効用水準と人口配分

地域1の効用水準　　地域2の効用水準

地域1の人口配分　　地域2の人口配分

両地域の総人口

れる典型的な均衡を示したのが図8-1である。(7)式からわかるように、間接的効用関数がどのような形状を取るかは、一般的には確定できない。ここでは典型的なケースとして適当な人口の範囲内で最大値をとるようなものを想定している。また、この図では、第1地域の方を相対的に土地供給が豊富な地域と想定して描かれている。

　図8-1は、安定な均衡点であるが、両地域ともに最大効用を達成することが出来ず、人口の地域間最適配分は達成されていない。すなわち、両地域の効用均等条件である(4)式は満されているが、各地域の効用最大条件(8)式は満されていない。このような意味で、非対称地域間の分権的均衡には非効率性が残り、分権的経済の失敗が生じることになる。

「足による投票」と「分権化定理」

　Oatesの「分権化定理」は、住民の選好が地域的に分布しており、いわば、地域ごとに必要となる公共財が異なっている場合で、しかも公共財に対する住民のニーズも異なるような状況に議論を限定している。すなわち、住民の選好が地域内では同一で、かつ、地域間では異なるような多数の地域が存在する場合、中央政府が全国で画一的な公共財を供給するよりも、住民のニー

ズをよく知る地方政府が分権的に供給することが効率的であり望ましいことを述べている。このように、「分権化定理」が示唆する地方分権の合理性はTieboutモデルが持つような公共財に対する選好顕示といったような積極的な側面は弱いが、ある種、住民の選好の地域ごとの差異に対応すべき公共財供給のあり方を述べていると考えることができよう。

8.1.4 「声」(Voice) か「退出」(Exit) か

住民が実際に足による投票を行使するとなると、少なからぬコストが必要となる。特に、移転先の情報収集、雇用機会の確保、転居に伴う費用などが高い場合には、住民の地域選択による移動が大きく制限を受けることになる。また、逆に、わが国の場合には、住居を移転する機会は、転職や転勤、あるいは持ち家の購入に伴う引越しが通常であり、その機会に、子供の教育や環境、交通の利便性などさまざまな観点から居住地の選択が行われていると考えるほうが自然であるかもしれない。

移動に伴うコストが高くつく場合には、住民は、足による投票として「退出」(Exit) する代わりに、政治的な働きかけや投票行為により政府や行政担当者に対して「声」(Voice) を上げると考え、そのような住民の行動様式が組織に与える影響を検討したのはHirschman (1970) であった。そこで彼は、次のような結論を得ている。Exitは個人的な行動であるのに対し、Voiceが実効性を持つためにはある程度大人数による集団的行動が必要となる。したがって、意思決定費用の面からいえばVoiceよりExitのほうが低い。Voiceは組織の中に残って不満を解消しようとする行為であるから、当該地域の状況改善に有効であるが、Exitにはそのような貢献が少ない。Exitが容易になればなるほどVoiceが減少し、状況改善の力が働かなくなる。逆に、当該地域の政策に不満を持つ住民のExitが進めば、残された集団が小さくなり、集合行為としてのVoiceが機能しやすくなる。

地域の状況を改善するためのVoiceの手段にはさまざまなものが考えられる。投票モデルやヤードスティック・モデルが想定しているのは地方選挙に

おける投票行動であるが、近年では、重要な政策変更を行う場合に、各自治体がパブリックコメントを行って、住民の意見・意向を調査することが一般的になっている。また、電子政府や電話によるコールセンターを設置して、住民に対する情報提供を容易にしたり、住民の意見を吸い上げたりすることも一般的になってきた。

住民のすみわけに関する実証分析

Tiebout Sorting に着目した住民のすみわけに関する実証分析は、Miller (1981) を始めいくつかのものがあるが、それらは主に地方自治体ごとの住民の所得の集中度を、ハーフィンダール指数を用いて計測してゆくものである。そうして、この指数が高いほど、同じ所得階層に属する住民が多いことを意味しているので、Tiebout Sorting が進んでいると判断するものである。

このような手法によりわが国の市町村ごとの状況を検討した研究に、西川＝林 (2006) がある。彼らは、比較的経済開発が進んでいない北海道と沖縄、および、都市型の府県でハーフィンダール指数が低い市町村が多く、全般的にすみわけが進んでいないと結論している。

8.2 シグナリング均衡とヤードスティック・モデル

8.2.1 地方政府とシグナリングモデル

第一部第1章においては、地方分権下の地方政府と住民の関係をエージェントとプリンシパルモデルにより表現し、情報の非対称性の上に成り立つ住民の租税負担と地方政府による政策や、公共財供給を不完備契約の観点から分析し、ヤードスティック・モデルを構築してその効率性を議論した。そこでは、地方政府間においてヤードスティック競争が展開されるとしても、そのナッシュ均衡の下では公共財は過小にしか供給されないことがわかった。さらに、公共財の過小供給という非効率性を軽減するための政策として、政府による政策情報の開示と住民のニーズの把握の重要性が指摘された。また、

第1部第3章においては、都道府県および市町村のデータを用いて日本においても地方政府間のヤードスティック競争が行われている可能性が示された。したがって、地方政府間のヤードスティック競争をより有効な結果に導くためには、政府による政策情報の開示と住民のニーズの把握が重要であり、電子政府はそのための有用な手段であることが指摘された。

地方政府と住民との間に情報の非対称性がある場合には、当該地方政府の取る政策を住民が正しく評価するために、また、政府の政治的なアカウンタビリティを高め、住民の支持を得るためには、地方政府による政策情報の開示が重要な要素となる。本章においては、情報の非対称性を前提とする地方政府と住民によるプリンシパル＝エージェント関係（不完備契約）において、特に、政府のディスクロージャーと電子政府の役割の関係を検討するために、シグナリングモデルを用いて政府と住民の契約関係性に接近する。ここでも、政府と住民の間に情報の非対称性を仮定し、住民が政府の提供する政策情報のディスクロージャーに基づいて政府の評価を判断して、地方選挙において現行政府と契約するかどうかを、現行政府を再選させるかどうかにより投票する。それにより、政府の努力水準と政府の公共財供給に関するインセンティブをコントロールするメカニズムである。

シグナリングモデル

政府と住民間のプリンシパル＝エージェント関係をシグナリング均衡から分析したモデルは存在しない。そこで、Holmstrom=Milgrom（1991）を参考に以下のようなモデルを想定する。住民と地方政府の契約関係については、各地方に同質的な住民が n 人存在し、地方政府に税 t_i を納め、地方公共財 g_i の供給を受けるとする。政府は公共財を供給するとともに、それに要したエフォート g_i をシグナルとして開示する。住民は政府の情報開示に基づいて政府の評価を行い、それが一定水準を満たしていると判断される場合には、現職政府が次期の契約を更新することができるとしよう。すなわち、当該政府が提供する政策、地方公共財の満足度が一定の水準を満たすならば、住民

は次回の地方選挙において現職知事、現行政府に投票する。逆に、現行政府の政策の満足度が不足していると判断される場合には、対立候補に投票し、現行政府は職を継続することができない。したがって、当該政府が運営することによる期待効用は、当選した際のレントに当選確率を掛け合わせたものとなる。以下では、まず、地方分権のシグナリング均衡モデルの想定について見てゆこう[4]。

地方政府（エージェント）の行動

1. ある地方政府は、住民から一人当たり税 t_i を徴収し、地方公共財 g_i を提供する。公共財の供給水準は、同時にこの政府の努力水準を表していると考える。
2. 政府の政策努力は、政府の効用関数 $V(g_i)$ を減少させる。したがって、$V(g_i)$ は g_i に関する減少関数であると仮定する。
3. 政府の行動は情報として住民に伝わるが、住民はそれを完全には把握できない（観察可能であるが確証することができない）と仮定する。政府が提供する政策に関する情報にはノイズが混在していると仮定し、簡単のため、評価関数は加法的に示されると仮定するので、住民の政策評価関数は次のように示される。

$$\mu(g_i) + \varepsilon_i \tag{10}$$

ここで、ε_i はランダムノイズであり、平均ゼロの正規分布に従うと仮定する。

4. 公共財供給に伴う費用は租税により徴収されるので、政府の予算制約式は次のように示される。

$$g_i = nt_i \tag{11}$$

5. 住民による政府の政策評価がある一定の水準 C（リザーベーション水準）を超過すると、この地方政府は次回の地方選挙により再選され固定レント

R を得る。

$$x = \mu(g_i) + \varepsilon_i \geq C \tag{12}$$

政府の期待効用最大化による努力水準の決定

したがって、政府の期待効用は次のように示される。

$$\begin{aligned} E[R+V(g_i)] &= R \cdot pr[\mu(g_i)+\varepsilon_i \geq C] + V(g_i) \\ &= R \int_{C-\mu(g_i)}^{\infty} D(\varepsilon_i)d\varepsilon_i + V(g_i) \end{aligned} \tag{13}$$

この期待効用を最大化するように公共財の供給水準を決定する。最大化のための1階の条件より以下の式が得られる。

$$-V'(g_i) = R \cdot \mu'(g_i)D(\varepsilon_i) \tag{14}$$

この式の右辺は、公共財を提供することによる限界的な評価の上昇とそれに基づく再選確率の上昇を意味しており、また、左辺は、その努力に要する政府の効用低下を意味している。したがって、政府による公共財の提供が、限界的な再選確率の上昇と、効用水準の限界的な減少とに等しくなるところで決まることを意味している。

また、この式は、第1部第1章において扱ったSeabrightモデルの地方政府の行動方程式と同様の意味合いを示している。したがって、住民（プリンシパル）の政府（エージェント）のパフォーマンスに関する評価関数が加法的な場合には、投票を通じたヤードスティック競争モデルとシグナリングモデルの均衡は、公共財供給の効率性に関して類似の結果をもたらすことがわかる。

8.2.2　住民のヤードスティック政策評価とシグナリング均衡

以下では、住民の政策評価が効用水準を基準に行われる場合を考察しよう。

第1部第1章のティブー均衡モデルや第2章のヤードスティック・モデルと同様に、住民は各地域において各自1の労働供給を行い、賃金 W_i を得ると仮定する。その上で、各地域の住民の行動について、追加的に以下のような想定を行う。

住民の行動

住民は、当該地域で行われる生産活動に1単位の労働を提供し、賃金 W_i を得て、所得税 t_i を支払い、残りの所得をすべて私的財 c_i の購入に当てる。なお、私的財の価格は1とする。したがって、住民の予算制約式は、

$$W_i = c_i + t_i \tag{15}$$

したがって、住民は当該地域の政府が提供する公共財 g_i と私的財 c_i を消費して満足を得る。住民の効用関数は以下のように示される。

$$U_i = u_i(c_i, g_i) \tag{16}$$

住民と地方政府のシグナリング均衡とその特性

当該地域の住民の評価関数は、私的財と公共財から得られる効用を隣接する比較地域と比較して、自地域の効用水準が高かどうかを検討する、いわゆるヤードスティック比較に基づくものとする。したがって、評価関数は次のように示される。

$$u_i(c_i, g_i) + \varepsilon_i \geq u_j(c_j, g_j) + \varepsilon_j \tag{17}$$

政府の予算制約式と個人の予算制約式を目的関数に代入することにより、より簡単に、以下の問題に示すことができる。

$$\max v(g_i) + Rpr[u_i(c_i, g_i) + \varepsilon_i \geq u_j(c_j, g_j) + \varepsilon_j] \tag{18}$$

政府の期待効用最大化のための制約条件を用いて整理することにより、最大

化のための1階の条件は次のように示される。

$$R\left(\frac{\partial u_i}{\partial g_i}-\frac{1}{n}\frac{\partial u_i}{\partial c_i}\right)\int_{\varepsilon_j}f(u(c_j^*,g_j^*)+\varepsilon_j-u(c_i,g_i))f(\varepsilon_j)d\varepsilon_j=-v'(g_i) \quad (19)$$

第(19)式は、第1部第1章において出てきたヤードスティック均衡の方程式に他ならない。それは、2つの地域間のナッシュ均衡を規定する私的財と公共財の最適性の条件である。ここでは、簡単のために対称均衡(symmetrical Nash equilibrium ($g_1=g_2=g^*,c_1=c_2=c^*$))に議論を限定すると、最適条件は以下のように示される。

$$R\left(\frac{\partial u}{\partial g_i}-\frac{1}{n}\frac{\partial u}{\partial c_i}\right)\int_{\varepsilon_j}f(\varepsilon_j)^2 d\varepsilon_j=-v'(g_i) \quad (20)$$

ヤードスティック競争との類似性

第(20)式を書き換えることにより、公共財供給に関するサミュエルソン条件を導出することができる。

$$n_i\frac{u_g^i(c_i(g_i),g_i)}{u_c^i(c_i(g_i),g_i)}=1-v'(g_i)\frac{1}{R\cdot\int_{\varepsilon_j}f(\varepsilon_j)^2 d\varepsilon_j}\frac{n_i}{u_c^i(c_i(g_i),g_i)}, i=1,2, j\neq i \quad (21)$$

すでに第1部第2章でも述べたように、(21)式の左辺は住民全体の公共財と私的財の限界代替率である。それが、右辺第1項により示される、公共財と私的財の生産における限界変形率（この場合には1）と等しいなら最適性が達成できる。ところが、(21)式には右辺第2項が残り、この項は総体として正である。したがって、公共財供給の最適性は満たされず、また、公共財が過小供給に陥っていることがわかる。

公共財供給の効率化と電子政府の役割

シグナリング均衡の効率性を改善するためには、どのような政策が考えられるであろうか。それを検討するためには、(21)式の右辺第2項をいかに小さくするかを検討すればよい。

ランダムノイズ ε は正規分布しており、その標準偏差が σ^2 であることから、再選確率の密度関数を以下のように示すことができる。

$$\int_{\varepsilon_j} f(\varepsilon_j)^2 d\varepsilon_j = \frac{1}{2\sigma\sqrt{\pi}}$$

そこから、ランダムノイズの標準偏差が小さくなれば再選確率が上がり、逆に、標準偏差が大きくなれば再選確率が下がることがわかる。ランダムノイズの標準偏差は、地方政府と住民の間の情報の非対称性の程度を示すと考えることができるので、双方の情報格差を低減する方策が有効である。政府の情報開示や住民ニーズの把握がそ入れに当たると考えられ、今日の IT 化社会の中では電子政府がそのための有効な手段であると考えられる。

8.3 投票行動と電子政府の役割

8.3.1 地方政府と公共選択のアカウンタビリティ

第1部のヤードスティック競争モデルを検討した際に、現職政府が再選され、引き続き政府を運営するためには、政策や公共財の提供において住民の満足度をあげる必要があり、そのためには民意を反映した政策や公共財の供給を行う必要があることがあきらかになった。このモデルにおいては、地方分権のメリットが発揮され、各地域の住民のニーズに応じた地方分権政策が成功するためには、選挙による公共選択が住民のニーズに合致した選挙結果につながるかどうかに依存している。したがって、地方選挙において住民が投票行動に参加し、その結果、民意を反映した候補が当選しているかどうかが問題である。

投票行動モデルとは何か

これまで見てきたように、ヤードスティック競争は地方選挙における住民の投票行動を通じて行われるものである。したがって、地方政府間のヤードスティック競争が有効に機能するかどうかは、住民の選挙行動により、地方

政府の行動に民意が反映されるかどうかに依存しているといえよう。このような観点から、以下では地方選挙における住民の投票行動に焦点を当て、議論を進める。

選挙における投票行動の分析を行った研究に、Riker and Ordeshook (1968) がある。彼らは住民の合理的な選択行動から投票行動に接近し、自分の考えに近いマニフェストを掲げる候補が当選したときに得られる便益や、自分の意見が選挙結果に反映できる可能性、すなわち1票の重みや、さらには投票活動に要するコストなどの観点からアプローチをしている。そこでは、有権者の投票行動は次のように定式化される。

$$R = P \cdot B + D - C \tag{22}$$

ここで、R は投票行動から得られる利得であり、$R>0$ならばこの個人は投票し、$R<0$ならば棄権すると考えられる。

右辺の P は、自分の投じた1票が選挙の勝敗を左右する確率を示している。すなわち、1票の重みがこれにあたり、この確率が大きくなるほど各自の投票行動の発言力が増すことになる。B は自分が支持する候補者が当選することによる便益や、あるいは他の候補者との効用の差を示し、$B = E(u_{t+1}^X) - E(u_{t+1}^Y)$ と表すことができる。ここで、u_{t+1}^i は候補者 i が選ばれたときにこの個人が感じる効用である。この値は、選挙の争点となっている問題について、政策の相違がもたらす効用を数値化したものや、あるいはより漠然と政党間の政策やスタンスの差を数値化したものと考えることができる。

C は投票のコストであり、投票に行くための交通コストや機会所得に加え、どの候補に投票するかという意思決定に要する情報収集のコストなどが想定されている。投票コストの高さに関しては、投票所に赴くための機会費用は高額所得者のほうが高くなるが、逆に、候補者やその政策に関する情報は高額所得者ほど簡単に得られるとする意見もある。

最後に、D は有権者が選挙に参加することや、投票行為から得られる便益であり、民主主義や住民自治に参加する責任感や満足感を示す変数と考えら

れる。個人の1票が選挙結果を左右する確率は非常に低いので、PB は比較的小さく、相対的に C が大きいので、常識的には $PB-C<0$ となる可能性が高いと考えられる。それでも多くの有権者が投票に向かうのは、この D が十分い大きいからという指摘もある。

8.3.2 投票行動と電子政府の役割

電子政府を通じて候補者の政見やマニフェストが周知されるのであれば、住民の選挙行動にどのような影響が期待できるのであろうか。Riker and Ordeshook の議論に従えば、電子政府により選挙情報が伝えられるのであれば、有権者は候補者の公約する政策やマニフェストを評価しやすくなり、有権者が得る便益の期待を形成することがたやすくなるかもしれない。また、選挙戦がより活発になるなどの影響で、有権者が投票に参加したり、自らの意思を選挙において明らかにしたりする意欲が高まるかもしれない。

表8-1 投票行動と電子政府活用

説明変数	モデル1	モデル2
定数項	45.67*	29.05*
	(1.887)	(1.984)
一人当たり公共支出	1.183	0.357***
	(1.528)	(2.819)
電子政府評価	0.071	−
(主成分)	(0.346)	−
	−	0.253*
(コンテンツ完備性)	−	(1.847)
人口	0.007	0.007
	(0.782)	(0.845)
一人当たり所得	−0.0521	−0.004
	(−0.728)	(−0.655)
R-squared	0.270	0.163
Adjusted R-squared	0.0726	0.083
S.E. of Regression	9.926	9.934

表 8 - 1 は、日本の都道府県知事選挙のデータを用いて試行的に計測した投票行動モデルである。Riker and Ordeshook の考え方に従いながら、さらに、電子政府の情報提供に関するデータを用いて構築されている。

非説明変数は知事選挙の投票率であり、1 票の重み P は都道府県の人口を用い、都道府県の一人当たり歳出を便益 B として用いている。さらに、投票コスト C に関しては、各都道府県の一人当たり県民所得を代理変数として用いた。各都道府県の電子政府活用状況を示すデータとしては、Nishigaki, Higashi, Nishimoto, Yasugi（2012）において求めた電子政府評価の第 1 主成分（モデル 1）とコンテンツ完備性の評価指標（モデル 2）を用いた。

表 8 - 1 においては、モデル 2 の諸変数が比較的有意に出ている。特に、電子政府の活用指標として用いたコンテンツ完備性の係数が優位となっており、情報開示のために電子政府の活用が進んでいる都道府県ほど投票率が高いことが伺い知れよう。

8.4　e-Democracy の実現に向けて

地方分権と情報発信、住民ニーズの吸い上げ

近年、中央、地方の諸政府は、IT 技術を活用して市民や国民とのコミュニケーションの機会を拡大すべく努力している。たとえば、施政方針を左右する「マスタープラン」の策定や、あるいは住民生活に影響を与える公共料金や、公共施設の利用方法などを改定する際には、紙面によるアンケートに加えて、ホームページ上でもパブリックコメントを募集している。

また、多くの自治体において、住民サービスのためにコールセンターを開設し、電話による利用案内や、定型的な質問に対する回答、さらには、E-メールによる質問に対する回答を行うようになってきた。さらには、地方分権改革に向けた行程の中で、多くの自治体が取り組んできた行財政改革のための努力として、地方政府が実施している事務事業評価やそれを基礎資料に

活用した事業仕分けなどの政策評価のプロセスを住民に公開しながら実施することが一般的となってきた。

電子政府と情報発信

　地方政府は、電子政府を活用して情報発信や住民の声の吸い上げを行ったり、公共事業の入札をしたりするなど一部の行政事務を提供している。電子政府の活用により住民と地方政府の距離は近づくし、地方政府の情報発信や行政のためのコストも小さくなる。第7章で行った電子政府評価を通じて、地方政府は電子政府を、現時点において、情報発信やあるいは政策の情報開示に活用している様が明らかとなった。E-メールによる十問の質問に対する応答も、2007年から2010年にかけて増加傾向を示しているが、いまだ、コミュニケーションが成立しているとはいいがたい状況であろう。

　住民の行政や政治への参加意識、地方政府へのニーズの開示など、より積極的なコミットメントが求められる。また、第1部第3章で検討したように、地方選挙を基礎とした、地方政府間のヤードスティック競争がわが国において実効性を持つならば、地方政府による行政サービスや政策情報の提供、あるいは、それらに対する住民の評価の吸い上げは、今後特に重要性を増すと考えられるし、また、地方行政の評価プロセスの一環としても重要性が増すことが期待される。

インターネットと選挙

　公職選挙法の規定により、これまで地方選挙においては選挙運動のために使用する文書図画は、通常はがきおよびビラに限られ、インターネットや電子メールを用いた選挙運動は禁じてきた。公職選挙法の一部改正により、平成25年5月より、ウェブサイトや電子メールを用いた選挙運動が解禁され、政党や候補者がホームページや電子メールで選挙運動をすることができるようになった。7月に行われた参議院議員選挙は、解禁後始めての選挙であり、各政党、各候補者は初めてこのような電子媒体を活用した選挙戦を戦った。

与野党は、若者の低投票率を底上げしようと情報発信に努め、選挙期間中、短文投稿サイト「ツイッター」や会員制サイト「フェイスブック」では、政治に関連したやりとりが若者の間でも活発化した。ところが、二十代の低投票率は今回の選挙においても大きな改善を見せず、六十代の投票率の半分に満たない状況が続いている。

　この要因のひとつには、選挙における争点や政党間、候補者間の政見公約の差異などが重要であることはいうまでもない。そのための電子政府の活用やそれを通じた住民とのコミュニケーション、行財政への参加意識の高揚などが今後とも大きな課題となろう。

注
1) 詳しくは、第1部、第1章第2節を参照されたい。
2) このように、ヘンリー・ジョージ定理は、公共財供給の財源として地代総額を徴収するような土地収益課税を提案するものであるが、逆に、地代総額と等しいだけの公共財供給を行ったとしても、均衡点以外では公共財の最適供給条件が満たされることを保証するものではない。
3) 分権的経済の効率性が達成されるのは、前節に示したような非常に単純化された状況に限られる。前節までの分析において仮定により排除してきた、地域の非対称性、地方公共財便益のスピルオーバー、地方政府の財源調達や公共財供給における規模の利益などのいくつかの問題を考慮するならば、分権的経済は資源の効率的配分に「失敗」する可能性が示される。
4) 以下では、住民と地方政府のプリンシパル＝エージェント関係をシグナリング均衡の観点から検討する。

参考文献
西垣泰幸（1999）「地方分権と地方公共財の最適供給」、寺田宏洲編著『地方分権と行財政改革』、新評社。
西川雅史、林正義（2006）「政府間財政関係の実証分析」、『フィナンシャルレビュー』、2006年。
Besley, T., and Case, A. (1995) "Incumbent Behavior: Vote Seeking, Tax Setting and Yardstick Competition," *American Economic Review*, vol. 85, pp. 25-45.
Besley, T., and Coate, S., (2003) "Centralized versus Decentralized Provision of Local Public Goods: A Political Economy Approach," *Journal of Public Economics*, vol. 87, pp. 2611-2637.
Brueckner, J.K. (1982) "A Test for the Allocative Efficiency in the Local Public Sector,"

Journal of Public Economics, vol. 19, pp. 311-333.
Hirschman, A.O. (1970) *Exit, Voice, and the Loyalty: Response to Decline in Firms, Organizations, and States*, Cambridge University Press, Cambridge.
Holmstrom, B. and Milgrom, P. (1991) "Multitask Principal-Agent Analysis: Incentive Contracts, Asset Ownership, and Job Design," *The Journal of Law, Economics, and Organization*, vol. 7, pp. 24-52.
Kotsogiannis, C. and R. Schwager (2008) "Accountability and fiscal equalization," *Journal of Public Economics*, vol. 92, pp. 2336-2349.
Millar G.J., (1981) *Cities by Contract*, MIT Press, Cambridge.
Nishigaki, Y., Higashi, Y., and H. Nishimoto (2011) "Voting with Feet, Yardstick Competition and Optimal Provision of Local Public Goods," *Proceedings of Singapore Economic Review conference*, CD-ROM.
Nishigaki, Y, Higashi, Y., Wong. M. S. and H. Nishimoto (2012) "A NEW E-GOVERNMENT ROLE IN IMPROVING LOCAL GOVERNMENT PERFORMANCE: A STUDY BASED ON A YARDSTICK COMPETITION MODEL," *INTERNATIONAL JOURNAL OF eBUSINESS AND eGOVERNMENT STUDIES*, Vol. 4 No. 2, 2012.
Nishigaki, Y., Higashi, Y., Nishimoto, H., and Yasugi, N. (2013) "An Empirical Analysis on Yardstick Competition among Local Governments and the Implications for Roles of e-Government in Efficient Provision of Local Public Goods," *Journal of Economics, Business and Management*, vol. 2, 133-138.
Riker, W.H., and Ordeshook, P.C. (1968) "A Theory of the Calculus of Voting," *American Journal of Political Science*, vol. 62, pp. 25-42.
Roback, J. (1982) "Wages, Rents, and the Quality of Life," *Journal of Political Economy*, vol. 90, pp. 1257-78.
Seabright, P. (1996) "Accountability and Decentralisation in Government: An Incomplete Contracts Model," *European Economic Review*, vol. 40, pp. 61-89.
Tiebout, C. M. (1956) "A Pure Theory of Local Expenditures," *Journal of Political Economy*, vol. 64, pp. 416-424
Wong, M. S., Nishimoto, H., Nishigaki, Y. and S. Jackson (2012) "JAPAN E-GOVERNMENT EVALUATION —Service providers' perception on the implementation of Japan's E-Government Services: Attribute Importance and Performance —," *The First Asian Conference on Information Systems 2012*, 2012. 12.

第9章　政府の情報発信と電子政府
―― 政策情報開示と危機管理情報 ――

矢杉直也
劉　長鈺
西本秀樹

9.1　政策情報開示の評価手法の構築と評価結果

9.1.1　自治体のウェブサイト評価の目的

　自治体における住民サービスは、そのサービスの存在やその効果が十分に住民へ周知されるかどうかで、住民の満足度に大きな影響を与える。自治体は、市民向けの広報紙を発行するなどして、すべての住民に公平に政策情報を届けるための体制をつくっているが、実際、広報紙が十分に行き渡っていないことなどもあり、すべての住民に対して公平に確実に政策情報を届けることは難しい。くまなく全住民に広報紙を届けるためには、限りなくコストがかかってしまうため、広報には効率的かつ効果的な手段を選択することが必要になる。

　市民へ政策情報を開示するうえでの重要なチャネルの一つとして、ウェブサイトでの情報提供がある。ウェブサイトにおける政策情報の開示は、もはや市民への情報提供や市民参加を推進する上での不可欠な手段となっている。しかも、自治体の概要や議会日程、政策情報などと一方的な発信だけではなく、意見・要望の受付やパブリックコメントの実施などといった市民の声を集める手段としても利用されている。ウェブサイトを通したサービスの提供は、物理的、時間的制約から解放されて受けることができるため、都市部、農村部いずれの住民にとってもメリットをもたらすものであり、人口規模や地域特性に関わらず、全ての地域で公平に提供されることが期待される。

今や、すべての自治体がウェブページを持ち、広報を担当する部署などが随時更新するよう運用されているため、自治体のウェブページの内容、構成はいずれも一定レベルに達していると認められる。

　しかし、実際のところ、自治体のウェブサイトは、各自治体が独自に構築しているため、その構成や内容は自治体によって異なる部分がある。申請・届出書の様式のダウンロードサービスなど市民生活に必要とされるサービスは、すべての都道府県で実施されているが、市町村においては、まだ実施されていない自治体がある。市区町村の中でも取り組んでいるサービスや内容には差があり、人口規模の大きな自治体ほど充実しているという傾向が見られる。その差異が住民に提供する政策情報の自治体間格差につながるようなことは、決してあってはならない。ウェブサイトに関するガイドラインとしては、一般的なウェブページのプログラミング上の基準を定めたものが存在しているが、自治体のウェブサイトが備えておくべき内容や機能などについて、包括的に定めた基準は存在していない。

　そこで、本研究では、自治体のウェブサイトが備えておくべき内容、機能および役割について、客観的かつ多面的な視点から評価する手法を構築し、実際に評価を行った。また、ウェブサイトにおける政策情報の開示を電子政府における重要な役割と捉え、その評価結果を統計解析によって分析することで、包括的な傾向および主要な要素の抽出し、日本における電子政府の発展状況を考察した。

9.1.2　自治体ウェブサイトの評価方法

　本研究では、自治体のウェブサイトについて、2度の調査を行った。一度目は、政府の「電子政府構築計画」が実施され始めたばかりの2007年、二度目は、その目標達成期限とされた2010年である。政府による電子政府化が進む中、自治体はどのように政策情報開示のあり方を変えていったのかを明らかにするとともに、政策情報開示を含む公共サービスが住民生活にどのような影響を及ぼしているのかを考察したい。

調査の概要

対象：47都道府県のウェブサイト
方法：評価専用ソフト、レビュワー（評価者）、質問回答による

　まず、自治体のウェブサイトの評価手法について説明する。一般的に、多くのウェブサイトの評価においては、規格への準拠や主観的な印象などで評価する方法が採られているが、本研究では、自治体のウェブサイトについて、包括的かつ客観的に評価するため、4つの指標を設けた。それが、「内容完備性」、「ユーザビリティ」、「アクセシビリティ」および「フィードバック」の4つである。それらの指標について、以下に説明する。

　まず、内容完備性の観点では、自治体が住民に対して提供すべき基本的な公共サービスや情報を網羅的にウェブサイトに掲載し、わかりやすく配置していることを検証した。具体的には、トップページまたは1回のクリックで下記 Table.1 に示す「備えるべき内容」があることを確認できた場合は適切に配置されていると判断した。評価対象の項目は、以下の4種類に分類した。

A.　紹　介：自治体および知事に関する紹介
B.　資料公開：議会や財政状況など政府の透明性を確保するための公開情報
C.　生活情報：市民サービスに直結する公共サービスの項目
D.　基本情報：ウェブサイトに掲載すべき基本的な情報

各分類における「備えるべき内容」は、表9−1のとおりである。

　次に、ユーザビリティである。市民が必要とする情報を簡単に見つけられるよう、簡単に情報にアクセスしたり、目的を達成するための操作性を備えていることを検証する。「ユーザビリティ　」という言葉は様々な使われ方をするが、ここでは、操作メニューや情報取得のための様々な手段の提供などのインタフェースの充実により、情報への到達しやすさに意味を限定して使用する。

　そして、3つめはアクセシビリティである。健常者はもちろんのこと、障害者や高齢者など、情報弱者とされる人を含むすべての人が、デバイスに依

表9-1　内容完備性における調査項目

分類	備えるべき内容
A. 紹介	自治体の紹介
	知事のプロフィール
	知事の直接の声（文章）
	自治体の政策、方針（*）
B. 資料公開	議会日程
	報告書等（*）
	財政・IR情報（*）
	法規集（*）
C. 生活情報	環境
	健康
	保険
	福祉
	教育
	文化、スポーツ
	観光
	国際
	産業、労働
	災害、危機管理（*）
	今日の予定、行事（*）
D. 基本情報	パブリックコメント（*）
	個人情報保護（*）
	広報資料（*）
	サイトポリシー（*）
	電話番号
	所在地
	フォーム
	ウェブマスタ

注）2007年調査の評価項目にはなかったが、自治体のウェブサイト充実とともに、新たに重要視されるようになった項目にとして、2010年調査において追加した項目には、（*）印を付した（以下の評価項目についても同様である。）。

存することなくウェブサイトにアクセスし情報を取得するためのインタフェースについて、ユニバーサル・デザインの観点から評価する。その指標としては、ウェブサイトの実装の妥当性を評価する指標として知られるWCAG1.0（Web Contents Accessibility Guideline 1.0）を使用する。WCAG1.0は、W3C（World Wide Web Consortium）によって1999年に勧告された一般的な標準である。WCAG1.0の評価手段としては、（株）NTTデータによ

表9-2　ユーザビリティにおける調査項目

分類	評価項目
A.　文字、静止画による静的な表現	新着情報 ナビゲーション パンくずリスト サイトマップ（*） サイト内検索（*） 多言語化（*） 子供版（*） ふりがな対応（*） ブログ（*） 携帯版（*）
B.　音声、動画による動的な表現（*）	動画 インターネット中継
C.　プッシュ型の積極的な情報発信（*）	RSSによる新着情報 ポッドキャスト Twitter ブログパーツ メルマガ
D.　電子申請等	電子申請 電子調達 施設予約

注）2007年調査では、「新着情報」の有無が項目としてあげられていたが、ほぼすべてのサイトにおいて標準的に実装されていることから、2010年では「RSSによる新着情報発信」と新しい技術を活用したものとして変更する。また、2007年調査では、客観的に評価しづらい「外観」があったが、具体的な指標を設定しづらく、主観に依存してしまうため、2010年調査では削除した。

って提供されているウェブアクセシビリティチェックサイト「HAREL」を使用ことで、採点を行った。

　なお、WCAGの新バージョンとなるWCAG2.0が2008年に同じくW3Cから勧告されたが、これは留意点を示すものとなり、達成度の評価基準が不明確で、客観的な評価が難しいため、本研究ではWCAG1.0を採用する。

　最後の評価項目は、フィードバックである。一方的に情報を発信するだけでなく、直接の来庁や電話以外の新たな手段で住民の声を受け止め、それに応えることは、ウェブサイトを利用する重要な価値のひとつである。住民からの問い合わせに対して迅速に、適切な回答を提供することは、住民の満足度を向上させる重要な側面であり、政府への信頼感を醸成するという効果も

図9-1 「HAREL」ウェブサイト

注：URLを入力するだけで、そのウェブサイトのWCAG1.0への準拠度合いを評価し、採点するとともに、改善点などの指摘も行う。
出所：http://harel.nttdata.co.jp/wact/inputProc/inputUrlBL.do

併せ持つ。また、住民にとっては、わざわざ役所に行かなくても情報を取得する手段を持つことで、移動のコストなどを減らすことができるといった効果も期待できる。本調査では、定型質問を各ウェブサイトの問い合わせフォームおよびメール送信により4回の問い合わせを行い、4回の返信内容について総合点を算出した。評価の視点としては、各質問への応答日数の速さ、質問の内容理解回答の妥当性、言葉遣いや文体の丁寧さの3つについて、定量的かつ客観的な基準を設けて点数化した。質問の種類は、様々な種類の質問への対応結果を測定するため、以下の(1)～(4)の4種類とした。

第 9 章　政府の情報発信と電子政府―政策情報開示と危機管理情報―　223

図9-2　HAREL による評価結果の例

達成基準	達成等級	診断ポイント	結果	該当行
		7.1.1 代替テキストに関するガイドライン		
	A	img要素にはalt属性（代替テキスト）を指定しましょう。	☀	66 240 352 364 374 382 390 401 448 469 482 483 484
	A	img要素のalt属性値は画像の情報を伝えているか確認してください。	☁	66
	A	リンクの設定されたimg要素のalt属性値はリンク先を指定しているか確認してください。	☁	240 448 469 482 483 484
	A	隣接する同じウェブページへのリンクは、一つのa要素にまとめましょう。	☂	85 232
	A	ASCIIアートや顔文字などの非テキストコンテンツが使われている場合は、代替テキストがあることを確認してください。	☁	39
	A	画像のCAPTCHAがある場合は、代替テキストでその目的を伝え、非画像のCAPTCHAがあるか確認してください。	☁	39
7.1.1.1 非テキストコンテンツ	A	スタイルシートで画像が指定されています。装飾のための画像であるか確認してください。	☁	42 48 50 57 70 84 85 85 86 87 96 99 100 101 102 107 108 109 110 111 112 113 114 138 142 151 151 154 154 156 156 157 160 163 170 176 184 185 191 194 195 206 209 210 217 217 218 218 225 229 230 244 247 250 252 253 254 283 284 313 343 344 352 364 374 382 390 401 414 415 417 418 422 425 427 428

注：細部にわたって診断度合いを表示する。

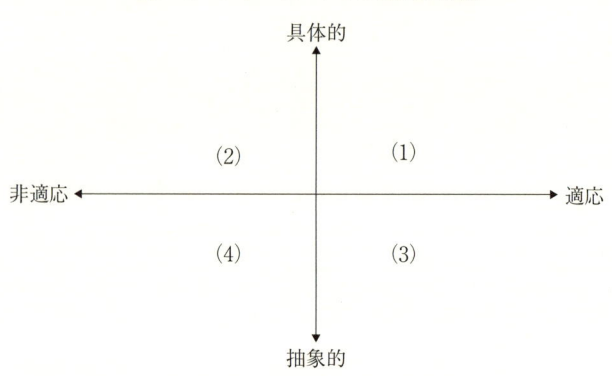

図9-3 フィードバックの質問の分類

```
            具体的
              ↑
      (2)  |  (1)
           |
   非適応 ←――――――→ 適応
           |
      (4)  |  (3)
              ↓
            抽象的
```

(1) 具体的・適応
　　内容が具体的でわかりやすく、かつ行政に対する質問として的確なもの
(2) 具体的・非適応
　　内容が具体的でわかりやすいが、行政に対する質問としては不的確なもの
(3) 抽象的・適応
　　内容が抽象的でわかりにくいが、行政に対する質問として的確なもの
(4) 抽象的・非適応
　　内容が抽象的でわかりにくく、かつ行政に対する質問として不的確なもの

9.1.3　調査結果

　内容完備性、ユーザビリティ、アクセシビリティおよびフィードバック4つの各評価項目について、各都道府県の得点を偏差値化し、それらの主成分分析および因子分析を行い、ウェブサイト構築における全体の傾向分析および主要な要素について考察を行った。

　2010年の調査においては、主成分分析の結果、以下のようなことが明らかとなった。

　4つの評価指標には、互いに相関関係は認められなかったが、固有ベクトルの値としては、アクセシビリティの要素が最も強く（0.640）、他の3要素

はいずれも弱いが同程度（0.470〜0.395）関与しているというように、評価項目による差異が見られた。

　第一主成分としては、アクセシビリティのみが傑出（0.989）しているのに対し、他の3要素は0.116〜0.020にとどまり、影響がほとんどないといえる。WCAGのガイドラインに沿ったシステム的な実装が堅牢にできており、アクセシビリティを高めているサイトが全体的な評価を押し上げているといえる。第二主成分としては、ユーザビリティが強い（0.931）一方で、フィードバックが弱いながら負（−0.356）の影響を及ぼしている。ユーザビリティとフィードバックは、いずれも人の作業に依存するコンテンツ作成やメール対応なので、コンテンツ管理システム（CMS: Contents Management System）などのコンピュータ・システム的に自動生成する要素の強い第一主成分とは対照的な評価軸であるといえる。アクセシビリティとフィードバックの間に負の影響があるのは、片方に力を入れると、他方が疎かになってしまうためではないかと推測できる。なお、第一主成分の寄与度は0.597、第二主成分は0.201で、合計0.798となるため、十分な要素が抽出されたといえる。

　また、因子分析の結果については、次のように述べることができる。各変数の共通性は、アクセシビリティのみが0.628であるのに対し、その他の3つは、いずれも0.03未満で、独立性が高い。因子を1つとして負荷量を算出すると、アクセシビリティが0.792と高い値を示したが、それ以外の3つについては、0.100〜0.170にとどまった。

　以上の結果から言えることは、アクセシビリティにおいて高く評価されたウェブページが、総合的な評価が高い傾向にあるということである。アクセシビリティは、ガイドライン（WCAG1.0）への準拠を点数化したものであることから、適正なガイドラインに沿ったウェブサイトを構築している自治体は、内容完備性やユーザビリティ、フィードバックなど多面的にウェブサイトの充実を図っており、ウェブサイトに対するリテラシが高いことが読み取れる。WCAG1.0へ準拠したウェブサイトを構築するためには、人的な作

業よりも、むしろウェブサイトを管理するためのシステムによって実装可能なものである。その準拠の度合いは、基本的に自治体が導入しているシステムの品質に依存してくる。つまり、準拠の度合いを高められるよう詳細に仕様を作りこんだシステムを導入するだけの予算をかけているかどうかが鍵を握る。予算を多くかけていることは、自治体としてその事業、政策を重視していると解釈することができる。

　一方、システム的な実装ではカバーしきれないものもある。内容完備性で示したメニューは、自治体が提供すべき必要不可欠な情報であるが、これらはいずれも、自治体職員が必要な項目を検討し、ウェブサイトにそのコンテンツを継続的に作成しなければならないからである。この内容完備性については、より繊細に情報を分類し、住民にとってわかりやすく配置するサイト設計している自治体が高い点数を獲得できることになるが、評価結果としては、全体的に高い水準の得点であった。これは、都道府県として行うべき業務が定められているうえ、それに沿ったメニューを構築すれば、自ずと似た項目表示となるためと推察できる。また、先行する他の都道府県のウェブサイトを見て模倣しやすいといった特徴もある。いずれも基本的な情報提供であるため、横一線に近い評価結果となったが、今後はその内容の有用性や即時性、記述のわかりやすさなどが問われてくることになるだろう。

　ユーザビリティでは、2010年調査を実施するにあたり、2007年調査の項目に、新しい評価項目を大幅に追加した。本評価に含まれる動画コンテンツの作成やプッシュ型配信、ソーシャルネットワーキングサービス（SNS）による情報提供などといった先進的な技術による情報公開については、技術の進歩とともに取り入れていく必要があるからである。多言語化やふりがな対応、色彩による視覚的表現などは、ユニバーサル・デザインに対する社会的な認識が高まる中で、全体的な水準も高まっている。自治体にとっては、ただ文章を公開するだけでなく、動画など様々な方法でコンテンツを作成する必要があるため、新たな人的作業、資源が必要となる。その点で、自治体にはある程度の情報公開への理解と積極性が求められる。

また、本調査を行った2010年8月時点では、まだ日本の多くの自治体ではツイッターやフェイスブックなどのソーシャルネットワーキングサービス（SNS）を活用している事例は希少で、大きな差異化には至っていないが、これらの情報公開については、e-Democracyの取組として、市民に対して積極的に情報を発信し、市民の声を掘り起こし、拾い上げる手段として今後更に注目されてくるであろう。

　また、フィードバックのメールへの問い合わせ対応は、住民と行政の関わり方を構築し、市民参加を推進する上で、重要な手段となる。住民にとって、疎遠になりがちな自治体に対して、直接声を届けるチャネルを増やすことになる。メールなどのやりとりにより、住民が自治体に声を届けることが容易になり、住民の声に対して、自治体が反応することは、市民参加へのなによりの動機付けとなる。

　しかし、市民とのコミュニケーションを深めるユーザビリティおよびフィードバックは、自治体職員のマンパワーによる対応を必要とする。市民とのコミュニケーションによる適切な情報提供やパブリックコメントによる市民参加の機会の創出は、時には行政の手間暇を増やすかもしれない。しかし、この重要性を認識し、ウェブでの市民参加を推進する自治体は、これらの作業を実施できる職員を育成することができ、より良い電子政府を構築することができるだろう。

9.1.4　2007年調査と2010年調査の比較

　2007年に行ったウェブサイト評価と2010年のそれとを比較し、傾向の異なる調査結果について指摘しておく。

　両者の変動係数を比較した結果、各評価項目の値が減少していることが確認された。変動係数は、各評価項目におけるばらつきを示しているが、いずれも値が小さくなっているため、自治体間格差は縮小していることが明らかとなった。

　主成分分析においては、いずれもアクセシビリティが要素として強いとい

表9-3 2007年調査と2010年調査の各評価項目における変動係数の比較

評価項目	2007年	2010年
内容完備性	0.115	0.037
ユーザビリティ	0.208	0.126
アクセシビリティ	0.410	0.198
フィードバック	0.399	0.215

う点で共通している。しかし、2007年調査においては、アクセシビリティとそれ以外の要素は、負の相関を示しているのに対し、2010年では、すべての評価項目が正の値であり、全体として整合のとれた方向性を持った値として現れている。

変動係数と主成分分析双方に共通していえることは、2007年時点では、まだ各自治体のウェブサイトは未成熟で、総合的な評価を行うことが難しい段階だったが、2010年になって、総合的に均整のとれた状態へと成熟し、自治体における情報発信に関するリテラシが全体的に向上していることがわかる。

個別の項目について考察を加えると、フィードバックについては、その重要性が注目されてきていることがうかがえる。電子政府に対する認識が向上していることが顕著に現れている。メールへの返信率は、2007年は75%だったが、2010年調査では、92%へと上昇した。これは、自治体の姿勢が変化したと理解することができる。メールによって受けた問い合わせに対して返信することは、時間的なコストを伴うものであるにもかかわらず、以前よりも重視するようになったといえる。政府や社会の情報化の進展とともに、ホームページやメールなどの電子的なコミュニケーションにも積極的に取り組み、電子政府への意識が向上していることがわかる。

アクセシビリティについては、前項で述べたとおり、自治体で導入しているCMSなどに依存するため、それが優れた機能を持っていると、評価は引き上げられる。近年、ベンダーから提供されるシステムは、安価で高品質、高機能なものが増えているため、全体的に底上げされる傾向にある。しかし、

システムの機能は、商品の価格と比例するため、この分野に予算を多く配分できる自治体が高い評価を得やすくなっていると考えることができる。

9.2 新メディアへの対応とその情報発信の有効性検証

9.2.1 ソーシャルネットワーキングサービスの出現と期待

これまでに見てきたとおり、e-Japan 計画の推進以降、政府の情報化の進展とともに、自治体も市民に対する情報発信を充実させ、ほとんどの自治体が一定のレベルに達しており、自治体および市民双方の行動に影響を及ぼしていることが認められた。しかし、これまで電子掲示板などによる自治体と市民の新たなコミュニケーションの場は活性化せず、多くの自治体では、ウェブページでの情報発信は、画一的で一方的なものにとどまっている。これでは、街角の掲示板がウェブページに媒体を変えただけである。従来の政府から住民への一方的な情報提供から、双方のコミュニケーションのあり方を変え、自治体の政策への理解を促進するための新しい対話ツールとして活用されることが期待されたものの、それに応えているとはいえない状況である。

しかし、2006年頃から Google や Amazon などによって広く用いられるようになった「Web2.0」は、様々な主体が情報発信し、その情報を相互に利用するプラットフォームへと、ウェブのあり方を一変させた。ウェブサイト上で個人などが簡単に情報発信する機会を創出し、個人、企業および自治体のいずれの主体が情報発信しようと、対等なひとつの個体の情報として捉えられるようになった。それにともない、それまでのインターネットにおける情報は、大企業や自治体などから住民を「マス」的に捉えて発信されるものが主流だったが、大企業や自治体の発信する情報も、個人一人一人に適合することが求められるようになった。また、インターネットを行き交う情報の量の爆発的な増加にともない、個人は自分に必要な情報を峻別するための時間を膨大に必要とするようになった。そこで、個人の嗜好に合わせて情報が届くような仕組みが求められ、企業や個人など様々な主体が発信した情報を

個人の嗜好に合わせて届ける技術やサービスが新たに開発された。

　ソーシャルネットワーキングサービス（以下、SNS）もその過程で生み出された技術のひとつで、個人が発信する情報を個人が必要なものだけを受け取れる仕組みなのである。2008年頃から急速に企業や個人の利用が広がり始め、日本ではツイッターやフェイスブックなどに代表されている。ツイッターやフェイスブックでは、個人が登録した友人や企業、自治体などから発信される情報が自分のタイムラインと呼ばれる画面に時系列の新しいものから順に表示される。個人は、あらゆる主体が発信した情報が渾然一体となって流れるタイムラインを見て、友人の近況や最新のニュース、関心事など様々な情報を取得する。これにより、個人は逐次ウェブページにアクセスしなくても、興味あるアカウントをあらかじめ登録さえしておけば、最新情報を受け取り、必要な情報にいつでもアクセスすることができるようになった。

　これまで個人が情報を閲覧する端末は、パソコンのウェブブラウザを使うことが主流であった。パソコンを日常的に使用しない個人にとっては手間がかかり、敷居が高かったが、SNSの広がりとともに急速に普及したスマートフォンは、個人にカスタマイズされた情報を確実に届ける端末として、個人の情報取得のチャネルを大きく拡大した。

　2010年を過ぎた頃から、SNSを利用する自治体が目立ち始めた。2013年4月現在、すべての都道府県がツイッターまたはフェイスブックいずれかのアカウントを公式に運用している。自治体の住民に対する情報発信の新たなツールとしての期待感がうかがえる。

9.2.2　自治体のソーシャルメディアにおける情報発信の課題

　自治体のウェブページにおける情報発信は、通常、広報担当部署の決裁によって承認を受けたものが、公式な発表としてウェブページに掲載される。広報発表は、トップページなどわかりやすい場所に掲載されるが自治体のウェブページを日々チェックしている住民は少ない。また、広報発表にはならずに各部署がウェブページで情報発信することもあるが、各部署のウェブペ

ージまでくまなくチェックする住民は更に少ないといえる。これではせっかく住民にとって必要な情報を各部署が発信しても、住民の目にすら触れないことになってしまう。

　そこで、SNSへの期待が高まっている。SNSにおける情報発信は、住民があらかじめ登録さえしておけば、広報発表も各部署が独自に発信した情報も、住民に直接届けるように、住民のタイムラインに表示させることができる。しかし、SNSは、アカウントを開設し、情報発信さえしていれば情報を取得したいという住民が増えるとは限らない。住民にとって魅力的な情報が発信されていなければ、情報を受け取りたいという住民が増えないのは当然のことである。どのような情報発信をすれば、情報の受け手を増やすことができるのか。各自治体は情報の発信内容を峻別したり、文章の書き方や表現手法などについても配慮したりするなど、市民を惹きつける工夫に頭を悩ませている。一体、どのような種類の情報が市民にとって魅力的で、必要とされる情報なのか。自治体としてどのように情報発信を行うことが、SNSを有効に活用していることになるのか。こういった検証は、まだ行われていない。

　日本では、ツイッターやフェイスブックなどが代表的なSNSとして知られており、政府および地方自治体などにおいても多くがアカウントを取得している。その中で、本研究では、ツイッターを調査対象として、その有効性を検証することとした。対象をツイッターとしたのは、フェイスブックに比べてツイッターのほうがやや早く日本で普及し始め、利用者が定着していること、また、2013年3月時点でフェイスブックより多くの都道府県が利用しているため、調査対象としてより広範囲な情報収集ができることが理由である。

　ツイッターにおけるコミュニケーションの特徴を改めてここで整理しておく。各アカウントから発信された情報は140字以内の短文で表現される。鳥がささやくように短い言葉を発することから、「ツイート」と呼ばれる。日本語では「つぶやき」と訳されている。そのツイートは、情報の受け手（ツ

イッターでは、「フォロワー」と呼ぶ。以下、「フォロワー」とする。）となった人の端末のクライアントアプリケーションにリアルタイムで自動的に表示される。それを見たフォロワーが、その情報に価値があると判断した場合や、友人・知人などに知らせたいと思った場合は、「リツイート」という機能により、そのフォロワーに転送する。それによって、より多くのフォロワーに発信され、拡散されることになる。多くのフォロワーが、価値があると判断した情報は多数のフォロワーにリツイートされ、多くのフォロワーの目にふれるとともに、さらに多くのフォロワー数を獲得することにつながる。また、フォローによってタイムラインに表示する以外に、「リスト化」によって、メインのタイムラインとは別の画面に情報収集することもできる。フォローしているのとは別のタイムラインをいくつも持つことができるのである。リスト化したアカウントの情報は、メインのタイムラインのように画面を開けばいつもそこに表示されるわけではなく、必要なときに表示して情報取得する形となる。ツイッターのユーザーは、フォローとリスト化を使い分けながら、情報収集を行っている。

　果たして、自治体におけるツイッターアカウントの発信する情報についても、同様のことがいえるか。自治体の発信する情報のうち、住民はどのような情報に価値があると感じてリツイートするのか。どのようなツイートがあったときにフォロワーやリスト化数はどのように変化するのか。人口の多い自治体のフォロワーは比例して多くなるのか。情報発信力のある自治体は、自治体の人口に比べてフォロワー数やリスト化数は多くなると考えられるが実際はどうなのか。自治体の政策は住民に届いているのか。

　本研究では、様々な視点から、自治体におけるツイッターの効果的な活用方法について、事例を検証しながら全体像を明らかにし、自治体における効果的なツイッターの利用方法について具体的な提言を行いたい。

9.2.3　調査方法

　本調査では、全国47都道府県のうち37都道府県が運用している47ツイッタ

ーアカウントを調査対象とした。2013年6月9日から8月10日までの2ヶ月間にわたって、毎週1回、週末に各アカウントについてのパラメータを取得した。

調査対象としたツイッターアカウントは、各都道府県およびその広報担当課が開設しているツイッターアカウントのほか、商業や文化振興等特定の目的で開設されたもので、公共機関ツイッターアカウント検索システム「がばったー」で検索できたものである。ただし、各都道府県立美術館や図書館などの施設が開設したアカウントは、目的が特化しており、自治体の政策情報の開示とは関係が薄いことから、調査対象外とした。

各ツイッターアカウントについて、フォロワー数、フォロー数、リスト化数、総ツイート数、ツイート全文、リツイート数、1フォロワーあたりのリツイート数および自治体の人口あたりのフォロワー数を求めた。ただし、リツイート数およびツイート全文については、情報収集に使用したプログラミングインタフェース（API）の制約により、データ取得時の直前20件のツイートに対してのみ処理を行った。各パラメータには、以下のような意味がある。

・フォロワー数
　自治体のアカウントが発信する情報を取得し、自分のタイムラインに表示するために登録を行った住民などの数。フォロワーの多い自治体のアカウントは、発信する情報が多くの人に送信されるため、情報発信力が高いとされる。ただし、フォローした住民に対して、儀礼的に「フォロー返し」することによって、フォロワーを増やす場合もあるため、一概に情報発信力が高いとは言い切れない側面もある。

・フォロー数
　自治体のアカウントが情報を取得するために登録した住民などの数。通常、自治体アカウントは情報発信を目的としており、住民などが日常的に発信する情報を取得する必要がないため、特にフォローをしないものも多い。

・リスト化数

　フォロワー数と同様に、自治体アカウントの情報を取得するために登録した住民などの数。ただし、フォローした場合のようにメインのタイムラインに情報が流れるのではなく、特定のテーマに沿って住民が選んだアカウントをリストとして登録する。タイムラインとは別画面にツイートが表示される。メインのタイムラインでは、時間の経ったものはチェックされにくいのに対し、過去を遡ってでも情報をチェックしたい場合などにも使用される。また、フォロー数は、フォロー返しなどの行為によって、人数が実際よりも多めにカウントされることがあるが、リスト化には、そのような行為がないため、情報を取得したいとする住民の数をより正確に捉えることができるとされている。

・総ツイート数

　自治体アカウントを開設してから、その時点までツイート総数である。この値が多ければ、より積極的に情報発信していると言える。

・リツイート数

　自治体アカウントのツイートを見て、自分のフォロワーや自分をリスト化している人にも伝えたいと思い、自分のツイートとして発信した住民の数である。リツイートは、その人にとって共感を呼び、より多くの人に伝えられるため、その人にとって価値のある情報であると言える。

　また、各アカウントのツイート全文を取得し、出現する単語の頻度を調査した。評価の高いアカウントにおいて、出現頻度の高い単語はどのようなものかを解析することで、市民の共感を得やすいツイートの内容の傾向を取得することができた。

　ツイート情報の収集には、Java 言語によるプログラムを開発し、Twitter API によってツイッターのウェブサーバから直接情報を収集した。プログラムの開発環境は、以下のとおりである。

　・開発環境 ecripse 4.2

・Java バージョン　Java EE 6
・Twitter API バージョン　Twitter4j 1.1
・形態素解析エンジン　kuromoji

9.2.4　調査結果

各パラメータの全体的な傾向

　各アカウントから得たパラメータについて、相関分析を行い、全体的な傾向を分析した。その結果、以下のようなことが明らかになった。

　総ツイート数は、フォロワー数およびリスト化数と中程度の相関がある。つまり、情報内容にかかわらず、多くのツイートによって積極的に情報発信することで、フォロワーとなったりリスト化したりする住民が増えやすいことになる。相関係数は、フォロワー数よりもリスト化数の方が若干高いため、総ツイート数の多いものはリスト化されやすい傾向にあるといえる。メインのタイムラインに多数出現するよりも、必要なときにのみ確認するリストのほうが、多くのツイートを発信するアカウントは登録されやすいと読み取ることができる。また、人口あたりのフォロワー数とも中程度の相関を示している。つまり、情報を積極的に発信することで、人口規模の小さな自治体でも、多くのフォロワーを獲得することができることを示している。しかし、これらの相関の程度がいずれも中程度に留まっているのは、総ツイート数よりもむしろ、ツイートの内容がフォロワー数やリスト化数の増減に大きな影響を与えるためと考えられる。

　次に、ツイートの内容の価値の高さを測るリツイート数と各パラメータの相関を確認しておく。リツイート数は、フォロワー数およびリスト化数と中程度の相関がある。価値ある情報を発信しているアカウントは、フォロワーなどによるリツイートによって情報が拡散されることで、さらに多くのフォロワーを獲得している。このときの相関係数は、ツイート数との関係とは逆に、リスト化よりもフォロワー数の方が高くなっている。つまり、リツイートする価値がある情報を多く発信するアカウントは、リストよりもフォロ

表9-4 各パラメータの相関係数

	総ツイート数	リツイート数	人口	フォロワー数／人口
フォロワー数	** 0.467	** 0.619	** 0.590	** 0.606
フォロー数	0.167	0.160	0.162	0.046
リスト化数	** 0.591	** 0.532	** 0.489	*** 0.704
総ツイート数		0.117	−0.018	** 0.672
リツイート数	0.117		* 0.321	* 0.389
リツイート数／フォロワー数	−0.249	0.173	−0.144	−0.156
人口	−0.018	* 0.321		−0.118
フォロワー数／人口	** 0.672	* 0.389	−0.118	

ーされやすいということになる。価値ある情報は、メインのタイムラインに表示し、リアルタイムでチェックしたいというニーズが高いということができる。

　リツイートされる情報を多く発信しているアカウントが、フォロワーやリスト化する人を増加させ、さらに情報発信力を高めるというのは、ツイッターの一般的な性質が自治体の情報発信についても当てはまっていることを示している。

　3つめに、自治体特有のパラメータについても確認しておく。自治体の人口や人口あたりのフォロワー数と比較を行った。フォロワー数やリツイート数は、人口規模の大きな自治体で多くなるのは、現象として自然なことである。そこで、自治体の人口に対する比率よりも多くのフォロワー数を獲得しているアカウントは、どのような特性があるのか、確認しておく。自治体の人口とフォロワー数およびリスト化数については、中程度の相関が認められ、これは、想定していた現象である。さらに人口あたりのフォロワー数について見てみると、リスト化数と強い相関があり、フォロワー数や総ツイート数、リツイート数についても中程度の相関があった。つまり、人口規模の大きな

自治体は、ただ人口数に応じて多数のフォロワーやリスト化を獲得しているだけでなく、多くのツイートを発信し、しかもフォロワーに価値ある情報として捉えられ、リツイートされていることがわかる。つまり、人口の多い自治体ほど住民のニーズに合致した情報を提供しており、住民の共感を得ていることになる。ツイッターの情報発信には、職員による作業が随時必要となるため、自治体の規模が大きく、職員数の多い自治体のほうが情報発信を担当する職員を充当させやすいことが想像できる。また、人口規模の大きな自治体のほうが、情報化が進んでおり、情報リテラシの高い職員が多いのではないかと思われる。

　また、先に行った自治体のウェブサイト評価の各パラメータとの比較も行った。ウェブサイト評価の4つの評価軸のうち、ユーザビリティ、アクセシビリティ、フィードバックについては、いずれもツイッターの各パラメータとの相関は認められなかったが、内容完備性については、フォロワー数、リスト化数および総ツイート数と弱い相関があることが認められた。自治体のホームページにおいて内容を必要な項目を十分備えながらも、さらにツイッターを使ってリアルタイム情報を発信し、市民のフォローやリスト化を獲得していることになる。内容の充実したウェブサイトを構築した自治体は、ツイッターの利用によっても、さらに進んだ情報公開を進めていることがわかる。しかし、人口規模や人口あたりのフォロワー数との相関は特に認められないため、規模にかかわらず、内容の充実した情報公開をおこなっている自治体があるということになる。他方、興味深い特徴として、フォロワー数およびリスト化数の増加率については、中程度以上の負の相関があった。これは、すでにある程度のフォロワー数およびリスト化数を獲得していることから、対象となる市民がすでにフォローしているため、それ以上伸びづらい状況になっているのではないかと考えられる。つまり、情報公開が早期に進展したことにより、市民の信頼をすでに獲得しているという先駆的な自治体にこのような現象が現れているものとみられる。

ツイート内容の個別事例

　次に、特に目立った特徴のあるアカウントについて、ツイートの内容を解析した。

　まず、上述の情報の発信力として、多くのパラメータと相関があることを示した人口あたりのフォロワー数をキーに検討する。その値がもっとも大きいのは、岩手県（@pref_iwate）で、約136万人の人口に対して44,000人あまりのフォロワーがおり、人口比で3.4%となる。他の自治体の平均が約0.3%であることから、格段にフォロワー数が多いといえる。次に続くのが青森県（@Aomori_pref）で1.6%、高知県（@pref_kochi）の1.0%、秋田県（@pref_akita）の0.9%などと続いている。

　岩手県は、平均リツイート数においても、東京都（@tocho_koho）の767件、京都府（@KyotoPrefPR）の631.1件に続いて、607.4件で3位となっている。また、総ツイート数においては、青森県の1271件、福井県（@fukuibrand）の833件に続いて、818件で3位である。つまり、岩手県は、質、量ともに充実した情報発信を行っているといえる。それでは、どのような内容のツイートを行っているだろうか。形態素解析を行った結果、「災害」、「大雨」などといった単語が多かった。災害や大雨については、大雨による災害が起こった際に、警報や注意情報などを頻繁に発信し、多くのリツイートを得ている。また、大雨などが収まった後も、被害の状況や交通機関の運行情報などを発信している。また、そういったときにフォロワーが特に増える傾向にあり、災害情報の共有に特に役立てられているといえる。また、「漫画」という単語が次いで多くみられた。これは、県に縁のある漫画家を交えたイベントを行う際の告知情報が多かったということである。その他、イベント情報も積極的に発信し、県民にとって重要な情報ツールとなっていることがわかる。

　次に、最もリツイート数の多い東京都について分析する。文化やスポーツのイベント情報など、都民に身近な話題を多く発信し、多くのリツイートを得ている。スポーツについては、特に2020年オリンピック開催地招致に関するものが多い。東京都提供のテレビ番組の紹介なども見られる。特徴的な点

表9-5　人口あたりのフォロワー数の多い都道府県（偏差値）

都道府県	アカウント	人口あたりのフォロワー数
岩手	@pref_iwate	105.61
青森	@AomoriPref	74.24
高知	@pref_kochi	61.50
秋田	@pref_akita	60.14
茨城	@ibaraki_kouhou	54.20
香川	@PrefKagawa	53.59
広島	@hiroshima_pref	52.83
福井	@fukuibrand	52.65
佐賀	@saga_kouhou	52.57
熊本	@KumamotoPref_koh	52.07

表9-6　総ツイート数の多い都道府県（調査期間における総件数）

都道府県	アカウント	総ツイート数
青森	@AomoriPref	1271
福井	@fukuibrand	833
岩手	@pref_iwate	816
北海道	@PrefHokkaido	726
栃木	@pref_tochigi	517
茨城	@ibaraki_kouhou	515
新潟	@Niigata_Press	493
鳥取	@tottori_kouhou	481
愛知	@pref_aichi	421
東京	@tocho_koho	390

表9-7 リツイート数の多い都道府県（毎週の平均件数）

都道府県	アカウント	リツイート数
東京	@tocho_koho	767.0
京都	@KyotoPrefPR	631.1
岩手	@pref_iwate	607.4
埼玉	@pref_saitama	571.9
茨城	@ibaraki_kouhou	259.5
福島	@Fukushima_pref	246.2
広島	@hiroshima_pref	233.9
滋賀	@watan_shiga	221.5
宮崎	@miyazakipref	211.5
高知	@pref_kochi	200.6

として、都庁内の各部署のアカウントが発信した情報をリツイートしているものが多く、ポータル的な側面もあるという点で、他の道府県と大きく異なっている。災害情報などは比較的少ないが、都についての総合的な情報発信という点で高く評価される。

そして、2番目に多くリツイートされた京都府はどうだろうか。京都府では、通常は府民のお出かけを誘うイベント開催の案内が中心であるが、豪雨・猛暑の季節になると、京都地方気象台からの高温や食中毒、竜巻などの注意情報や大雨警報とその解除などが多く発信され、多くリツイートされている。また、同じ時期にツイート数の増加とともに特にフォロワーの増加率の向上も認められる。ほぼすべての府民にとって身近な天候や健康に関する情報をリアルタイムに配信することで、府民がメリットを感じていることがわかる。ツイート数の増加は、府民の注意を喚起し、リツイートなどの反応を増やすことにも繋がっている。

最後に、ツイート数の多い青森県と福井県の事例について分析しておく。青森県は、全自治体の中で、最も多くのツイートを発信し、人口あたりのフォロワー数も2位につけているにもかかわらず、リツイート数は格段に少な

い。内容は、他の都道府県で見られたようなイベントや災害に関する情報ではなく、産業活性化、統計情報、障害者雇用、医療、災害対策、条例等県政に関する様々な分野の情報を発信している。しかし、青森県のツイートは、ほとんどリツイートされていない。様々な分野の県政情報を配信することの努力がみられる一方で、それが、今、県民にとって必要な情報であるかどうかは疑問が残る結果となった。他方、福井県については、政策情報ではなく、イベント情報が中心となっているが、リツイート数が青森県と同程度に少ない。青森県と福井県のツイートは、内容的には異なるが、共通していえることは、記事の見出しのみがツイートとなっている点である。また、人が話しかけるような温かみが感じられず、身近な情報が配信されていないような印象を受けてしまう。同じ内容でも、書き方ひとつで印象が大きく異なることがリツイート数に表れている。その点で、堅苦しい印象の政策情報を配信しているにもかかわらず、岩手県に次ぐリツイート数を獲得している自治体がある。それは、埼玉県（@pref_saitama）である。各部署の政策情報やイベント情報に織り交ぜながら、知事がイベントだけでなく、個別政策についての思いなどについてブログに掲載したことを告知している。これらがうまく混ざり合いながら、身近な県政情報という印象を与えていると考えられる。

地域間競争の視点から

次に、地域間競争の視点から分析する。活発に情報発信を行う都道府県と同一の地域にある他の都道府県は、その刺激を受けて情報発信が活発になっているか。あるいは、影響をうけていないかを検証する。

日本の都道府県を北海道・東北、関東、北陸、中部、近畿、中国、四国、九州の8つの地方に分類し、地域間での差異を求めた。すると、「東高西低」という結果になった。フォロワー数およびリスト化数は、関東が最も高く、北海道・東北が次いだ。ツイート数は、北海道・東北が最も高く、次に多いのは北陸だった。リツイート数は、関東が最も高く、近畿が次いだ。また、人口あたりのフォロワー数は、北海道・東北が傑出して高いという結果とな

242　第2部　電子政府推進とその政策的意義

表9-8　各パラメータの地域間比較（偏差値）

	フォロワー数	リスト化数	総ツイート数	リツイート数	人口あたりのフォロワー数
北海道・東北	*55.280	*56.944	**59.801	51.243	**61.649
関東	**61.631	**59.497	50.317	**58.441	48.400
北陸	47.146	49.065	*52.492	44.356	*49.461
中部	46.597	46.979	47.764	45.120	46.034
近畿	46.924	46.018	44.886	*54.523	46.093
中国	48.596	47.191	51.418	47.870	49.443
四国	45.666	45.594	45.417	46.466	48.528
九州・沖縄	47.182	47.161	48.620	49.827	49.395

った。

　特に東北において、自治体の情報発信が活発で、フォロワーも多いという状況は、おそらく2011年の東日本大震災の経験が影響しているものと推察できる。東日本大震災では、電話やメールがつながりにくい状況となる中で、安否情報や災害に関する最新情報を送受信する手段として、Twitterが広く活用された。その有用性を体験したことによって、積極的に活用する自治体が増えたものと見られ、日常的に災害情報なども積極的に発信しており、また、人口あたりのフォロワー数が、岩手、青森、秋田が上位を占めている。住民の間にも、備えとしてのTwitterの利用が更に広まったものと見られる。

　他方、中国、四国、九州・沖縄では全体的に低調であったことがわかる。震災の直接的な影響が少なく、緊急時におけるTwitterの有用性を実感できていないものとおもわれる。近畿においては、兵庫のアカウント名が「@311from117Hyogo」となっていることからわかるとおり、1995年1月17日に起こった阪神・淡路大震災の経験から、2011年3月11日の東日本大震災の復興へ繋げたいという思いが表れている。兵庫アカウントの自己紹介文には、以下のように記されている。

東日本大震災で被災された皆様には、一日も早い復旧復興をお祈りします。平成7年1月17日の阪神・淡路大震災で痛みを受けた兵庫県から「関西広域連合・兵庫県の被災地支援情報」や「宮城県からのお知らせ」を中心にお伝えします。基本的に発信を優先するため、フォロー・リプライなどは行いませんが、皆さんの声をお聞かせ頂ければ幸いです。

提言

これまでに見てきたように、多くの市民の関心を集めるアカウントにも、様々な事例があることがわかった。ここで、自治体に求められるツイッターでの情報発信について整理し、提言としてまとめたい。

ツイッターでの情報発信は、今、そこで必要な情報が求められる。その点で、その地域に住んでいる市民にとって必要な注意情報や警報などが配信されることで、多くの関心やフォローを得ることができることが確認された。しかし、天候に関する情報は、その自治体が発信しているのではなく、各地区の地方気象台や気象庁である。天候情報サービスを専門に扱う企業もある。そもそも、自治体の発信すべき情報とは何だろうか。地域のイベント情報などの発信により、市民が日頃使用するアカウントとして登録することはわかった。地域コミュニティ活性化のために、地域への愛着を醸成するために、自治体が地元でのイベント情報を発信することは自治体にとっても、市民にとっても有益なことであることは認められる。しかし、それは自治体情報のほんの一面に過ぎない。自治体が市民に期待することは、県政への関心を高めることではないだろうか。政策情報を発信し、市民に理解を得ることが最も重要な目的のはずである。適切な情報を共有することが、市民と行政の相互理解への第一歩である。だが、その政策情報は、市民の関心を得にくい。そこで、わかりやすい言葉で語りかけるように、身近な情報を政策に絡めながら情報発信することで、市民の関心を高める埼玉県の事例は巧妙といえるだろう。ツイッターには見出しと知事のブログへのリンクのみを掲載し、他メディアとのミックスによって理解を深められるようにしておくのも訴求力

を高める。ツイッターの特性である140字という制限の中では、十分に政策情報を伝えることは困難なので、ホームページへのリンクを掲載しているものは多いが、他メディアとの組み合わせという点においては、動画の活用も有効である。

　2009年頃、SNSの普及とともに、政府が行う事業仕分けの会議がインターネットで生中継されていたが、その手法は一部の自治体などでも議会の中継や審議会の中継などに用いられている。審議会で議論の過程を中継することは、自治体での意志決定のプロセスを市民に公開することを意味する。「密室でいつのまにか決められていた」行政の会議ではなく、市民も意見を言うことのできる場で議論が行われていることが市民、審議会委員双方にとって適度な緊張感をもたらすことになる。そのとき、ツイッターは、開催や中継の案内を発信するだけでなく、実況中継する手段としても知られている。審議会委員の発言を記録するとともに、インターネット中継へ視聴者を呼び込むための手段として活用することができる。簡潔に議論の過程を記録することで、市民が普段目にすることのない議論の過程を示すことができる。ここから新しい市民合意へつながるのではないだろうか。

　自治体のアカウントにおいては、リツイート数やフォロワー数はある程度の評価の目安になるものの、これらが多ければいいというものではない。より適切な政策情報をわかりやすく提供し、市民との相互理解を促進するツールとして活用されることを願って、本稿の提言としてまとめたい。

参考文献
NTTデータ株式会社 HAREL（2010）
　<http://harel.nttdata.co.jp/wact/inputProc/inputUrlBL.do>
形態素解析エンジン Kuromoji（2013）
　<http://www.atilika.com/products/kuromoji.html>
公的アカウント管理システム（2013）<http://govtter.openlabs.go.jp>
C&C振興財団（2005）『市民にやさしい自治体ウェブサイト―構築から運用まで』NTT出版.
Twitter4j リファレンス（2013）<https://dev.twitter.com/docs>
安井 秀行（2009）『自治体Webサイトはなぜ使いにくいのか？―"ユニバーサルメニュー"

による電子自治体・電子政府の新しい情報発信』時事通信出版局。
山田 剛史，杉澤 武俊，村井 潤一郎（2008）『R によるやさしい統計学』オーム社。
Java2 Platform, Standard Edition, v 1.4.2 API Specification (2013)
　<http://docs.oracle.com/javase/1.4.2/docs/api/index.html>
Kuzma, J. (2010) "Asian Government Usage of Web 2.0," Social Media. *European Journal of ePractice*, March, pp. 1-13.
Sandoval-almazan, R., Gil-garcia, J. R., Luna-reyes, L. F., Luna, D.E., Diaz-murillo, G., & Autonoma, U. (2011) "The use of Web 2.0 on Mexican State Websites : A Three-Year Assessment," *Electronic Journal of e-Government*, 9(2), pp. 107-121.
Snead, J. T. (2013) "Social media use in the U.S. Executive branch," *Government Information Quarterly*, 30(1), pp. 56-63.
The World Wide Web Consortium (2010a) "Web Content Accessibility Guidelines 1.0" <http://www.zspc.com/documents/wcag10/>
The World Wide Web Consortium (2010b) "Web Content Accessibility Guidelines (WCAG) 2.0"< http://www.w3.org/TR/WCAG20/>

執筆者一覧

編著者
西本秀樹（にしもと・ひでき）龍谷大学経済学部教授

執筆者
西垣泰幸（にしがき・やすゆき）龍谷大学経済学部教授
朝日幸代（あさひ・さちよ）三重大学人文学部教授
仲林真子（なかばやし・みちこ）近畿大学経済学部教授
Wong Seng Meng：Nottingham University Business School Malaysia, Assistant Professor, Faculty of Arts and Social Sciences
矢杉直也（やすぎ・なおや）龍谷大学大学院経済学研究科博士課程、京都市職員
東　裕三（ひがし・ゆうぞう）神戸市外国語大学客員研究員
劉　長鈺：龍谷大学大学院経済学研究科修士課程

〈龍谷大学社会科学研究所叢書第99巻〉
地方政府の効率性と電子政府

2014年3月28日　第1刷発行　　定価（本体4200円＋税）

編著者　西　本　秀　樹
発行者　栗　原　哲　也

発行所　株式会社　日本経済評論社
〒101-0051　東京都千代田区神田神保町3-2
電話　03-3230-1661　FAX　03-3265-2993
E-mail：info8188@nikkeihyo.co.jp
URL：http://www.nikkeihyo.co.jp/

装幀＊渡辺美知子　　印刷＊藤原印刷・製本＊誠製本

乱丁落丁本はお取替えいたします。　　Printed in Japan
Ⓒ Hideki NISHIMOTO 2014　　ISBN978-4-8188-2323-5

・本書の複製権・翻訳権・上映権・譲渡権・公衆送信権（送信可能化権を含む）は、㈱日本経済評論社が保有します。
・JCOPY　〈(社)出版者著作権管理機構　委託出版物〉
本書の無断複写は著作権法上での例外を除き禁じられています。複写される場合は、そのつど事前に、(社)出版者著作権管理機構（電話03-3513-6969、FAX 03-3513-6979、e-mail: info@jcopy.or.jp）の許諾を得てください。

eデモクラシー・シリーズ　1
eデモクラシー
　　　　　　　　岩崎正洋編　本体2500円

eデモクラシー・シリーズ　2
電子投票
　　　　　　　　岩崎正洋著　本体2500円

eデモクラシー・シリーズ　3
コミュニティ
　　　岩崎正洋・河井孝仁・田中幹也編　本体2500円

eデモクラシーと電子投票
　　　　　　　　岩崎正洋著　本体2500円

地域問題をどう解決するのか
　　――地域開発政策概論――
　　　　　　　　　　　小田清　本体3000円

ハイブリッド・コミュニティ
　　――情報と社会と関係をケータイする時代に――
　　　　　　　遊橋裕泰・河井孝仁編著／
　　　　モバイル社会研究所企画　本体1800円

地域メディアが地域を変える
　　　　　　モバイル社会研究所企画／
　　　　河井孝仁・遊橋裕泰編著　本体2200円

経済学にとって公共性とはなにか
　　――公益事業とインフラの経済学――
　　　　　　　　　小坂直人著　本体3000円

国際公共政策叢書　16
自治体政策
　　　　　　　　佐々木信夫著　本体2000円

日本経済評論社